KB023064

다섯 살 무렵, 엄마와 나.
"처음부터 나는 아픈 아이였다
나는 엄마의 아픈 자궁에서 잉태되었다."

병든 아이

엄마, 나는 아프지 않아요

The Memoir of a Munchausen by Proxy Childhood

병든 아이

엄마, 나는 아프지 않아요

줄리 그레고리 지음 | 김희정 옮김

소담출판사

병든 아이 엄마, 나는 아프지 않아요

펴 낸 날 | 2017년 1월 10일 개정판 1쇄

지 은 이 | 줄리 그레고리
옮 긴 이 | 김희정
펴 낸 이 | 이태권

책임편집 | 박솔재
책임미술 | 양보은

펴 낸 곳 | (주)태일소담
　　　　　서울특별시 성북구 성북로8길 29 (우)02834
　　　　　전화 | 02-745-8566~7　팩스 | 02-747-3238
　　　　　등록번호 | 1979년 11월 14일 제2-42호
　　　　　e-mail | sodam@dreamsodam.co.kr
　　　　　홈페이지 | www.dreamsodam.co.kr

ISBN　　978-89-7381-763-4　03180

• 책값은 뒤표지에 있습니다.
• 잘못된 책은 구입하신 곳에서 교환해드립니다.

"우리 아기, 입이 심심한가 보구나. 엄마가 뭐 좀 줄까?"
엄마가 종이성냥을 꺼내 조심스럽게 뚜껑을 젖히자
빨갛고 선명한 두 줄의 작은 성냥알이 모습을 드러낸다.
엄마가 늘 내게 주던 익숙한 것이었다.
하나씩 하나씩, 나는 엄마를 위해 깔끔하게
한 갑을 다 먹어치웠다.

서문

　'대리인에 의한 뮌하우젠 증후군(Munchausen Syndrome By Proxy)'은 오늘날 알려진 정신 질환 중에서 가장 복잡하고 심각한 질환 중의 하나다. 이것은 보호자가 피보호자의 신체적, 정신적 질환을 유발하거나 왜곡하는 증상을 의미한다. 이때 대부분의 가해자는 어머니이고, 피해자는 그 자녀이다.

　18세기에 모험가이자 군인인 칼 본 뮌하우젠 남작이 있었는데, 자신의 허황된 모험 이야기를 쓴 책으로 악명이 높았다. 1951년, 영국인 정신과 의사가 이 남작의 이름을 빌려서, '타인의 관심을 끌기 위해 자신의 질병을 꾸며내는 정신 질환'을 '뮌하우젠 증후군'이라 이름 붙였다. 같은 목적으로 자신이 아닌 '대리인'을 이용하는 증상을 '대리인에 의한 뮌하우젠 증후군(이하 MBP)'이라고 한다. 이 질환은 매년 미국에서 최소 1,200여 건의 사례가 보고되며, 다른 나라에서도 이와 비슷한 비율로 발생하고 있다. 그러나 학대의 성격상, 실제로 보고되지 않은 경우는 물론이고, 완전하게 은폐되어 있는 경우가 훨씬 더 많을 것이다.

최근 연구 결과에 의하면, MBP가 밝혀지는 시점은 이미 피해 아동의 형제자매 중 25퍼센트가 앞선 학대로 인해 사망한 후라고 한다. 가족 내에서 같은 유형이 둘째나 셋째, 넷째, 다섯째 아이에게 똑같이 나타난 후에야 겨우 전문가들과 사법당국이 의심을 하게 되고, 때리거나 성폭력을 가하는 등의 기존 아동 학대와는 다른 형태의 기이한 학대 가능성을 받아들이기 때문이다. 심지어 FBI조차 몇 년 동안 MBP에 대해 별다른 경계심을 갖지 않았으며, 아직까지도 MBP는 잘 알려지지 않은 채 대중의 건강을 심각하게 위협하고 있다.

나는 얼떨결에 이 이상한 MBP의 세계에 들어섰다. 원래 뮌하우젠 증후군에 관심이 있었으나, 사실 아동 학대와 방임이라는 어렵고 골치 아픈 영역에는 발을 들이고 싶은 생각이 별로 없었다. 그러나 '뮌하우젠' 전문가가 되기 위해서는, 그것이 갖는 다양한 가능성 역시 탐구하지 않을 수 없었다. 그리고 MBP 가해자들이 거의 예외 없이, 심지어 증거가 담긴 테이프를 들이밀어도 자신의 행동을 부인하는 상황에서, 아이들을 보호하는 일에 깊이 개입하지 않을 수도 없었다.

나는 지금까지 이런 이상한 형태의 아동 학대가 존재한다는 사실을 쉽게 받아들이지 못하는 판사와 배심원들 앞에서 수많은 MBP 사건을 상담하고 증언해왔다. 그리고 여러 권의 책을 통해 이 증후군을 알렸고, 전화, 우편, 전자우편 등으로 쏟아지는 수천 건의 관련 질문에 대답을 해왔다. 이렇게 10년이 넘도록 MBP 분야에서 일을 해오고 있지만, 사례를 대할 때마다 매번 가슴이 아픈 것은 어쩔 수가 없다.

어느 날, 나는 인터넷 사이트를 여기저기 돌아다니다가 우연히 새롭고도 중요한 MBP 사례를 접하게 되었다. 줄리 그레고리라는 이름의 여성이 생생한 글과 가슴 찡한 사진을 통해 MBP 피해자로서의 경험을 웹사이트에서 알리고 있었다. 그녀가 책을 쓰고 싶어 한다기에, 나는 격려의 편지를 보냈고, 우리는 친구가 되었다.

이 책은 그렇게 해서 세상에 나왔다. 이 책을 통해, 우리는 지금까지와는 완전히 다른 방법으로 MBP의 세계를 경험할 수 있다. 이 분야를 다룬 500여 권이 넘는 책과 논문들 중 어떤 것도 이 책처럼 MBP 이야기를 온전하게 전해주지는 못했다.

줄리 그레고리는 친구들이 가득한 놀이터가 아닌, 병원 진찰실이라는 비정상적인 항균의 세계에서 자라났다. 그녀의 삶은 거짓으로 지어진 온갖 '질병'들에 둘러싸였고, 보살펴 주어야 할 양육자와 의사들은 서로 합심하여 그녀의 몸과 마음에 위해를 가했다. 사실, 의사들은 환자의 부모와 가족이 하는 말을 맹목적으로 믿음으로써 자신도 깨닫지 못하는 사이에 MBP의 공범자가 되고 만다. 물론 대부분의 경우, 아이의 상태에 대한 부모의 설명은 가장 정확하고 중요한 정보이다. 그러기에 의사가 부모의 이야기에 의심을 품기란 쉽지 않은 일이다. 모든 검사 결과가 정상이며 아무리 치료와 검사를 거듭해도 부모가 '만족'하지 못한다면 그 부모가 아동 학대자일 수 있다는 사실을 인식하는 데는 상당한 태도의 변화가 필요하다. 또한 아이가 보이는 병증이 진짜라 하더라도 그것의 발생 원인이 불분명하고 의심스러운 경우 역시 주의를 기울여야 한다. 가장 그럴듯한 거짓말은 사실과 허구를 적당히 섞어놓은 것이기 때문이다.

아이의 병으로부터 마음의 위안을 찾으려는 부모는 상상을 초월할 만큼 무자비해질 수 있다. 가해자는 자신이 아이에게 벌이는 '헌신적인 보살핌'의 드라마에 대해 주위의 관심이 줄어든다고 느끼면, 곧 새로운 관객, 즉 다른 병원이나 응급실로 무대를 옮긴다. 그들은 더 나은 연기를 위해 의학 서적이나 인터넷을 통해 관련 정보들을 섭렵하고, 전문 배우를 능가할 정도의 뛰어난 연기력을 선보인다.

독자들은 이 책을 읽는 동안 '줄리가 나이가 들어가면서, 혹시 그녀 자신이 어머니와 공모해서 의사들의 판단을 흐린 것이 아닌가.' 하고 생각할지도 모르겠다. 결코 아니다. 그녀는 단지 무기력해졌을 뿐이다. 어떻게 자식이 어머니가 만들어놓은 완벽한 자아도취의 성역에 맞설 수 있겠는가? 심지어 성인 MBP 피해자들도 '아프기를 그만두었을 때' 가해질 처벌이나 유기에 대한 두려움 때문에 질병의 진짜 원인을 폭로하지 못하는 경우가 많다. MBP 속에는 패티 허스트가 자신을 납치한 가해자의 대의에 동화된 데서 유래한 스톡홀름 증후군 같은 요소들도 들어 있다. 이 때문에, 아이들은 종종 가해자를 옹호하고, 자신을 구해줄 수 있는 정부기관이나 의학 관계자들에게 사실을 폭로하기를 거부한다.

이 책은 최면이나 심리 치료사의 질문에 호도된 불확실한 기억들이 아니라, 줄리 자신에게는 축복이며 저주이기도 한, 생생하고 잊기 힘든 기억들로 구성되어 있다. 더구나 그 기억들은 줄리가 모아놓은 복잡한 의학 기록들로 인해 객관성을 확보하고 있다. 이런 기록들을 통해, 한 어머니의 거짓말이 얼마나 쉽게 의학적인 사실로 탈바꿈하는지를 목격할 수 있다.

줄리 그레고리는 우리에게 들려줄 놀라운 이야기와 우리에게 나눠줄 불굴의 용기를 갖고 있다. 또한 그녀는 지금껏 살아 있을 만큼 운이 좋기도 하다. 작가인 필립 얀시는 이렇게 말했다. "인생은 풀어야 할 문제가 아니라 이루어야 할 과제이며, 어쩌면 그 과제를 이루는 데는 우리가 쓰고 싶지 않은 재료들이 더 유용할지도 모른다." 줄리는 상상하기조차 힘든 의지로 자신이 처한 상황을 극복했다. 그녀는 스스로의 힘으로 온전하게 일어섰을 뿐 아니라, 그것을 훌륭하게 기록해낼 만한 통찰력도 키워냈다.

나는 그녀의 삶이 담긴 이 책이 MBP라는 학대의 거미줄에 걸려 있는 사람들을 도울 수 있기를 희망한다. 또한 이 책이 벽장 안에 방치되어 있는 MBP를 끄집어 내놓는 기폭제가 되고, 의학 관계자들과 관련 행정기관 및 사회단체들이 다시는 이를 가볍게 지나치지 않도록 안내하는 빛이 되어주기를 기대한다.

너무나 어둡고 힘든 어린 시절이 빚어낸 이 책의 한 구절, 한 구절은 모두 인간 정신의 진정한 승리이자 기념비이다.

앨라배마 대학 터스컬루사 캠퍼스
심리 및 행동 신경 생물학과 교수
의학 박사 마크 D. 펠드먼

가장 끔찍했던 건 면도였다. 대체, 열두 살짜리 여자아이의 가슴에 털이 있으면 얼마나 있단 말인가? 그런데도 그들은 거품을 바르고, 별로 있지도 않은 내 젖가슴 사이를 새 플라스틱 면도기로 밀어버렸다. 작고 하얀 장치들을 심장 주변에 촘촘히 붙여 박동을 측정하려면, 털 없이 매끈한 가슴이 필요했던 것이다.

그들이 준비를 하는 동안, 나는 위로 눈을 돌려 천장에 붙은 하얗고 올록볼록한 타일을 뚫어져라 바라보았다. 어느 순간 내가 살았던 방을 떠올리다가, 어느덧 천장 위로 떠올라, 우리 가족의 난장판 트레일러로부터 멀리, 그리고 병원으로부터도 멀리멀리 달아나 그저 순수하고 하얀 평화 속을 떠다녔다.

문득 면도 크림 냄새가 나를 천장에서 끌어내린다. 아빠가
사용하던 것과 같은 종류다. 언제나 동이 트기 전이면, 아빠
는 요란스레 몸을 일으켜 허파에 쌓인 고엽제(베트남전 당시 미
군이 밀림에 다량 살포한 제초제로 암과 신경계 마비를 일으키는 것으로
알려져 있다_역주)를 토해내려는 듯 변기를 향해 기어가곤 했다.
이따금씩 내 꿈속에서, 잠이 든 것도 깬 것도 아닌 비몽사몽
의 흐릿한 경계 사이에서, 아빠의 구역질 소리는 이해하기 힘
든 입 모양의 형상들로 나타났다. 토하고 난 뒤면, 아빠는 면
도를 했다.

무언의 동의하에, 검사실 간호사는 엄청난 양의 크림을 손
바닥에 덜어낸다. 그 양은 내 가슴을 3센티미터는 족히 덮고
남을 정도여서, 우리의 맨살은 서로 닿는 일이 없다.

마침내 고엽제의 위력이 잦아들면, 아빠는 어지러운 듯 문
간에 기대어 말했다. "야, 난 뷰익(미국의 GM이 제작한 자동차_
역주)을 팔아. 알아들어? 뷰익을 판다니까? 뷰익. 뷰우우우
익." 그리고 낄낄거리며 두툼한 손등으로 입가를 쓱 문질러
닦았다.

간호사는 파란 손잡이가 달린 새 면도날을 들더니, 또 하나
의 깨끗하고 발그레한 자국을 남기며 내 흉골 아래를 말끔하

게 밀어낸다.

　아침 일곱 시에, 마치 욕실 문간이 가로등인 양 술 취한 사람처럼 기대서서, 호객꾼의 말투로 '뷰익'을 외치는 덩치 크고 볼품없는 아버지를 두고, 대체 웃는 것 말고 뭘 할 수 있을까?

　준비가 끝났다. 투명한 젤리가 묻은 여섯 개의 하얀 패드가 가슴 여기저기에 붙여졌다. 패드에 연결된 선들은 하나로 묶여 흉곽에서 복부 쪽으로 내려와 바지 지퍼 밖으로 꺼내어져 있다. 마치 프로그램을 볼 때마다 돈을 받는 복잡한 케이블 TV 장치를 바지 속에 가지고 있는 꼴이다. 고무 코팅된 전극들은 직사각형 가죽 상자에 들어 있는 기록 장치에 데이터를 전송한다. 꼭 가방처럼 생긴 장치다. 나는 어깨 위로 끈을 두르고 있다. 이렇게 내 중학교 1학년의 시간이 째깍째깍 흘러가는 동안, 내 심장 박동도 거기에 맞춰 상자 속으로 빨려 들어간다.

　처음부터 나는 아픈 아이였다. 막대기처럼 비쩍 마르고 전자렌지로 만든 수플레(거품 낸 달걀 흰자에 여러 재료를 섞어 부풀려 구워내는 요리_역주)만큼이나 연약했던 나는 쉽게 상처받고 단번에 의기소침해졌다. 학교에서 아이들은 내게 곧

장 다가와서, 일말의 망설임도 없이 거식증에 걸렸냐고 묻곤
했다. 그러나 난 그저 아플 뿐이었다. 엄마는 도대체 딸에게
무슨 문제가 있는지 알아내기 위해 갖은 노력을 다 했다. 단
순히 심장이 좋지 않다는 것만으로는 충분치 않았다. 그것은
켜켜이 쌓여 하나로 뭉쳐진, 그래서 도저히 분리할 수 없는
껍질들을 뜯어내야 하는 일이었다. 양파의 얇고 투명한 껍질
을 모조리 벗겨내듯 말이다. 나중에 혼자 그 양파를 깔 만한
나이가 되었을 때, 나는 껍질 하나에 울고 또 울었다.

　나는 아픈 어머니의, 아픈 자궁 속에서 잉태되었다. 엄마는
잘 먹지 못했고, 따라서 나도 잘 먹지 못했다. 엄마에게는 심
각한 빈혈 증세가 있었으며, 나를 낳을 무렵에는 독혈증(세균
의 독소가 혈액 속에 들어와 온몸에 증상을 나타내는 병_역주)으로 앞
을 볼 수조차 없었다. 혈압이 높아서 혈액이 눈으로 순환되지
못한 탓이었다. 희미하게 팔딱거리는 덜 자란 새처럼, 나는
1.5킬로그램의 미숙아로 세상에 나왔다. 엉덩이를 맞고도 울
음소리조차 내지 못한 아이. 모두들 죽은 줄로만 알았다.

　그러나 내 발목을 잡고 푸르스름한 몸을 거꾸로 들고 있던
의사는 나를 힐끔 쳐다보며 말했다.

　"세상에, 이 발 큰 것 좀 보게." 그리고 나는 인큐베이터에
담겨서, 다른 모든 미숙한 생명체처럼 가만히 누워 진짜 세상

속, 그 비눗방울 밖으로 알을 깨고 나갈 날을 기다렸다. 그 후, 내 건강은 "대체 이 아이의 문제가 뭔지 한번 파헤쳐보자."는 식의 실존의 가장자리에서 아슬아슬하게 균형을 유지했다.

일찍이 코와 기관지가 발병을 한 바 있고, 가녀린 겉모습과는 어울리지 않게 요란한 트림을 해댄 적도 있으며, 성가시고 끈질긴 편두통에도 시달렸다. '아' 소리를 낼 때마다 떼어내 달라고 바르르 떠는 부은 편도선, 숨을 쉬겠다고 벌어지는 입을 비난하는 비정상적인 격막, 네 종류의 기초 식품군에서 영양을 섭취할 기회를 앗아가버린 불명확한 알레르기들도 문제였다. 심장 내과에서 나의 정체 모를 병을 밝혀내는 작업을 거의 마무리하기 시작하자, 엄마는 군사훈련 교관과 같은 기세로 따지고 들었다.

"이것 봐요, 젠장, 애는 아프다구요. 알겠어요? 이 꼴 좀 보라구. 제발 어떻게 좀 해봐요. 만약 당신네들이 문제를 못 찾아서 얘가 죽기라도 한다면, 모조리 고소해서 알거지로 만들어버릴 거야."

엄마의 얼굴이 일그러지고 눈이 가늘게 찢어졌다. 그리고 화를 낼 때면 늘 그러하듯, 진하고 하얀 침방울들이 아랫입술에서 마구 튀어나왔다. 엄마의 목소리는 더 이상 해볼 검사가 없다고 말한 의사의 뒤를 따라 복도까지 쫓아가서, 통로의 침묵을 가르며 쩌렁쩌렁 울렸다. "맙소사." 검사실로 되돌아가며 엄마가 목소리를 높였다.

"저 무능력한 의사 놈을 도저히 못 믿겠어."

"엄마, 너무 걱정 마세요. 괜찮아요. 다른 의사를 찾아보지 뭐."

멈추지 않고 계속 나아갈 거라고 말하는 것, 이것이 내가 엄마를 안심시키는 방법이었다.

"애야, 이게 다 너를 위해서야. 너한테 무슨 이상이 있는지를 찾아내려고, 이렇게 내 인생을 희생하고 있는 거 안 보이니? 그러니 제발 이런 데 와서 멀쩡한 얼굴로 돌아다니는 짓 좀 때려쳐라. 저놈들한테 네가 얼마나 아픈지 보여줘서, 제발 끝을 보자, 응?"

"알았어요."

우리 가족, 그러니까 엄마와 아빠, 동생 대니와 나는 모두 함께 살았지만, 아빠는 내가 가슴의 털을 밀었다는 사실을 까맣게 몰랐다. 아버지의 말이 더 먹히겠다 싶을 때면 엄마는 아빠를 호출했고, 아빠는 '괜찮아 보이는 옷'과 하얀 구두 차림으로 나타났다. 이런 경우가 아니라면, 아빠는 늘 집에 남아 붉은 얼룩이 든 손가락으로 피스타치오를 까먹고 빈 껍질을 배 위에 쌓아올리며, 〈매시〉(한국전을 배경으로 한 인기 TV 드라마 시리즈_역주) 재방송을 연달아 보곤 했다.

당시 우리는 오하이오의 외딴 숲 속, 비포장도로가 끝나는 벌판에 넓은 트레일러를 세워놓고, 그 안에서 살았다. 가파른 산세가 마치 영화 〈서바이벌 게임〉(존 보이트 주연의 액션 영화. 1972년 작_역주)에서처럼 숨 가쁘게 느껴지는, 무성하고 짙푸른 야생의 숲이었다. 자신 있게 말하건대, 아마 그곳에서라면 미풍 속에 희미하게 섞여오는 밴조 소리를 들을 수도 있을 것이다.

우리 집에는 십자가에 매달린 예수가 그려진 검은 벨벳 그림이 있었는데, 특히 가시관에서 머리 한쪽으로 흘러내리는 피가 입체 기법으로 도드라져 보였다. 엄마와 아빠는 그 그림을 애리조나에서 오는 길 내내, 그리고 번즈 로드의 골짜기에 자리 잡기까지 여섯 지역을 거쳐오는 내내 끌고 다녔다.

거실에는 옛날 마차 바퀴 장식을 단 벨벳 소파 세트가 있었고, 예수님은 짙은 오렌지색 벨벳 벽에 걸려 있었다. 벽지가 나무판 위에 발라진 탓에, 벨벳 아래로 나무의 홈이 시꺼먼 줄무늬처럼 비쳤다. 바닥에는 카펫의 털이 끈끈하게 뭉쳐져서(마치 누군가가 꿀을 진공청소기로 빨아내기라도 한 듯),

해초처럼 이리저리 쓸려 다녔다. 마당에는 콘크리트로 만든 작은 가축 모형들이 짝을 짓거나 무리를 이루어 흩어져 있었다. 희끄무레한 병아리, 불그스름한 젖이 달린 작은 젖소, 암탉과 짝을 이룬 수탉, 챙 넓은 모자를 쓴 당나귀⋯⋯. 그리고 우리가 의사를 만나러 시내로 나갈 때면, 엄마는 항상 이 동물농장 컬렉션에 보탤 만한 모형을 열심히 찾곤 했다.

내가 기억하는 그 시절의 아버지는 바다소처럼 크고 부드러우면서, 마치 지붕 없는 이륜차를 타고 세차 터널을 지나온 듯 꾀죄죄한 모습이다. 불룩한 배를 팽팽하게 덮은 피부는 희끄무레한 진흙처럼 창백했다. 아빠는 아무것도 듣지 않았으며, 아무것도 보지 않았다. 그리고 아무것도 주장하지 않았다. 우리 트레일러의 어두운 거실에서는 어떤 일도 일어나지 않았다. 호크아이와 허니컷(드라마 〈매시〉의 등장인물_역주)이 벌이는 장난을 향해 가끔씩 시끄러운 웃음소리가 터져 나오는 것 말고는.

일곱 살 무렵의 어느 날, 나는 잠에 취해 침대에 누워 있다가 "씨씨! 씨씨!" 하는 아빠의 고함소리를 들었다. "불이야!"로 잘못 들은 나는 침대에서 벌떡 일어나서, 번들거리는 잠옷을 입은 채로 쿵쾅거리며 뛰어나왔다.

"토스트 좀 만들어줄래?"

아빠의 손가락들은 얌전하게 가슴 위에 포개져 있었고, 굵은 장딴지는 악어 거북 가죽으로 만든 안락의자의 발 받침대에 얹혀 있었다. 두 눈은 텔레비전에서 떨어질 줄 몰랐다.

의사에게 가는 때를 제외하면, 우리 가족은 대부분의 시간을 비포장도로 끝의 트레일러 안에서 보냈다. 우리가 실제로 살던 방식과 겉으로 보이는 모습 사이에는 상당한 괴리가 있었다. 내가 열한 살 무렵에 우리 가족은 나이아가라 폭포로 여행을 갔는데, 내게는 그때 네 살이던 남동생 대니와 함께 찍은 사진이 한 장 있다. 우리는 금방이라도 폭포 아래로 곤두박질 칠 것처럼 보이는 가짜 나무통 속에 들어가서, 주변으로 부서지는 가짜 물방울보다 더 꾸며낸 가짜 미소를 얼굴 가득 머금고 사진을 찍었다. 클레이롤(미국의 헤어 제품 업체_역주)로 염색한 자연스런 금발머리를 하고, 제이씨페니 백화점에서 산 화사한 옷을 입은 내 모습에서는 행복의 빛이 발산되고 있었다.

그러나 병원 검사실에서 땀이 밴 겨드랑이 속으로 오톨도톨한 종이 시트를 끼워넣은 채, 돋아나는 닭살 때문에 털 뽑힌 닭처럼 앉아 있는 열두 살 아이에게 행복이란 상대적인 것이다. 여태껏 해답은 언덕 바로 너머에서 들리는 속삭임과 같았다. 어찌 보면 심박급속증(맥박수가 증가하는 것_역주)인가 싶고, 또 어찌 보면 마르팡 증후군(뼈·근육·심장·심혈 등의 발육을 유발하는 선천성 발육 이상 증후군_역주) 같기도 하고……. 완전하고 합법적으로 나를 진단해줄 비상 상황은 어디에도 없었다. 그런데도 그들은 계속해서 살펴보았다. 해답이 내 심장 안에 있을 것이라고 엄마가 확신했기 때문이었다. 원래 이런 일은 엄마들이 잘 아니까. 엄마는 창백해지는 내 얼굴과 빠르게 뛰는 맥박과 갑작스레 줄어가는 체중을 지켜본 사람이다. 물론, 그때 내 키가 하늘 높은 줄 모르고 자라나는 시기이기는 했지만.

그래서 우리는 해답을 찾아 계속 나아갔다. 해답은 우리 코앞에 숨은 채, 속 시원히 파헤쳐져 모든 의문을 풀어줄 날을 기다리는 듯했다. 그리고 어쩌면 엄마가 옳을지도 모른다. 정말 나에게 주어진 시간이 계속 흘러가고 있다면 어떡하나. 그러니 엄마가 다른 검사를 원하는데도 의사가 들어주지 않는다면, 글쎄, 그렇다면 그 빌어먹을 곳을 나와서 제대로 일을 해줄 누군가를 찾아 나설 수밖에 없지 않겠는가.

외할머니는 나의 엄마인 샌디 수 스미스를 꽃다운 열일곱 나이에 변두리에서 서커스 판을 벌이는 스모키라는 오십대 남자에게 시집보냈다. 챙이 말린 검은색 카우보이 모자 아래로 구레나룻을 기른 스모키는 몸집이 작고 땅딸막했다. 그는 말을 타고 서커스를 했는데, 샌디 수에게도 '아파치 비행'이나 '물구나무서서 타기' 같은 위험한 곡예를 가르쳤다. 곡예가 끝나면 스모키는 샌디를 말뚝에 고정된 나무 바퀴에 묶어 빙빙 돌려놓고는 19인치(50센티미터_역주)나 되는 칼을 마구 던졌다. 그러면 샌디는 마구잡이로 꽂힌 날카로운 여남은 개의 칼날들 사이로 마치 모델인 양 한쪽 다리를 구부리고,

승리에 취해 우아하게 손을 뻗으며 환하게 웃곤 했다. 이것은 내가 태어나기 전의 일이지만, 사진으로 본 모습은 꽤나 그럴싸했다. 엄마는 불그스레 물든 하늘을 배경으로 들판을 어지럽히는 하얀 야생말의 등에 안장도 없이 우뚝 서 있었다.

또 다른 사진에서 스모키는 샌디를 향해 7미터가 넘는 가죽 채찍을 내리치고 있다. 샌디는 무표정한 얼굴로 마차에 묶인 채 서 있었다. 엄마의 숨통을 막 휘감으려는 뱀처럼 바람을 가르는 채찍. 그들은 검은색과 흰색이 섞이고 진주 똑딱이 단추가 달린 셔츠와 옆줄에 은색 조개 껍데기를 붙인 바지, 그리고 접시만한 버클이 붙은 벨트를 맞춰 입고 있었다.

샌디가 스모키와 엮이게 된 사연은 대충 이렇다. 샌디는 아버지와 어머니 그리고 '리'라는 이름의 오빠와 함께 살았는데, 이 오빠라는 사람의 정신이 좀 온전치가 못했다. 아버지는 총기 수집에 정신이 팔려 가족을 내팽개치고, 온갖 총들을 집안 곳곳에 끌어들였다. 나의 외할머니인 매지는, 친형제자매랑 동침하여 사시를 지닌 아이들을 낳는 풍습이 있는 웨스트버지니아의 어느 일족 출신이었다. 때때로 샌디는 침침한 지하실에 방치되어 남자들에게 끔찍한 짓을 당하곤 했다.

어느 날 총을 애지중지하는 아버지 대신, 또 다른 총을 들고 이번에는 배지까지 단 새아버지가 등장했다. 그는 샌디를 오토바이 뒤에 태우고 맨다리를 주물럭거리며 데리고 돌아다녔다. 키 큰 풀밭과 고개를 돌리며 외면하는 낚시꾼들밖에 없는 외딴 낚시터로 데리고 갈 때도 있었다. 2년 후, 학교에서 돌아온 샌디는 거실 소파에서 이 새아버지라는 사람이 입 속에 권총을 쑤셔넣고 자기 몸을 날려버리는 광경을 목격했다.

중학교 학력이 전부인 외할머니는 단 하루도 일을 해본 적이 없었다. 집에는 먹을 것이 있는 날보다 없는 날이 더 많았다. 샌디는 점심을 사먹을 돈을 받지 못했으며, 열다섯 살이 되었을 때는 거의 굶어죽을 지경이 되었다. 그리고 영양실조로 허약해진 나머지, 어느 날 수업이 끝난 후 학교에서 쓰러졌다. 병원으로 옮겨진 샌디는 쿡쿡 쑤시는 골반 뼈를 얇고 하얀 시트로 덮은 채 세 끼를 꼬박꼬박 얻어먹을 수 있었다. 샌디가 퇴원해도 될 만큼 건강해지자 외할머니는 샌디를, 말과 농장을 가지고 있으며, 가축을 돌보아주듯 딸을 돌보아줄 능력이 있는 스모키라는 이웃 남자에게 주었다. 샌디는 자기 말을 가질 수 있다는 약속에 혹해, 놀이공원에라도 가듯 트럭에 올라탔다. 그리고 그 남자와 함께 떠났다. 그것이 샌디가 아는 전부였다.

흰 가죽 옷을 입은 샌디가 쇼걸의 미소를 지으며 바퀴에 묶인 채, 여러 해가 지났다. 높은 광대뼈와 도톰하고 붉은 입술,

그리고 인디언 여인네들처럼 양 갈래로 갈라 레이스가 장식된 가죽 머리끈으로 묶은 샌디의 석탄처럼 검은 머리카락은 그녀가 가진 체로키 피의 흔적을 더욱 강조해주었다. 선물로 받은 말이 껑충거리며 뛰어오르면, 샌디는 그 옆으로 달려가 길게 휘날리는 갈기를 그러잡고 표범처럼 우아하게 안장 위로 뛰어오른 후, 관중들의 환호를 받으며 꼿꼿하게 균형을 잡고 선다. 그리고 자칫하면 목이 부러질 정도로 빠르게 달리는 말의 배 밑으로 몸을 던진 후, 짜잔하고 팔을 옆으로 길게 뻗어 보였다. 러시아식 죽음의 비행이라는 묘기였다. 이런 묘기로 샌디는 관객의 마음을 사로잡았는데, 이것은 그녀가 난생처음으로 경험하는, 고통으로 가득 찬 삶과 육체 말고 뭔가 다른 것이었다.

오하이오의 어느 혹독한 겨울, 해마다 그렇듯 스모키는 지독한 감기에 걸리고, 샌디는 뭔가 불안한 느낌에서 벗어나지 못했다. 〈그랜드 올 오프리〉(컨트리 음악 순회공연을 통해 이루어지는 미국의 최장수 라디오 프로그램_역주)의 뒤를 따라 여름 순회공연을 다니지 않을 때면, 스모키는 길 아래 백조 세탁소에서 진한 화학약품이 녹아 있는 증기를 마시며 2교대로 일을 했다. 그리고 겨울이면 으레 몸져누웠다. 그러나 얼마나 몸이 쑤시든, 얼마나 많은 피를 뱉어내든, 스모키가 샌디의 간청에 따라 돌팔이 의사 녀석을 찾아가는 일 따위는 절대 없었다. 그에게 펩토비스몰(체하거나 구토를 일으킬 때 먹는 약_역주)을 한 번 쭉 들이켜는 것으로 고치지 못할 병이란 없었다.

걸레를 헹군 물처럼 흐린 크리스마스 아침, 스모키는 눈을 뜨자마자 펩토비스몰을 사오라고 샌디를 시내로 내보냈다. 가슴이 타는 듯한 느낌은 소화불량 때문일 것이다. 늘 그렇듯 말이다. 샌디는 차를 몰고 가는 내내, 이대로 어디로든 계속 가고 싶다는, 돌아가고 싶지 않다는 생각을 했다. 집안으로 걸어 들어가 스모키의 차갑고 뻣뻣한 몸, 고통으로 얼어붙은 얼굴을 발견하는 자신의 모습이 자꾸만 떠올랐다. 집으로 들어가 죽은 남자를 발견하는 일은 두 번 다시 하고 싶지 않았다. 샌디는 꾸불꾸불한 시골길을 돌고 또 돌며, 누군가 도움을 청할 사람을 미친 듯이 떠올렸다. 그러나 그녀에겐 스모키뿐, 아무도 없었다. 몇 시간 후, 샌디는 집으로 돌아가 차를 세웠고, 스모키는 자갈이 깔린 앞마당에 서서 엉덩이 아픈 곰만큼이나 약이 잔뜩 오른 채 크리스마스 만찬이 늦어졌다고 이를 갈았다. 그들은 그날 밤 10시쯤 침대에 들었다. 그러나 잠든 지 채 30분도 지나지 않아, 스모키가 벌떡 일어서더니 등골이 오싹해지는 비명을 지르고 임종 때의 가래 끓는 소리를 내며 벌러덩 뒤로 넘어졌다.

결국 샌디는 말 몇 마리와 각종 청구서, 새로 목장을 짓느라 저당 잡힌 것들, 그리고 서커스에 쓰던 말굴레, 안장, 모포, 솔 등의 마구(馬具) 더미와 함께 홀로 남겨졌다. 어떤 사연으로 결혼을 하게 됐건 간에, 샌디는 스모키를 사랑했다. 그는 지금껏 만난 어떤 남자들보다 그녀에게 잘해주었다. 적어도 때리지는 않았으니까. 이제 샌디에게는 스모키가 없을 뿐만 아니라, 보험도, 돈도, 직업도, 가족도 없다. 그녀는 말과 안장과 마구, 그리고 칼을 던지는 데 썼던 나무 바퀴를 팔아서, 아무도 보러 와줄 사람 없는 남자를 위한 관을 겨우 마련한다. 그리고 이름 없는 장례식장을 빌려 홀로 스모키의 장례식을 치른다. 대여시간이 다 되어 장의사가 몰아내기 전까지 스모키의 굳은 몸 위에서 흐느껴 우는, 샌디의 나이는 스물여섯이었다.

한편 시내 어디쯤에서는 베트남전에서 방금 돌아온, 앙상한 몰골의 19세 소년이 미소를 지으며 보훈 병원에 입원하기 위해 몇 가지 절차를 밟고 있었다. 자식보다 뒷마당 토마토를 키우는 데 관심이 많았던 아버지에게 오랫동안 얻어

맞은 매로 인해 그의 얼굴에는 영원한 아웃사이더의 표정이 배어 있다. 무언가를 늘 경계하고 기대하는 표정, 누구라도 가까이서 혹은 충분히 오래 들여다볼라치면, 도망을 가거나 한바탕 싸움을 벌이고 싶게 만드는 그런 표정이다. 그리고 결과는 보통 싸움이었다. 그런 얼굴을 한 채 그는 베트남으로 갔고, 거기서 허파 가득 고엽제를 들이켰고, 고등학교 때부터 가장 친했던 친구가 덤불 속에서 폭탄을 맞는 장면을 옆에서 지켜보았다. 그는 친구의 깨진 머리를 부여잡고, 억눌리고 지친 가슴을 쥐어짜며 울었다. 4개월 후, 그는 귀밑머리가 하얗게 센 채 전쟁터에서 돌아왔다. 그리고 보훈 병원에서 매우 경미한 편집성 정신 분열증이 의심된다는 진단을 받은 후, 밝은 햇살 속으로 걸어 나왔다. 이 사람이 나의 아빠, 댄 그레고리 1세이다. 아빠가 실제로 베트남에서 보낸 시간은 모두 합해봐야 고작 몇 달밖에 되지 않는다.

그 얼마 후, 샌디는 주유소에 갔다가 그곳에서 일하는 댄을 만났고, 둘은 굶주린 듯 서로에게 몰두하며 영혼을 탐식해나 갔다. 샌디는 기름을 넣으러 레인 앤 설리번 주유소에 차를 세웠고, 정비공에게 엔진 오일을 봐달라고 말함으로써 인생의 새 장을 열었다. 둘은 석 달 동안 열애를 했고, 결국 결혼이라는 매듭을 엮었다. 그것도 아주 단단하게 말이다. 아빠는 천주교식으로 결혼하기를 원했으며, 신부님은 샌디를 앉혀놓고 이렇게 말했다.

"어린 양아, 이 사람이 제정신이 아니라는 것은 알고 있느냐? 이 사람은 미쳤어."

엄마는 아빠가 정신 병동에 있었다는 사실을 전혀 몰랐으며, 19년을 함께 살면서 하나씩 깨닫게 되었다고 했다. 우습지 않은가, 엄마가 아빠와 함께 산 햇수는 스모키가 엄마를 향해 던진 칼의 길이와 같다.

아빠가 미쳤다고 말해주는 보훈 병원 진료기록을 보는 것과 엄마로부터 아빠가 미쳤으며 어쩌다 그렇게 되었는지를 끊임없이 반복해서 듣는 것과는 다르다. 그리고 상황의 틈바구니에서 멀리 걸어 나오면 완전히 다른 이야기가 보인다. 세월이 흐른 후 지난날을 돌이켜보면, 어쩌면 엄마라는 여자가 사실은 아빠라는 남자보다 더 정신이 나갔던 것은 아닐까 생각하게 된다. 다만 그것을 뒷받침할 증명서가 없을 뿐이다.

내 의학적 고행에 대한 최초의 기억은 우리가 매지 외할머니와 가까이 살기 위해 애리조나로 이사를 갔을 때부터 시작된다. 당시 나는 세 살이었고, 숱이 적은 머리카락은 바나나 사탕 빛깔로 반짝였다. 나는 세 살짜리 아이에게 허락된 삶의 풍요를 맘껏 누렸다. 신발에 롤러스케이트를 묶고 엉덩이에 보호대를 찬 채, 피닉스의 한낮 열기 속에서 길가에 달걀을 깨뜨려 익혀보기도 하고, 옆집 사는 멕시코 아이에게 스페인어로 나쁜 말을 배우기도 하며, 길 저 위쪽에 사는 할머니 집을 수시로 들락거렸다.

당시 매지 할머니는 독실한 기독교 신자가 되어서, 일요학교 선생님 일에 푹 빠져 있었다. 더위에 지친 피닉스의 오후 시간이면, 할머니는 활기찬 성격에 걸맞은 웃음 가득한 얼굴로 낚시 모자를 눌러 쓰고는, 나를 호숫가로 데려가 선피시(Sunfish:북미산의 납작한 민물고기_역주)를 낚게 해주었다. 호수로 가려면 차를 몰고 산을 지나가야 했는데, 그곳의 산봉우리는 늘 피닉스의 하늘을 덮었다가 사막을 향해 움직이는 오염된 안개에 둘러싸여 있었다. 가장 높은 봉우리인 엔시노 산에 닿으면, 할머니는 흙먼지 날리는 도로가에 갑작스레 차를 세우고는 손바닥을 모자챙처럼 이마에 대고 산봉우리의 희뿌연 안개 속에서 예수님의 흔적을 찾곤 했다.

한번은 예수님의 모습을 발견한 할머니가 나를 재빨리 무릎 위에 끌어다 앉히더니, 운전석 창문 너머로 내 몸을 밀어내며 방금 목격한 하늘의 계시를 함께 나누려 애를 썼다.

"주얼리(줄리), 예수님이 보이니?" 할머니는 주름진 손가락으로 내 머리를 앞으로 밀었다. "바로 저기 계시잖아." 그리고 마치 라이플 소총의 뷰 파인더를 들여다보듯, 한쪽 눈을 게슴츠레 감았다. 할머니는 예수님이 무릎을 꿇고 기도하시는 모습을 보았고, 성경을 들고 서 계시는 것도 보았다. 예수님의 전능하고 절대적인 아름다움에 눈물 몇 방울을 짜내기도 했다. 그리고 다시 나를 쿡쿡 찌르기 시작했다. "예수님이 안 보인단 말이야, 주얼리? 저기 계시잖아, 바로 저기!"

　'제발, 할머니, 내 눈에는 아무것도 안 보이는걸요.'

　하지만 매지 할머니가 하도 닦달하는 통에, 나는 일요학교에서 본 그림을 가물가물 떠올리며 예수님의 옷자락을 상상해내기 시작했다.

　"와, 할머니, 저기 갈색 옷을 입으신 분 말이에요? 아기 양도 옆에 있고, 우와, 이제 보여요."

　내가 예수님의 신발 끈에 대해 이야기하기 시작하자, 할머니는 황홀한 듯 몸서리까지 쳤다. 그러다 갑자기 내 가녀린 팔을 단단히 움켜잡고 흔들며, 냄새 나는 입김을 내 얼굴로 곧장 쏟아내기 시작했다.

　"너 정말로 예수님을 본 거냐?" 할머니가 말했다. "지금 거짓말하는 거 아니지? 왜냐하면 거짓말쟁이는 고오온 장 고오온 장 지옥으로 떨어지거든."

　'고오온 장'이라는 말이 주는 울림의 깊이는 바로 그 순간 그곳에 열려 있는 지옥의 암흑 구덩이처럼 느껴졌다. 할머니가 나에게 화를 내는 유일한 경우가 바로 이런 때, 그러니까 피닉스 외곽의 오염된 불모지에 솟아 있는 엔시노 산 꼭대기에서 예수님을 봤다고 거짓말하는 때였다. 그래서 나는 예수님을 조금 더 일찍 보기 시작했고, 일요학교에서도 예수님의 모습을 자세히 기억해서 스스로에게 세뇌시키기 시작했다. 그리하여 마침내 매지 할머니가 손가락으로 가리키면 내가 거짓말을 해야 했던 그 바위에서 기도하는 턱수염 남자의 모습을 실제로 보았다고 맹세할 수 있게 되었다.

그리고 우리는 평평한 자갈밭이 있는 호숫가로 내려가서, 어디를 만져도 가시투성이인 선피시를 잡았다. 그 물고기들이 호수 위로 뛰어오를 때마다 햇빛을 받아 반짝거려, 할머니는 그 고기를 '햇살 물고기'라고 불렀다. 내게는 그 당시 호숫가에서 햇살만큼이나 눈부시게 부서지는 웃음을 띠고 안짱다리로 서 있는 사진이 한 장 있다. 머리 위로 높이 치켜든 낚싯대 끝에는 가시 달린 작은 물고기가 대롱대롱 매달려 있었다. 우리는 늘 그 물고기들을 놓아주곤 했는데, 그때가 내가 제일 좋아하는 순간이었다. 할머니에게 물고기를 건네주고, 물가에 쭈그리고 앉아 주둥이에서 바늘이 빠진 녀석들이 멀리 헤엄쳐가는 것을 바라보는 그 순간, 수면 위를 떠다니는 물고기들을 보며, 나는 할머니가 주둥이 한쪽을 꿰뚫은 바늘을 뽑으며 괜찮을 거라고 말했던 대로 녀석들이 정말 괜찮기를 예수님께 기도했다.

해가 살며시 기울어 수면 위를 살짝 물들이면, 할머니와 나는 다시 차를 타고 집으로 출발했고, 가끔씩 자동차사고를 당하기도 했다.

그렇다고 사고가 심각했던 적은 한번도 없었다. 앞을 살짝 부딪치거나 뒤가 조금 긁히거나 하는 정도로, 언제나 속도는 느린 상태였고, 상대방은 할머니와 비슷한 연배의 노인들이었다. 범퍼카 놀이나 마찬가지였지만, 실제상황이라는 점이 달랐다. 가끔씩 할머니는 이렇게 말했다. "어디 한번 가볼까, 주얼리." 이것은 몸을 웅크리고 손잡이를 꽉 잡고 눈을 감으라는 신호였다. 할머니의 목표는 대개 신호등이나 브레이크 등 같은 붉은 빛이었다. 남의 차를 들이박은 후, 할머니는 몰래 차 안을 빠져나가서 웅성거리며 모여드는 사람들 틈으로 몸을 숨겼다.

나는 열려 있는 문으로 기어 나갔고(친절하게도, 할머니는 항상 빠져나가기 전에 손을 뻗어 내쪽 문을 열어놓는 것을 잊지 않았다.) 어리둥절하게 주변을 살폈다. 그러면 으레 상대 운전자는 내 모습을 발견하고 깜짝 놀라, 도무지 영문을 알 수 없다는 표정으로 멍하니 서 있곤 했다. 그리고 나에게 온갖 질문을 퍼부으며 안절부절못하다가, 세븐 일레븐이나 낚시가게 혹은 자신들의 집으로 데려갔고, 결국에는 엄마가 나를 데리러 왔다.

할머니가 진짜로 부상을 당하거나 병원에 가야 했던 일은
한번도 없었다. 그저 사람들에게 이야기를 하고 싶어 사고를
만들어냈다. 할머니는 길 한가운데 서서, 엄청나게 크고 하얀
인조가죽 가방을 휘저어 지갑을 꺼내들고, 그때 같이 있었던
세 살짜리 손녀 사진을 사람들에게 보여주곤 했다.

사고 현장을 통해 느끼는 할머니의 행복은 커져갔다. 그러
나 결국에는 꼬리가 잡히고 말았다. 경찰관은 동상처럼 버티
고 서서 할머니의 연속적이고 의심스러운 행각에 대해 설교
를 늘어놓았고, 매지 할머니는 그저 미소만 지은 채 경찰관을
약 올리듯 스스로 경찰차 뒷자리에 올라타고는 하얀 성경책
을 페르시아 고양이라도 되는 듯 마냥 쓰다듬었다. 그렇게 해
서 할머니는 면허를 취소당했고, 다시는 나를 차에 태우고 돌
아다니지 못하게 되었다. 하지만 엄마와 아빠가 함께 외출을
할 때면, 할머니는 여전히 나를 봐주러 건너왔다.

엄마가 옷을 차려입는 동안, 아빠는 나를 무릎에
앉히고 껑충껑충 아래위로 흔들어준다.

"조, 조, 발가락이 부러졌네, 들소를 타다가."

나는 긴 머리카락을 흔들며 깔깔거린다.

"아빠! 난 조가 아니라, 주얼리야!"

나는 아빠가 좋다. 아빠는 나를 세븐일레븐에 데려가 진열대에서 클락바(땅콩과 초콜릿을 섞어 만든 과자_역주)를 집는다. 그리고 포장을 뜯어서 나에게 절반을 뚝 떼어주고, 빈 포장지를 깃털처럼 부드럽게 날리며 가게 문을 나선다. 우리는 작은 땅콩차를 타고 털털거리며 집으로 돌아오는 길 내내 키득거린다.

할머니가 나를 봐주시는 날 밤이면, 우리는 '미끄럼틀과 계단'이나 '사탕나라' 같은 게임을 하고 논다. 그리고 미스터 버블(어린이용 거품 목욕제_역주)을 풀어놓고 목욕을 한 후 잠자리에 들기 바로 전, 할머니는 도무지 깊이를 알 수 없는 그 하얀 가방을 뒤적거려 뭔가를 끄집어낸다. 끈끈하게 서로 붙어버린 야릇한 맛의 크래커 잭스나 이상하게 꼬이고 녹아서 포장지에 들러붙은 사탕 같은 것들이다. 아무리 세 살짜리 아이라도 할머니가 주는 사탕을 거부하는 것이 결례라는 것 정도는 알 수 있다. 나는 식탁에 앉아 할머니가 "냠냠, 맛있겠다."라고 말하며 꺼내놓는 것이면 그것이 아무리 이상한 불량식품처럼 보여도 오물오물 먹어치웠다. 할머니는 그런 내 모습을 가만히 지켜보다 다 먹고 나면, 나를 다그치기 시작한다.

"애야, 너 어디가 아픈 거냐? 몸이 좀 안 좋아 보이는데."

아무렇지도 않은 나는 희끄무레 반짝이는 벽지를 바른 복도 벽 위로 손을 끌면서 잠옷을 가지러 내 방으로 향한다. 매지 할머니는 나를 쫓아오며 큰 소리로 떠든다. "아이고, 애야, 너무 걱정이 되는구나. 어디가 많이 아파 보이는데, 이리 와 보렴. 이마 좀 짚어보자." 할머니는 내 앞머리를 쓸어 넘기고는 차가운 손을 얼굴에 갖다 댄다.

"이런, 세상에, 주얼리, 열이 펄펄 끓는구나. 아주 펄펄 끓어. 어서 구급차를 부르는 게 좋겠다." 걱정하는 기색이 역력한 할머니는 몹시 심각한 얼굴로 내 곁을 맴돈다. 그리고 손가락으로 내 눈꺼풀을 뒤집어 보며, 뭔가 병원에 알려야 할 만한 증상을 찾는다. 그러고 보니, 어쩌면 뱃속이 좀 이상한 거 같기도 하다. 열이 나는 것도 같고. 어떻게 해야 하는 건가요, 할머니? 내가 정말 아픈 건가요, 할머니?

"아이고, 애야, 너 정말 많이 아프구나. 그래도 엄마가 올 때까지 기다려보자. 그리고 같이 병원에 가도록 하자. 내 맘 같아서는 당장 데려가고 싶지만, 너의 아빠가 싫어할 거야. 그때까지 별일이야 있겠냐. 별일 없기를 바라야지. 아이구, 내 새끼, 우리 같이 기도를 드리자."

외할머니는 내 손 위에 할머니의 손을 얹고 고개를 숙인다. 그러면 나는 큰 소리로 울먹인다. 나는 죽고 싶지 않다. 하지만 할머니도 내가 어떻게 될지 모르겠다고 하시니……. 배가 새끼줄처럼 꼬여온다. 베개를 받치고 침대 머리맡에 기대어 누워본다. 마치 저 아랫집에 살다가 작년에 베개에 기댄 채 돌아가신 아흔 살 할머니처럼 말이다.

할머니가 다시 배가 바늘로 찌르는 것처럼 아프지 않느냐고 묻자, 나는 이불 속으로 손을 넣어 배를 꼭 움켜쥔다. 깊게 숨을 들이쉬는 것조차 겁이 난다. 침대에서 전화로, 다시 전화에서 침대로 분주히 오가는 할머니의 모습을 멍하니 지켜본다. 할머니는 수화기를 집어들어 구급대로 전화를 했다가, 얼른 끊어버린다. 그리고 손가락으로 꼬불꼬불한 전화선을 돌돌 말다가 다시 풀고는, 커튼을 젖히고 나를 빠끔히 내다보더니, 이마를 한번 짚어보고, 다시 전화기로 달려가서 수화기를 귀에 대는가 싶더니, 제자리에 올려놓는다.

드디어 부드러운 전조등 불빛이 집 앞으로 들어온다. 차가 차고로 들어가고, 엔진이 꺼진다. 엄마와 아빠가 현관문을 열고 살며시 들어오자, 할머니는 현관의 등을 재빨리 켜고는 달려 나가서, 내가 뭔가 이상한 걸 먹었으며, 어떤 낯선 흑인 남자가 집으로 찾아와서는 크래커 잭스를 주고 갔는데, 겉보기에 좋은 사람 같았고 음식에 독을 넣거나 요새 떠도는 소문처럼 면도날을 들고 다니거나 할 사람 같지는 않아서 괜찮을 거라고 생각했다는 이야기를 쏟아놓는다.

꼭 사마귀처럼 양손으로 가슴을 두들기는 할머니의 목소리는 마치 끈에라도 매달아놓은 것처럼 한없이 위로 올라간다.

엄마와 아빠는 처음 얼마 동안 계속 눈을 껌뻑이며 할머니가 무슨 말을 하는지 알아내려고 애쓴다. 그리고 상황이 파악되자, 엄마가 폭발한다.

"세상에! 엄마, 어떻게 그럴 수가 있어? 대체 생각은 어디다 두고? 얘는 아직 어린애야. 어떻게 흑인이 준 사탕을 먹일수가 있단 말이야?"

아빠는 테니스 시합을 슬로모션으로 보듯, 잠시 두 사람의 얼굴을 번갈아보며 이리저리 관찰한다. 그리고 고개를 푹 떨구더니, '슈욱' 하는 소리를 길게 내며 우리를 지나 침실로 간다. 아빠의 나이는 스물다섯이다.

엄마는 미친 듯이 집 안을 돌아다니며, 내가 입원을 해야 할경우, 또 내가 무사하지 못할 경우를 대비해서 병원으로 가져갈 물건들을 마구 쑤셔 담고, 할머니에게도 이것저것 명령을한다. 그러고는 갑자기 나를 뒤에서 번쩍 안아 올리더니, 담요를 둘러씌우고는, 차로 달려간다. 우리는 모퉁이를 돌아 나온 후, 병원을 향해 전조등을 밝히고 곧장 달려간다. 틈틈이엄마가 몸을 살짝 기울이고는 "상태를 한번 살펴봐요."라고 속삭이면, 할머니는 축 쳐졌던 몸을 후닥닥 일으켜 담요를 더 듬으며 내가 숨을 쉬고 있는지 확인한다.

응급실 앞 주차장에 차가 멈춰 서고, 할머니가 한쪽 구석에서 예의 그 거대한 가방을 챙기는 동안, 엄마는 뒷자리에 있는 나를 돌아본다. 차 안의 노란 불빛이 할로윈의 호박등처럼 엄마의 긴 얼굴을 비춘다. 엄마는 몸을 기울여 내 구겨진 잠옷의 주름을 펴고, 우리는 서로의 눈을 마주본다.

"자, 애야, 이제 엄마는 네가 집에서 얼마나 아팠는지를 의사한테 보여주어야 해, 알았지? 네 몸속에 면도날이 들어 있을지도 모르는데 의사가 너를 집으로 돌려보내면 안 되겠지?"

다섯 번의 응급실행 끝에, 마침내 아빠가 말했다.

"그 망할 놈의 할망구, 도저히 안 되겠어! 다시 오하이오로 돌아가자."

그래서 우리는 검은 벨벳 예수님을 트레일러에다 싣고, 망할 놈의 매지 할망구로부터 뚝 떨어진 곳을 향해 떠났다. 가는 길에, 여전히 1970년대 분위기가 남아 있는 중서부의 인적 드문 언덕과 사막 사이 어디쯤의 한적한 도로에서, 나는 엄마의 무릎에 앉아서 가방을 뒤지고 있었다.

"우리 아기, 입이 심심한가 보구나. 엄마가 뭐 좀 줄까?"

엄마가 새 종이성냥을 꺼내 조심스럽게 뚜껑을 젖히자 빨
갛고 선명한 두 줄의 작은 성냥알이 모습을 드러낸다. 내가
기억하는 한, 엄마가 늘 내게 주던 익숙한 것이었다. 그 반짝
이는 심홍색 알갱이들을 보자, 내 입에는 군침이 돌았다. 언
제나 처음 것이 제일 좋았다. 나는 하나를 뜯어서 재빨리 입
에 물고, 금속성 향기가 혀끝에 닿는 순간을 기다렸다. 그리
고 딱딱한 껍질이 녹고 나면, 성냥을 옆으로 물고 막대 끝에
살짝 묻어 있는 부드러운 부분을 씹어서 꿀꺽 삼키고, 희고
반들반들한 종이 막대를 바닥에 뱉어냈다.

하나씩 하나씩, 나는 엄마를 위해 깔끔하게 한 갑을 다 먹어
치웠다. 엄마는 머리빗을 꺼내 나의 긴 금발머리를 빗어주었
다. 빗질을 한번 할 때마다 내 머리 꼭지는 엄마 쪽으로 까딱
까딱 기울었다. 엄마는 성냥 막대를 입에 넣은 나를 향해 부
드러운 미소를 보냈고, 아빠는 매지라는 이름의 정신 나간 할
망구가 벌이는 교활한 술수에서 최대한 빨리 우리 가족을 구
해내기 위해, 깊은 생각에 잠긴 채, 핸들을 움켜잡고 있었다.

44

"**그래서** 제가 관찰한 바로는요, 필립스 선생님, 줄
리는 학교 가는 날은 거의 언제나 아파요. 열도 치솟고 목도
심하게 따갑다고 하구요. 아마 연쇄구균이나 편도선염이 아
닌가 싶네요."

이제 우리 집은 오하이오다. 유치원을 다섯 군데나 옮겨 다
닌 끝에, 마침내 아빠가 릭켄베커 공군 기지에서 안정된 일자
리를 얻은 덕분에 온갖 혜택과 더불어 교외의 조용하고 근사
한 주택가에 자리를 잡을 수 있었다.
　샐러드 같은 시간이었다. 하얀 2층집, 연파랑 카펫, 바닥이

낮은 서재, 무성한 아프리카 바이올렛 이파리들이 창틀까지 뻗은 창문들, 윈덱스로 깨끗하게 닦은 이중창을 통해 쏟아지는 따뜻하고 환한 햇살.

그리고 의료 혜택까지 무상으로 받을 수 있게 되자, 엄마는 나의 소아과 주치의를 정했다. 집에서 16킬로미터 정도만 내려가면 타운십 가족 병원이 있다. 처음 진료를 받은 이래로, 나는 목이 아파서, 구토가 나서, 머리가 아파서 계속 그곳을 들락거렸다. 엄마는 우리 집 새 카펫 때문에 알레르기를 일으킨 것이라고 주장하지만, 필립스 선생님은 먹는 것에서 이유를 찾아보려고 선별 식단 요법을 처방한다. 선생님은 엄마에게 매끼 식사마다 초콜릿이나 고기, 달걀, 유제품, 빵 등을 하나씩 빼고 먹이라고 말한다.

병원에서 나온 엄마와 나는 슈퍼마켓 통로를 어슬렁거렸다. 나는 쇼핑 카트 사이에 손가락을 넣고 놀면서, 엄마가 진열대에서 집어내리는 물건들을 쳐다본다. 오레오 쿠키, 폭찹, 1등급 달걀, 지방을 빼지 않은 우유, 버터 두 덩어리. 아마 베이네 식료품점에는 필립스 선생님이 나에게 먹이라고 한 음식은 하나도 없는 모양이다.

오늘, 나는 두통 때문에 다시 병원을 찾는다. 엄마와 나는 진찰실에서 의사를 기다린다.

"줄리, 아플 때는 어떻게 행동해야 하는 거지? 어디 한번 해보렴."

나는 팔다리를 축 늘어뜨리고 책상 모서리에 엎드린다. 그리고 「내셔널 지오그래픽」지에 나오는 피그미족처럼 아랫입술을 길게 내밀고 혀를 빼문다.

"바로 그거야. 자, 생각해봐. 만약 의사 선생님이 들어와서 네가 똑바로 앉아서 생글생글 웃고 있는 모습을 보면 뭐라고 할까? 엄마가 아무리 네가 아프다고 말한들 믿어주겠니? 그러니까 의사 선생님 앞에서 네가 얼마나 아픈지 보여주어야 해. 제대로 끝을 보고 엄마가 좀 쉴 수 있게 말이야."

엄마는 엄지손가락에 침을 묻혀서 내 입가에 말라붙은 계란 부스러기를 닦아낸다. 엄마의 침에서 썩은 냄새가 난다.

"알아듣겠니?"

"네, 엄마."

"그러니까 그레고리 부인, 줄리가 계속 열이 나고 목이 아팠다는 말씀이시죠?" 필립스 선생님은 검사대에 편안하게 기댄 채 내 차트 위에 몇 자를 끄적인다.

"글쎄, 계속 같은 말씀을 드리게 되는데, 정도가 그렇게 심한 것 같지는 않고요, 아, 그리고 뭐라 그랬지, 맞아, 두통, 그것도 있다더군요. 그렇지, 줄리?" 엄마가 나를 힐끗 쳐다보자, 나는 고개를 끄덕인다. "선생님께 두통 얘기를 좀 해드리렴."

"그레고리 부인, 그런 증상들이 줄리가 먹는 음식과 연관이 있는 것 같지는 않습니까?"

"필립스 선생님, 그냥 샌디라고 부르셔도 돼요. 글쎄, 뭘 좀 먹여보려고 해도, 워낙 입이 짧은 아이라 지난번에 주신 알레르기 식단대로 먹이지를 못했어요. 먹이면 자꾸 구역질을 하는군요."

"구역질과 두통이 같이 오나요?"

"잘 모르겠어요. 줄리, 구역질과 두통이 같이 생기니?"

엄마가 엄지와 검지, 중지로 L자를 만들어 받쳐놓은 고개를 그대로 회전시켜서 내 쪽을 돌아본다. 진찰실에 오면, 엄마는 언제나 상체를 꼿꼿하게 세우고 손으로 턱을 고정시켜서, 긴장할 때 발작적으로 고개를 흔드는 습관을 아무도 눈치 채지 못하도록 한다.

"머리가 말이야, 이렇게 이마 쪽으로 아프니?" 필립스 선생님은 실리 푸티(탄력성과 신축성이 매우 좋은 실리콘 플라스틱 장난감_역주)처럼 얼굴을 귀 쪽으로 늘이더니, "아니면" 하고 양손으로 머리를 누르며, "이렇게 머리 주위가 아프니?" 하고 묻는다.

나는 두 사람을 번갈아 쳐다본다. '정확히, 두통이 뭐지? 눈이 아픈 건가? 아님, 버스 탈 때 어지러운 건가?' 나는 바른 답을 내놓을 수 있기를 간절히 바라며, 이리저리 어림짐작을 해본다.

"잘 모르겠어요."

"줄리, 잘 모르겠다는 게 무슨 말이야?" 엄마가 고개를 돌려 나를 바라보며 눈을 가늘게 뜬다. 나는 침을 꿀꺽 삼킨다. 몇 초가 흐른다. 빠져나갈 길이 없다. 마치 팔을 핀으로 고정시켜놓기라도 한 것처럼, 엄마의 눈길로부터 옴짝달싹할 수 없다. 마침내 엄마가 짜증스런 눈길을 돌리며 무릎을 쳤고, 그 소리가 침묵을 깨뜨리며 주문을 푼다. "맙소사, 줄리야, 이번 주 내내 차 안에서 머리가 계속 아프다고 해서, 온 가족을 걱정시켰잖아. 멀미했던 거 기억 안 나니?" 엄마가 필립스 선생님을 바라본다. "죄송해요, 선생님. 도대체 이유를 모르겠지만, 얘가 늘 이렇답니다. 바로 어제 아팠던 것도 기억을 잘 못하니, 어떻게 된 일일까요? 줄리, 선생님은 바쁜 분이야. 네 상태를 똑바로 말씀드려야지. 안 그러면 혼난다."

"처음 말씀하신대로 이마 쪽이 아파요."

결국 내가 입을 열자 필립스 선생님은 오른쪽 등을 일으켜 세운다.

| NAME | Gregory, Julie | # 1798.18 | DATE OF BIRTH 5-1-69 |

DATE 1978	EYE 1	ENT 2	NECK 3	CHEST 4	HEART 5	ABD 6	G.U. 7	MUSC SKEL 8	NERV 9	SKIN 10	ASSESSMENT	PLAN
4-6-78	cc: Sore throat, dry cough, ears hurt, back of neck hurts. Fever - 102° since Tues.											
T-101.4	S - 2D Hx severe sore throat, cough, fever to 102										Pharangitis prob. strep	Pen VK 250 qid X10D
	O - TM's clear, throat very hyperemic including uvula, no exudate, tender anterior cervical adenopathy clear											fluids, rest, ASA Call if not improving next wk
												WF
8-1-78	cc Sore Throat 3 day headache											
56" T-100	S - in last 2D started with xonset of sore throat, H/A, gen. malaise, some fever as well.										Tonsilitis	Penicillin V X10D
	Mother also mentions had problems with motion sickness. Particularly troublesome with riding school bus. Has used dramamine as OTC but finds that doesn't work well in dose that doesn't promote drowsiness										Motion Sickness	Recommended Ruvert 1 AM, samples given
	O - X - TM's clear, nose clear but throat reveals tonsillar enlargement, erythema and exudate, submandibular tender adenopathy supple		N	N	N							RH
9-19-78	cc: T 104-102° for 2-3 days. sore throat- lips & gums dried. Been having abdominal stomach aches											
51½ T-100.8°	S - Mother has related that over the past 48 hrs. whe has had temps. from 102-104 with increased soreness of throat. Also Cx of her glands being swollen, gen. H/A, DC activity. Relates to no ear congest., no cough, gen. feeling of tiredness.										Recurrent tonsilitis	Pen VK 250, 1 tid Fluids, rest, ASA Throat culture Neg. Will call results a.m. throat culture tomorrow.
	O - Does not appear acutely ill. Bilat. TM's clear and intact. Nasal passages clear. Oral mucosa, the gums are somewhat redened but no real hypertrophy noted. There is about 2+ tonsilar enlargement with erythema and extreme of yellowish exudate. There is anterior cervical node lymphadenopathy which is tender.		N	N	N					Skin		
	warm and dry with good color.											CT

NAME *Gregory, Julie* #179818

DATE OF BIRTH 5-16-69

DATE	EYE 1	ENT 2	NECK 3	CHEST 4	HEART 5	ABD 6	G.U. 7	MUSC SKEL 8	NERV 9	SKIN 10	ASSESSMENT	PLAN
												ESR 11 mg/hr
12-6-78	S - Mother relates that over past several wks. she has been Cx of intermittent sore throat. Appetite has still not been good but has been common over the past few yrs. Over the past 48 hrs. has been Cx of the throat becoming more sore, glands slightly swollen and begun Cx of H/A almost daily. Had a recent opthalmology exam in which her glasses seemed to be the right prescription and was advised to cont. wearing them. Also relates to some Sx of tiredness. Has had no nausea, vomiting or diarrhea but been Cx of some generalized abd. discomfort. She has been running a low grade temp. over the past wk. never being more than 99.4 - 99.6.										Prob. recurrent mild tonsilitis. R/O mono. R/O any rheumatic fever.	Monospot, CBC, sed rat, throat cultur 20 min./hr Pen VK 250, 1 qid Fluids, ASA. Will consult with Dr. M. after result come back.
	O - Does not appear in any acute distress. Bilat/ TM's clear and intact. Nasal pass. clear. There is no rhinorrea. There again is about a 1# tonsilar enlarg. with extreme erythema and some patchy yellow exudate bilat. There is some very small ant. cerv. node lymphadenopathy which is non-tender. GROM, no rigidity. Clear to A & P. Good vesicular sounds. Good expansion. Reg. sinus rhythm. Rate approx 88. Soft, no palpable organomegaly or tenderness. Without rashes. Warm and color is good. Good skin turgor.											
12-15-78	cancelled											CX
12-19-78 59# 98/62 T.98	OC- School called - sent her home today (had appt. for 12/22 nauseated pale green" T-100° faint again 10.45 Am - throat still sore - off Pen VK for 3 days only Some daily headache - takes ASA daily.											
12-19-78	Pen VK 250mg X 10 days DR/BH											
	S - Today a Hx of almost daily problems with H/A's nausea, abd. pain, vomiting, fever of 99-100 range and sore throats, have been present for almost 2 yrs. - seemingly from the time of an A/N in Nov. 1976. Says that she will get Sx's for a day or 2, then seem better, then come down with them time and time again. Does not generally bring her in for this because it always seems to get better.											CONT:

정확한 이상을 찾아내지 못한 채, 계속되는 두통과 구토,
기침, 열, 기관지의 통증, 식욕 부진, 정서 불안 등 온갖 증세가
계속된다는 어머니의 주장에 근거하여 약을 처방한
줄리 그레고리 진료 차트.
1978년 4월~12월, 당시 줄리 나이 9세.

"뭐가 꽉 조이는 것처럼 아프니, 아니면 묵직하고 뻐근하게
아프니?"

"음, 꽉 조이는 것처럼요."

"그럼, 편두통인 것 같구나. 샌디, 어고스타트(편두통 치료제
_역주)를 한번 먹여보는 게 어떨까요? 그리고 다음주에 와서
상황을 다시 봅시다."

"감사합니다, 선생님."

엄마가 내게 두통이 없다고 말할 때면, 나는 자전거를 타고
옆 동네로 가서 한적한 길로 들어선 다음, 야생 당근과 무성
한 잡초로 뒤덮인 막다른 골목으로 이어지는 구불구불한 아
스팔트길을 따라 힘차게 페달을 밟는다. 자전거 손잡이에 달
린 술이 바람에 세차게 나부끼고, 색색으로 살을 칠한 바퀴가
먼지를 일으킨다. 반짝반짝 광택 나는 바나나 모양의 안장 위
에서 다리가 움직일 때마다, 벌집 모양의 번호판이 요란스레
달그락거린다. 나는 등 위로 길게 흘러내린 금발머리를 바람
속에서 이리저리 흔들고, 노래를 부르며 거리를 누빈다.

"너 없이 난 미소 지을 수 없어, 너 없이 난 웃을 수도 없어.
나의 지난 시간을 네가 안다면……."

엄마의 팔꿈치는 굵은 총알이 박히거나 바퀴가 밀고 지나간 자리 같았다. 나는 자동차 뒷자리에 앉아 겨드랑이를 앞좌석에 걸치고 손가락을 밀어넣어 엄마의 피부 아래로 만져지는 보라색의 울퉁불퉁한 자갈들을 앞뒤로 굴리곤 했다. 언젠가 내가 어쩌다 팔꿈치에 자갈돌이 박혔느냐고 물었을 때, 엄마는 매지 할머니가 어느 날 밤 남자아이들로 가득 찬 차에 엄마를 실어 내보냈는데 고속도로에서 하도 속력을 내기에 창문을 열고 뛰어내렸다고 말했다. 그때 자갈이 피부 속으로 너무 깊이 박혀서 빼낼 수가 없었다고 했다.

"왜 창문 밖으로 뛰어내렸어요, 엄마?"

"그래야 했으니까, 줄리."

"하지만 왜요?"

"언젠가 네가 더 크면 말해줄게."

몸을 돌리는 엄마의 입술이 가늘게 떨린다.

아빠는 얼른 라디오를 켜고는 창 쪽으로 몸을 기울인다. 나는 계속 손가락 사이로 엄마의 팔꿈치를 만지며 검푸른 자갈돌들을 하나하나 들여다보기 좋도록 떨어뜨려 놓는다. 그리고 엄마의 눈에서 떨어지는 눈물을 보며 이렇게 말한다. "미안해요, 엄마, 엄마가 슬퍼하니까 나도 슬퍼요." 그러면서 여전히 돌들을 굴린다.

또 한 주가 지났지만 변한 것은 아무것도 없었다. 나는 여전히 침대에서 오줌을 쌌고 침대 시트와 잠옷이 푹 젖은 채로 눈을 떴으며, 온통 끈끈하고 고약한 냄새가 났다. 우리가 여기로 이사 온 후, 이런 일이 시작되었다. 나도 어쩔 수가 없었다. 멈출 수가 없었다.

엄마와 나는 시립 병원에 앉아서 필립스 선생님을 기다린다. 나는 대기실에 있는 「리더스 다이제스트」를 몽땅 훑어본다. 짧은 이야기와 기사 맨 아래에 있는 우스갯소리를 재빨리 읽어나간다. '웃음은 명약', '요즘 미국에서 산다는 것', '제복 속의 유머' 등등. 나는 어떻게 하면 엄마의 주의를 흩뜨려서 오늘 아침에 내가 옷을 적신 일을 잊게 할까 궁리한다. 만약 의사가 일곱 살인데 왜 침대에서 오줌을 싸냐고 물어보면, 차라리 죽어버릴 테다.

"있잖아요, 엄마, 두통이 점점 더 심해지는 것 같아요. 학교에서 어떤 애가 안경을 썼는데요, 걔는 한번도 머리 아픈 적이 없대요."

"그게 정말이냐? 두통이 더 심해지는 것 같아?"

엄마는 「레이디즈 홈 저널」이라는 잡지에서 눈을 떼지 않는다. "저런, 그 얘기를 꼭 의사한테 하도록 하자. 아주 잘 생각해냈구나. 또 뭐가 이상한지 곰곰이 생각해보렴."

진찰실에서 엄마가 말한다. "자, 이제 의사 선생님에게 머리가 무겁고 뻐근하다고 말씀드리도록 하자. 바로 여기," 엄마는 마치 두통을 찾아내기라도 하듯 손가락으로 내 머리를 누른다. "여기가 말이야." 엄마는 두통이 어떤 느낌인지 알려주려는 듯 내 머리를 더 세게 누른다.

"어떤 식으로든 지난번처럼 엉뚱하게 일을 망치면 안 돼, 알아듣겠니?"

"네."

"나는 엄마야. 너에 관한 일이라면 내가 제일 잘 알아. 그러니까 선생님이 너한테 질문을 하면, 그냥 엄마가 대답하도록 놔두면 돼."

의사 선생님이 서둘러 들어오더니 기다리게 해서 미안하다고 말한다. 엄마는 알레르기 식단의 최근 진행상황을 알려주고, 몇 가지 새로운 증상들에 대해서도 이야기를 꺼낸다. 필립스 선생은 차트에 기록을 하고, 유심히 듣기도 하고, 차트와 엄마를 번갈아보기도 한다. 나는 엄마가, 내가 침대를 적신 일을 잊어버렸다고 확신하면서 아픈 자세로 앉아 있다.

엄마가 늘어놓는 증상들을 들으며, 나는 그중 일부는 사실이 아니라는 생각을 한다. 책상 끄트머리에 앉아서 무릎만 뚫어져라 내려다보고 있지만, 내 목구멍으로는 말이, 엄마의 잘

못을 바로잡아줄 말들이 서서히 차올라, 입 안을 가득 메우고, 급기야는 밖으로 쏟아져 나오려는 것을 느낀다. 그 말들은 서로 뒤섞이고 부딪쳐서, 차마 뱉을 수 없는 말들의 댐으로 쌓인다. 나는 혀를 입천장에 단단히 붙들어 맨다. "쳇.", "피이." 소리가 입 안을 맴돌다가 늘어진 아랫입술 밖으로 튀어나오려 한다.

'쳇, 아니지. 내가 언제 매일 목이 아프다고 그랬나? 그냥 어제만 그런 거지. 피이, 아니야, 어젯밤에 무슨 열이 38.8도까지 올랐다는 거야. 쳇, 쳇! 아니, 내가 아주 양호실에서 산다고?'

갑자기 필립스 선생님이 차트를 기록하다 말고 묻는다.

"너 괜찮니, 줄리?"

나는 고개를 아래위로 끄덕인다.

"그것 보세요, 선생님. 분명히 뭔가 잘못되어가고 있는 거라니까요."

필립스 선생이 또 다른 처방을 내려준 후, 엄마는 내 무릎을 꼬집으며 왜 제대로 입 다물고 늘어져 있지 못했느냐고 나무란다.

우리가 애리조나를 떠나 하얀 2층집에 자리를 잡은 이후, 우리 가족은 콜럼버스(오하이오의 주도_역주)까지 차를 몰고 가서 내가 태어난 후 처음으로 체스터 할아버지, 그러니까 아버지의 아버지를 만났다. 몹시 가슴이 설레었다.

나는 외할아버지를 만나본 적도 없었고, "주얼리에게"라며 애정 넘치는 편지를 보내주던 증조할아버지 역시 내가 그 이름을 옹알거리기도 전에 돌아가시는 바람에 만나보지 못했다. 엄마는 체스터 할아버지가 갓난아기인 나와 엄마를 퇴원시키러 병원으로 와서는, 당신의 긴 팔로 나를 꼭 끌어안고 가려고 마지막 순간에 마음을 바꿔 운전대를 엄마에게 넘겼다는 이야기를 해주었다. 할아버지는 내가 세상에서 제일 아름다운 아기이며, 꼬마 요정들의 여왕이자 공주님이며 보석이라고 말했단다. 나에 대한 할아버지의 사랑을 들으면서, 나는 늘 나를 안은 첫 번째 남자인 할아버지를 다시 만날 날을 손꼽아 기다렸다. 아빠는 내가 매지 할머니에게 가까이 가는 것을 싫어했으며, 아빠의 엄마는 내가 태어나기도 전에 돌아가셨으니, 체스터 할아버지는 내게 조부모가 되어줄 마지막 사람이었다.

차를 세우고 바라본 체스터 할아버지의 집은 버려진 폐가 같았다. 엄마는 팔짱을 끼고 말했다.

"댄, 나는 차 안에서 기다릴게. 너무 오래 끌지 마."

아빠는 열여섯에 집을 떠나 군대로 간 이후로 체스터 할아버지를 본 적이 없었고, 나 역시 긴장되기는 마찬가지였다. 드디어 새로운 할아버지를 갖게 되는 순간이었으니까.

나와 아빠는 보도 위에 섰다. 아빠는 심호흡을 했고, 나도 따라 했다. 우리는 서로를 쳐다보았고, 손바닥을 마주친 후, 인기척을 살피며 집 앞으로 다가갔다. 창문으로 보이는 커튼은 윗부분을 보아 원래 노란색이었으나, 아래는 담배 연기에 찌들어 얼룩덜룩했다. 우편함에는 편지들이 밀어져 나와 있었고, 현관문의 방충망과 고무매트 아래에는 오래된 전단지들이 잔뜩 쌓여 있었다. 그런데도 우리가 노크를 하자, "문 열렸다."라는 걸걸한 목소리가 들렸다.

우리는 7월의 태양이 남긴 하얀 막이 걷히고 어둠이 눈에 익기를 기다리며 현관에 잠깐 멈춰 섰다. 체스터 할아버지는 버드 라이트 맥주 상자를 천장까지 쌓아서 거실에 있는 단 하나의 창문으로 들어오는 빛까지 막아놓았다. 아빠는 할아버지와 텔레비전 사이에 놓인 의자에 걸터앉았고, 나는 아빠의 무릎 위로 기어 올라갔다.

"씨씨, '할아버지'라고 불러보렴. 그래도 되죠, 아버지?"

체스터 할아버지는 고개를 끄덕였다.

"이름이 뭐라고 했지, 꼬마야?"

나는 엄지손가락으로 내 가슴을 가리켰다.

"줄리예요. 그치만 아빠는 나를 씨씨라고 불러요."

할아버지는 광고가 나오는 동안 우리와 이야기를 나누다가, 프로그램이 다시 시작되면 몸을 돌렸다. 아빠가 계속 애리조나며, 내 학교며, 기지에서 하는 일이나 엄마에 대해서 주절주절 늘어놓는 중이어도 아랑곳하지 않았다. 할아버지는 몇 번 "음", "어, 그래?" 정도로 대꾸를 하다가, 한숨 소리를 크게 내며 엄지손가락을 마구 움직여 리모콘의 볼륨을 키워서 아빠의 목소리를 묻어버렸다.

다시 광고가 나오자 체스터 할아버지가 말했다. "와줘서 고맙구나, 페기." 페기는 고모 이름이었다. 나는 할아버지가 겨우 15분 머무른 우리에게 돌아가라고 말하고 있음을 알 수 있었다. 아빠는 그저 가만히 앉아 있었다. 아빠의 눈에 눈물이 고이더니 얼굴을 타고 흘러내렸다. 아빠는 고개를 떨구고 천천히 일어났고, 나는 마치 종잇장처럼 아빠의 무릎에서 미끄러져 내렸다. 나는 가느다란 팔을 아빠의 허리에 감고 온 힘을 다해 끌어안았다. 한 손으로 반대쪽 손목을 잡아서 힘껏, 힘껏 잡아당겼다. 아빠를 그냥 가게 내버려두지 않을 작정이었다. 건장한 덩치가 내 가녀린 힘에 묶인 채, 아빠는 그곳에 멍하니 서 있었다.

"사랑해요, 아빠."

"나도 사랑한다, 씨씨."

엄마가 내 혀 밑으로 작고 하얀 알약을 밀어넣고 나면, 으레 편두통이 더 심해지곤 했다.

"이제 곧 머리가 아프기 시작할 모양이구나. 자, 입을 벌리거라. 혀를 들고, 오옳지."

가끔씩은 토할 것 같았다. 그러나 대개의 경우는 그저 침대 위로 기어 올라가, 알약이 혀 밑에서 분필처럼 풀어지기를 기다렸다. 그렇게 두통은 점점 더 심해져갔다. 나는 여전히 두통이 머리 앞으로 오는지 옆으로 오는지 분간할 수가 없었지만, 어쨌든 머리는 온통 불타는 듯 아팠고, 구역질이 났으며, 목구멍 아래가 마치 목줄을 끊은 경비견처럼 튀어 올라올 것만 같았다.

내가 아팠기 때문에, 엄마는 직업을 가질 수가 없었다. 언제 편두통이 찾아오거나 열이 치솟거나 목구멍이 시뻘겋게 부풀어 올라서, 엄마가 하던 일을 멈추고 달려와야 할지 모를 노릇이니 말이다.

낮 동안 엄마는 우리의 큰 집 구석구석을 쓸고 닦는다. 그리고 엄마가 생각하기에 내가 아프다 싶은 날이면 나를 학교에 보내지 않고 지켜본다. 이따금씩 나는 주방에서 엄마의 커다란 웃음소리를 듣곤 한다. 내가 불쑥 고개를 내밀고 뭐가 그렇게 웃기냐고 물으면, 엄마는 움찔 놀라며 말한다.

"어, 그냥 간호사랑 있었던 재미있는 일이 생각나서."

어느 날 오후, 엄마는 나를 차 안에 앉히더니 이렇게 말한다. "네 머리카락 좀 어떻게 해봐야겠다."

그리고는 나를 미용실 회전의자에 앉혀놓더니, 엄마는 가위를 든 여자에게 내 긴 머리를 〈브래디 번치〉(미국의 1970년대 TV 드라마_역주)에 나오는 엄마처럼 덥수룩하게 잘라달라고 말한다. 미용사가 내 머리를 내려다본다. 내 머리카락은 아기 때부터 줄곧 금발이었지만, 엄마는 나이가 들수록 점점 더 진해지고 있다고 말한다. 엄마가 그랬던 것처럼 말이다. 얼마 안 있어 설거지를 끝낸 물 같은 갈색이 될 거란다. 그러나 나는 지금까지 7년 동안이나 변함없이 실크처럼 곧고 부드러운, 햇살에 바래어 끝이 거의 하얗게 변한, 긴 금발 머리를 갖고 있다.

"진짜로요?" 미용사가 묻는다.

"이봐요, 이 빌어먹을 머리 좀 어떻게 해보라고! 얘한테 아무리 노랠 불러도 맨날 이 모양이니, 그냥 싹둑 잘라버려요!"

나는 한번도 머리를 잘라본 적이 없었기 때문에, 미용사가 거울을 보여주기 전까지는 머리카락이 어디로 가는지도 알지 못했다. 이발을 끝낸 후에 바라본 거울 속의 내 머리는 귀 위로 껑충하게 잘려 있으며, 늘 보아오던 금발이 아닌 온통 갈색이었다.

"내 머리 돌려줘요!" 나는 울음을 터뜨린다.

볼품없는 사내아이 같다. 심지어 엄마까지도 나를 보더니 깔깔대기 시작하는 걸 보면 알 수 있다.

엄마는 도저히 나를 견딜 수가 없어서, 항상 뭐가 치밀어 오른단다. "제발 애 좀 어떻게 해줄래, 댄? 맙소사, 애 때문에 미쳐버릴 것 같아."

우리가 2층 내 방에 있을 때, 아빠가 현관문으로 들어선다. 엄마가 손바닥으로 나를 때리며 내 더벅머리를 움켜잡더니, 나를 따라 울음을 터뜨린다. 아빠가 터벅터벅 올라온다. "어이, 이봐, 대체 무슨 일이야?" 아빠가 때맞춰 내 비참한 모습을 발견한다. 등을 보이고 있는 엄마의 머리는 침과 땀으로 뒤범벅이 되어 얼굴에 달라붙어 있다.

"샌디, 대체 무슨 짓이야?"

"빌어먹을, 댄." 엄마는 몸을 돌려 내 침대 기둥에 달린 캐노피를 움켜잡는다. "얘는 도대체 방을 정리할 줄을 몰라. 내 말에 콧방귀도 안 뀐다구. 나를 도와줄 생각은 눈꼽만큼도 없어. 나도 이제 몰라, 댄, 진짜야. 당신은 코빼기도 안 보이고. 이제 더 이상은 못해먹겠어."

아빠는 아무 말 없이 구두를 내려다보며 듣고 있다. 그리고 카펫 위를 터벅터벅 가로질러 가서는 내 옷장에 기대서서 소매를 걷어 올린다. "이제부터 내가 맡을게, 샌디." 그리고 내 쪽으로 고개를 돌리는 아빠의 얼굴에서 살짝 윙크하는 모습을 본 것 같다. 엄마는 등을 돌려 가버린다. 처음에 아빠가 반짝이는 눈으로 나를 바라보며 부드러운 목소리로 야단을 치자, 나는 울음을 멈춘다. 아빠는 무언의 약속으로 나를 구해주고 있는 것이다. '엄마를 떼어내기 위해서 우리 연극을 좀 하자꾸나.' 그런데 엄마가 멀어지면 멀어질수록, 아빠의 고함소리는 커져가고, 급기야 반짝이던 눈빛도 시커멓게 변해버린다. 이렇게 화를 내면서 큰소리치는 아빠를 본 적이 없는 나는 오히려 더 심하게 울음을 터뜨린다.

아빠는 내 손목을 잡고 거세게 끌고 나간다. 그리고 엄마가 서 있는 현관 앞으로 가서 말한다.

"엄마한테 잘못했다고 말씀드려."

"잘못했어요, 엄마."

"이제 사랑한다고 말해야지."

"사랑해요, 엄마."

"가서 꼭 안아드려."

엄마는 입을 꾹 다문 채 먼 곳을 바라보며 쌀쌀맞게 서 있다. 굵은 눈물이 엄마의 뺨을 타고 어지럽게 흘러내린다. 나는 팔짱을 낀 엄마의 팔에 내 팔을 살짝 감았다 푼다.

아빠가 말한다. "너! 오늘은 아빠랑 같이 지낸다. 엄마한테서 너를 좀 떼어내야겠다." 그리고 나를 계단 아래로 확 잡아당긴다.

엄마가 뒤따라온다. "댄, 난 이제 도저히 못 참아, 알아들어? 나 혼자서는 도저히 못하겠다구, 알아들어?"

아빠는 "알았어, 샌디, 알았어."라고 말하고, 현관 방충망 문을 휙 밀어서 닫는다.

아빠는 나를 차에 태우더니, 자갈돌이 울타리로 튀는 것도 아랑곳하지 않고, 잔디밭에 선명한 타이어자국을 남기며 전속력으로 집을 빠져나간다. 나는 앞으로 돌진하는 차 안에서 엄마의 모습, 이마를 문틀에 대고 흐느끼면서 손가락으로 방충망을 쓸어내리는 모습을 힐끗 본다. 차는 집 앞을 벗어나 맹렬하게 차도로 달려 나간다. 아빠는 신나게 페달을 밟으며 도로를 질주한다. "해냈다, 씨씨, 드디어 탈출했어!" 그러자 내 맘도 마치 필립스 선생의 눈앞에서 씩씩하게 타운십 병원을 빠져나오기라도 한 듯, 빼앗겼던 자유와 금지된 환희가 벅차올라 현기증까지 느껴진다.

그러나 집에서 멀어지자, 나는 창문에 머리를 기댄다. 눈에서 눈물방울이 떨어진다. 단 한 대뿐인 차를 우리에게 빼앗기고, 촘촘하게 엮인 방충망 문 뒤로 갇혀버린 엄마의 모습을 떨쳐버릴 수가 없다. 아빠도 지금은 말이 없다. 아빠는 손을 뻗어 내 무릎을 톡톡 두드린다.

"걱정하지 마, 씨씨." 아빠가 말한다. "엄마는 지금 뱃속에 아기가 자라고 있어서 기분이 조금 우울한 것뿐이야."

아빠와 나는 손을 잡고 큰 쇼핑몰을 배회하며 엄마에게서 훔친 토요일을 보낸다. 내 피부의 붉은 손자국은 거의 기억에서 사라져간다. 지금껏 이렇게 아빠와 하루 종일 시간을 보낸 적이 한번도 없었다. 우리는 벤치에 앉아 꾸벅꾸벅 졸고 있는 노인들 옆을 어슬렁거리다, 실내에 심어놓은 야자나무에 놀라기도 하고, 우렁찬 소리를 내며 떨어지는 분수의 물방울을 맞으며 동전을 던지기도 한다. 아빠는 내가 사탕 사먹을 동전 몇 개를 집어낼 수 있도록 나를 붙들어준다. 장난감 가게에 들어가지 않아도 상관없다. 그저 아빠랑 함께 있으면 된다.

우리 뒤쪽 어딘가에서 갑작스런 웃음소리가 흘러나와 쇼핑
몰 4층으로 울려 퍼진다. 아빠는 소스라치게 놀라며 소리 나
는 쪽을 돌아다본다. 공포가 그의 얼굴을 훑고 지나간다. 웃
음소리는 어떤 가게 앞에 서 있는 한 무리의 학생들에게서 나
온 것이었으며, 나도 그들을 따라 웃는다. 그것이 무엇이건
아주 웃기는 일 같았으니까. 아빠는 불길한 얼굴로 나를 내려
다본다.

"애, 씨씨, 너 저 사람들이 왜 웃는지 아니?"

나는 고개를 젓는다.

"저 사람들이 웃는 이유는 말이야," 아빠는 커다란 손바닥
으로 내 턱을 감싸 쥐고 얼굴을 들어올린다. "이런 말이 상처
가 될 거라는 건 알지만 말이야, 애야, 하지만 저 사람들이 웃
는 건 너의 보기 싫은 머리 때문이야. 너는 다른 어린 여자애
들처럼 예쁘지가 않거든. 네가 이런 말을 알아들을 만큼 똑똑
하지 않다는 건 알지만 말이야, 그래도 나는 네 아빠야. 내가
너를 지켜줄게. 줄리, 사람들이 너한테 무슨 해코지를 할지
몰라. 그래도 걱정 말거라, 우리 아기. 아빠한테 딱 달라붙어
있으면, 다 알아서 해줄 테니."

나는 나를 비웃었던 사람들을 돌아본다. 지금 그들은 나를
쳐다보지도 않고, 그저 빙 둘러서서 서로를 마주보고 있지만,

나는 안다. 저 교활한 사람들은 나를 웃음거리로 삼았던 걸 우리가 알고 있음을 재빨리 눈치 채고 딴 짓을 하는 것이다. 아빠는 다시 어슬렁어슬렁 배회를 시작했고, 나는 계속 그 사람들의 행동을 놓치지 않으려 어깨 너머로 돌아본다.

"사랑한다, 씨씨."

아빠는 커다란 손으로 내 가녀린 손을 한번 꾹 잡았다.

"저도 사랑해요, 아빠."

동생이 태어나던 날, 나는 학교버스에 뛰어오르며 기사 아저씨를 향해 소리쳤다.

"저한테 아기가 생겼어요! 아기가 생겼다구요!"

다니엘 조셉 그레고리 2세, 마치 왕족처럼 로마 숫자를 뒤에 붙인 이 아기는 4.5킬로그램이라는 터무니없는 몸무게 때문에 엄마의 배를 갈라 끄집어내야 할 만큼 건강했다. 꼬마 대니 조는 꼭 버터볼사(미국의 유명 식품회사_역주)의 칠면조 같았으며, 나와는 달리, 짙은 머리숱과 건강한 울음소리로 세상에 나왔다.

대니는 대화 상대가 엄마냐 아빠냐에 따라 놀라움이랄 수

도 있고 실수랄 수도 있는, 그러나 어쨌든 그 전에 생긴 아기
가 둘이나 병원에서 나오기도 전에 죽어버린 일을 생각하면
기적이라고 말할 만한 아이였다.

아빠는 자신이 좋아하는 노래에 나오는 이름을 가진 아들
을 내려다보며, 노래를 부른다.

"조, 조, 발가락이 부러졌네, 들소를 타다가."

이제, 우리에겐 대니가 있다. 심지어 잘 모르는 사람들까지
아기를 보러 우리 집에 들른다. 까마득히 먼 친척들도 우리로
서는 있는지도 몰랐던 가족 모임으로 초대한다는 편지를 보
내온다. 심지어 매지 할머니도 아빠가 꼬마 조라고 부르기 시
작한 어린 아기를 보러 피닉스에서 그 먼 길을 오겠다고 엄마
에게 전화를 한다.

기저귀에 똥을 싸든, 허공을 보며 웃음을 짓든, 이리저리 몸
을 굴리든, 엄마는 요람을 들여다보며 대니가 보이는 행동 하
나에 "이렇게 사랑스러울 수가!"라고 속삭인다.

나는 엄마의 말, 엄마의 목소리, 엄마의 행복을 흉내낸다.

"이렇게 사랑스러울 수가, 여기 좀 봐, 정말 예쁘지 않니?"

나는 광고에서 본 가정주부 베티의 목소리에다 엄마의 억
양을 담아 전화를 받는다.

"여보세요, 그레고리 가족의 집입니다. 무엇을 도와드릴까

요?"

"어, 샌디?"

"오오(놀라는 척하며). 아니, 저는 샌디의 일곱 살 난 딸 줄 리랍니다. 잠깐만 기다리시면 엄마를 바꿔드릴게요. 누구신 지 여쭤봐도 될까요?"

엄마가 수화기를 들자, 나는 주방 칸막이 뒤로 숨는다.

"우리 꼬마 친구가 전화를 받았네. 귀엽지?"

나는 귀엽고, 엄마는 나를 귀여워한다. "이렇게 사랑스러 울 수가!"는 대니한테로 가버렸지만, "귀엽지?"는 곧장 내게 로 왔다.

갓난아기 때부터 아장아장 걸어 다닐 때까지 아기들이 저 지르는 온갖 위험한 일들이 내 동생에게도 찾아왔다. 엄마는 녀석이 새파랗게 질린 채 침대에 누워 있는 것을 발견하고 미 친 듯이 응급실로 뛰어가기도 하고, 혹시 해충에게 물렸을까 봐 구급차를 부르기도 했다. 하지만 대니는 그레고리 집안이 낳은 가장 귀엽고 건강한 아이였고, 질병과 부상을 피하는 비 상한 재주를 가지고 있었다. 아빠는 고엽제, 엄마는 독혈증, 매지 할머니는 정신 나간 할망구, 게다가 리 외삼촌은 정신이 온전치 못했고, 체스터 할아버지는 무기력했으며, 나는 늘 아팠다. 그러나 대니는 천사 같은 살집이 겹겹이 출렁이는 아기였고, 기쁨을 찾는 일이나 노는 일, 먹는 일에 한계를 몰랐다. 대니는 전염성이 강한 아이였다. 대니가 태어난 이후, 우리 가족은 모두 전보다 건강해졌으며, 특히 나는 더 그랬다. 내 편두통은 감쪽같이 사라졌다. 더 이상 혀 밑에 알약을 넣지 않아도 되었고, 침대에서 오줌을 싸는 일도 없었다. 이제 나는 더 이상 아프지 않아서 학교를 빠질 이유도 없어졌기 때문에, 계속 A학점을 받기 시작했고 발표시간에는 쉘 실버스타인의 시를 암송하기도 했다. 내 읽기 실력은 3학년 중에서 최고에 속했으며, 심지어 4학년과 같이 읽기를 공부하기도 했는데, 그건 모두 대니 덕분이었다.

대니는 우리가 흐릿한 비눗방울 안에서 바깥세상을 내다보는 망원경이었고, 그것을 통해 우리는 온통 빛과 웃음, 희망으로 가득 찬 또 다른 은하계를 훔쳐볼 수 있었다.

어느 날 학교 놀이터에서 놀고 있을 때, 호루라기 소리가 들렸고 나는 줄에 끼어들려다가 누군가의 운동화에 걸려 넘어졌다. 보도에 부딪치면서 손목에서 툭 소리가 났다. 단박에 손목이 부러졌다는 느낌이 왔다. 나는 울지 않았다.

그냥 부러진 손목을 가슴에 대고 근처에 있는 선생님을 따라 갔다. 그 선생님은 나를 담임 선생님에게로 데려가야겠다고 말했다. 담임 선생님은 나를 양호 선생님에게로 데려가야겠 다고 말했다. 양호 선생님은 엄마에게 전화를 했고, 나를 의 사에게 데려가야 한다고 말했다.

오후 내내 엄마가 대니의 기저귀를 갈고 라디오 소리에 맞 춰 휘파람을 불고 설거지를 하고 집 안 곳곳을 분주히 돌아다 니는 동안, 나는 거실에 놓인 푸른 벨벳 회전의자에 앉아 있 었다. 부러진 팔뼈는 이미 피부를 조금 밀고 올라와 있다. 손 목이 쑤시고 화끈거리는 주기에 맞춰 눈물이 얼굴 위로 흘러 내렸다. 필립 선생님에게 가고 싶다. 선생님이 치료를 해주 었으면 좋겠다. 하지만 엄마는 그냥 삔 것이라고 말한다.

"아직 뭐라고 말하기는 너무 일러. 부은 게 가라앉았는지 한 번 지켜보자. 지금은 엄마가 너무 바빠. 아빠가 집에 오시기 전에 저녁 준비를 해놔야 하거든. 내가 다 알아서 병원에 데 려가든 말든 할 테니 걱정 마라."

엄마가 타운십 병원에 전화를 해서 이 사소한 문제로 의사 를 찾아가야 할지, 아니면 하루 더 기다려도 될지 물은 것은 거의 다섯 시가 다 되어서이다.

필립스 선생님은 손목뼈가 세 조각으로 부러진 엑스레이를 엄마에게 보여주었다.

"음, 저런, 그러니까……." 엄마가 중얼거린다.

그때라도 나를 병원에 데려온 건 정말 다행이라고, 필립스 선생님이 말한다. 더 늦었으면 손목뼈가 제대로 붙지 못했을 거란다. "샌디, 다시 이 비슷한 일이 생기면, 절대 시간을 끌면 안 돼요. 바로 병원으로 와야 합니다."

선생님이 깁스 준비를 하러 진찰실을 나가자, 엄마는 고개를 내젓는다. "날 그렇게 보지 마라. 그냥 삐었는 줄 알았잖니."

4학년 때 나는 다시 한번 넘어졌는데, 바닥에 제대로 부딪치기도 전에, 이번에는 반대쪽 손목이 부러질 거라는 걸 직감적으로 느꼈다. 그러나 엄마는 아빠가 집에 오실 때까지 기다려야 한다고, 이번에는 아빠가 책임질 차례라고, 한번쯤은 아빠도 나를 병원에 데려가봐야 한다고 말했다.

내 팔이 부러지던 날, 아빠는 새로 이사 갈 곳을 찾아 어느 시골길을 헤매고 있었다. 아빠는 닫힌 커튼 뒤에서 우리를 지켜보는 차가운 이웃의 눈길이나 매주 일요일마다 우리에게 죄책감을 느끼게 하려고 우리 집 앞으로 차를 아주 천천히 몰고 지나가는 목사를 좋아하지 않았다. 아빠는 바깥세상의 모든 미친놈들로부터, 특히 길모퉁이나 주유소, 주차장 등지를 어슬렁거리는 흑인들로부터 우리를 멀리 떨어뜨려놓고 싶어 했다. 그들이 우리를 납치해서 어린이 포르노 조직에 팔아넘길 기회만 엿보고 있다고 아빠는 확신했다.

집에 머무르거나 곧장 병원으로 향하는 경우에는 그런대로 괜찮았다. 하지만 재향군인회에 볼일이 있어 콜럼버스 시내로 차를 몰고 들어가기만 하면, 엄마와 아빠는 신경과민이 되어 눈을 부릅뜨고 주변을 살폈다.

"오, 맙소사 댄, 저기 길모퉁이에 저 사람 좀 봐. 오른쪽으로 돌아, 어서."

아빠는 백미러를 통해 뒷자리에 있는 나를 쳐다본다. "줄리, 문을 잠가. 창문도 완전히 올리고." 아빠는 거리를 건너가려고 기다리는, 기괴한 모양의 머리에 빗을 꽂고 있는 흑인 남자를 힐끔 훔쳐본다. "빨리, 올리라니까, 줄리! 샌디, 당신쪽 문도 잠가. 가방은 의자 밑에 두고."

"이런, 제기랄, 댄, 불빛이 들어오잖아. 멈추지 마. 댄, 서면 안 돼!"

엄마는 미친 듯이 가방을 볼링공 크기로 뭉쳐서 의자 밑에 쑤셔넣으려 안간힘을 쓰고, 나는 뒷좌석 창문을 올리느라 정신이 없고, 아빠는 잠금 장치를 내렸다 올렸다 다시 더 세게 내리기를 반복한다.

그 남자는 보도 끝에서 횡단보도에 내려서더니, 마치 사파리의 사자처럼 발을 질질 끌며 천천히 우리 차를 향해 다가온다. 그리고 별 이상한 사람도 다 있다는 표정으로 우리를 쳐다보는 동안, 우리는 꼼짝없이 교차로에 갇힌 채 숨을 죽인다.

남자가 지나가자, 아빠는 재빨리 속력을 높이고, 우리 모두는 안도의 탄식을 지른다.

"세상에, 정말 큰일 날 뻔했네." 엄마가 말한다.

백미러 가득 눈썹에 송골송골 땀방울이 맺혀 있는 아빠의 넓은 이마가 비친다. "혹시라도 저런 사람들이 너희한테 다가오면, 어디에 누구랑 같이 있건 간에, 젖 먹던 힘을 다해 고함을 질러야 해. 알겠지?"

"네에, 아빠아."

내가 두 번째로 부러진 손목을 부여잡고 푸른 회전의자에 앉아 있던 날은 부활절 일요일이었다. 그날 밤 늦게 문을 열고 들어온 아빠는 이렇게 소리쳤다.

"드디어 찾았어, 완벽하게 외딴 곳을 말이야. 얘들아, 여보, 이제 우린 이 빌어먹을 동네를 빠져나가서, 미친놈들을 안 보고 살게 될 거야. 시골로 갈 거니까!"

우리 가족은 길고 넓은 왜건형 자동차에다 짐을 가득 싣는다. 나, 그리고 카시트에서 몸을 흔들며 통통한 팔을 내젓는 세살배기 대니, 운전하는 아빠와 조수석 차창 밖으로 휙휙 지나가는 들판을 뚫어져라 바라보는 엄마.

시속 90킬로미터로 달리는데도, 공기는 뜨겁기만 하다. 차창을 통해 오븐의 열기가 쏟아져 들어와 담요처럼 우리를 감싼다. 더 이상 헤드라이트 피디들 게임(차를 타고 돌아다니다 한쪽 전조등만 켠 차를 발견하면 '피디들'이라고 외치는 게임_역주)을 할 차도 없고, 그저 텅 빈 공간, 구불구불한 도로, 길가에 뚝 떨어져 있는 초라한 나무숲, 그리고 절반쯤 녹은 라이프 세이버(납작하고 속이 빈 도넛 모양의 사탕_역주)처럼 부드럽게 깎여진 채 하얗게 솟아나온 낮은 봉분으로 겨우 알아볼 수 있는 묘지만이 보인다.

벌 한 마리가 창문으로 날아 들어와 햇빛에 데워진 내 깁스 위에 내려앉자, 기분이 좋아진다. 나는 벌이 깁스 위를 돌아다니도록 내버려둔다. 벌은 햇볕을 받아 싱싱한 피부가 드러난 곳까지 올라가더니, 깁스를 한 팔이 가늘어지면서 만들어놓은 깊고 어두운 공간 속으로 기어 들어간다. 벌의 촉수가 내 촉촉한 팔 위를 배회하는가 싶더니, 어느새 손이 닿지 못하는 깊은 곳에서 간지러움이 느껴진다. 나는 깁스를 쿵 쳐서 벌을 쫓아낸다. 팔에 깁스까지 하고서 벌에 쏘일 수는 없는 노릇이다.

우리는 넓은 포장도로를 벗어나 좁은 자갈길로 들어선다. 차 한 대가 겨우 지나다닐 정도의 길을 따라 아래로, 아래로, 머리 위로 짙푸른 녹음을 드리우는 나무 터널 속으로 깊이 들어간다. 몇 년 동안 가파른 언덕길을 자기 전문 코스인 양 속력을 내던 차가 심하게 출렁인다. 길이 끝나자 차창에 닿을 만큼 키 큰 잡초가 무성한 벌판이 펼쳐진다. 우리는 음산하게 그늘진 늪지와 폐허가 된 통나무 오두막을 지나, 마침내 우리 집이 될 야구장 절반만한 크기의 잡초 밭에 도착한다.

정말 외딴 곳이다. 가슴이 철렁 내려앉는다. 불길한 징조를 알리는 메뚜기가 저만치 눈에 띈다.

'후유, 정말 멀긴 멀구나. 근처에서 친구를 찾을 가망은 없겠어. 학교까지 가려면 대체 얼마를 가야 할지 모르겠군.'

"다 왔다." 엄마가 껌을 뱉으며 침묵을 깨뜨린다. "여기를 '은신처 농장'이라고 불러야겠다."

나는 엄마가 왜 이런 곳이 나에게 좋을 거라고 하는지 의아해했지만, 꼬마 대니는 카시트에서 내려오자마자 바지를 벗더니 떡하니 오줌을 싼다. 우리는 웃는다. 대니는 호시탐탐 납치할 기회를 노리는 흑인도 없고 치고 달아날 차도 없는, 에메랄드빛 바다를 목줄 풀린 강아지처럼 깡충깡충 뛰어다닌다. 대니가 행복해하면 우리도 행복하다. 대니는 우리 가족에게 무엇이 좋고 무엇이 나쁜지를 측정해주는 눈금과 같은 존재니까.

엄마가 길가 언덕 가장자리에 자리한, 그곳에 서 있는 단 한 채의 건물 쪽으로 걸어간다. 모양새가 어떻든 상관없다는 듯 쌓여 있는 철도 침목 사이로 희뿌연 오물들이 덕지덕지 붙어 있는 것만 빼고는, 팬케이크 시럽 병에서 바로 미끄러져 나온 듯한 통나무집이다. 들판을 가로질러 걸어가다 보니, 저 멀리 또 다른 오두막 한 채가 보인다. 엄마는 우리의 낡은 통나무집이 번즈라는 사람이 20년대에 은행을 털어서 한몫 단단히 챙긴 후 지은 바로 그 집이며, 이 언덕 깊은 곳에 보물이 묻혀 있다고 말한다. 그는 자신의 이름을 따서 길의 이름을 번즈 로드라 붙였으며, 그가 죽은 후에 사람들이 몰려와서 사방팔방을 파보았지만 아직까지 보물을 찾지 못했단다.

나는 언덕이 급경사를 이루고 있는 통나무집 뒤쪽으로 돌아가 본다. 눈에 띄는 것이라곤 녹슨 냉장고, 낡은 스토브, 찌그러진 세탁기, 날카로운 양철 조각, 잔뜩 쌓인 타이어 더미, 그리고 바로 그 검은 고무가 작열하는 태양을 받아 뿜어내는 열기뿐이다.

우리가 막다른 길을 타고 다시 그곳을 찾았을 때, 낡은 오두막 반대편에 트레일러 하나가 언덕 아래를 굽어보며 서 있었다. 새 집을 싫어하면 안 되는 것을 알지만, 그것은 연파랑 카펫이 깔린 우리의 하얀 2층집과는 너무나 달랐다. 나는 여기에 야외 데크를 만들고, 뒤쪽으로도 뭘 하나 만들고, 방도 하나 더 넣어가며, 모조리 다시 손을 보겠다는 엄마의 계획에 함께 흥분해보려 노력한다. 하지만 왜 엄마는 삐거덕거리며 핸들을 돌려서 열어야 하는 조그만 네모 칸 말고는 창문조차 제대로 없는 이 양철 상자를 계속 집이라고 부르는 거지? 엄마가 말하기를, 이건 보통 트레일러보다 두 배나 넓어서 진짜 집하고 완벽하게, 아무런 차이도 없이 똑같단다. 또 엄마는 이 땅을 '농장'이라고 부르는데, 사실 가축도 한 마리 없는 이곳이 농장은 아니지 않는가. 이처럼 나조차도 트레일러가 집이 아니고 쓰레기 더미가 농장이 될 수 없다는 것 정도는 알았지만, 어쨌든 이곳은 우리의 은신처이고 우리는 때맞춰 찾아온 여름을 이곳에서 시작하게 되었다.

　　이사를 오자마자, 아빠는 늘 꿈꿔오던, 전통이 살아 있는 최고의 교통수단 폰티악 GTO(1964년에 출시된 폰티악의 스포츠카_역주)를 만드는 작업에 착수했다. 처음에는 폰티악 소식지와 지역 경제 신문들을 가져오는가 싶더니, 트레일러 주변에 약간 구부러진 범퍼, 수명을 다한 낡은 집합관, 차 문짝, 녹슨 와이퍼 모터 같은 부품 쓰레기들을 쌓아 올리기 시작했다. 아빠가 혼자 힘으로 통나무집 옆에 차고를 완성하기 전까지, 여기저기서 실려온 온갖 부품들은 신문지로 둘둘 말려 있었다 (좀 괜찮은 것들은 아빠 옷장 속으로 고이 모셔졌고, 큰 것들은 트레일러 밑으로 들어갔다). 그러나 아빠를 두고 엄마가 세운 계획은 좀 달랐다. 엄마는 아빠가 남는 시간을 집을 완성하는 데 써주기를 바랐다. 엄마는 아빠가 포크레인으로 언덕 위에 연못을 파주기를 원했고, 뒷마당의 야외 데크와 친구와 친척들을 초대해서 파티나 명절을 근사하게 치러낼 수 있는 큰 주방을 원했으며, 이런 계획들을 눈을 반짝이며 늘어놓았다. 아빠는 이러지도 저러지도 못한 채, 엄마에게 자신이 가정적인 남자라는 걸 보여주기 위해 허둥댔다.

엄마가 아빠와 싸움을 하고 우리를 자기 편에 세우고 싶어하는 날이면, 우리는 어김없이 아빠의 비밀에 관한 이야기를 들어야 했다. 아직도 그게 어느 정도까지 사실인지는 알 수 없지만, 어린아이였던 우리로서는 엄마의 말 한마디 한마디에 귀를 쫑긋 세우고 가족의 어두운 비밀과 그것에 따라오는 부끄러움을 삼켜야 했다. 추측하건대, 1970년대쯤에 아빠에게 애인이 생겼던 듯하다. 하지만 엄마의 이야기는 이 정도에서 끝나지 않았다. 엄마가 이를 갈며 내뱉은 이야기에 의하면, 아빠의 애인은 남자였다.

"그 인간. 너희 아버지라는 그 아무짝에도 쓸모없는 게으름뱅이, 그 인간 말이다."

엄마가 그럴수록 아빠는 자신을 변명하고 보호하기 위해 점점 더 남자다움을 과장해 나갔다. 가령 온갖 허풍으로 가득한 「오하이오 스윙어」지를 군데군데 기름을 묻힌 채로 작업대 밑에 잔뜩 쑤셔넣어 둔다든가, 지나가는 여자들의 신체를 노골적으로 평가하는 등의 행동으로 말이다. 그리고 아빠가 조용할 때면, 엄마는 오히려 몇 마디 말로 아빠를 부추기곤 했다.

엄마의 꿈은 한 무리의 말을 갖는 것, 그리고 자신의 아이들이 4-H(농촌 발전을 목적으로 하는 세계적인 청소년 민간 단체_역주)에 들어가서 가슴에 손을 대고 소년부원 서약을 하는 것이었다.

나는 4-H회와 사회와 우리나라를 위하여
나의 머리는 더욱 명석하게 생각하며
나의 마음은 더욱 크게 충성하며
나의 손은 더욱 위대하게 봉사하며
나의 건강은 더욱 좋은 생활을 하기로 맹세함.

엄마는 우리가 마상쇼를 좋아하기를 바랐고, 할인점에서 산 합성 섬유 바지에다 금속 장식을 주렁주렁 달고 우스꽝스럽게 큰 모자를 쓰고 엄마가 어릴 때부터 꿈꿔오던 상패를 타기를 바랐다. 내가 깁스를 풀자마자, 우리는 8월에 열린 연합 감리교회 기금 마련을 위한 마상쇼에 끌려갔다. 그리고 말 떼 뒤에서 땀을 비 오듯 흘리며 무대 의상 같은 옷들을 힘겹게 벗어던지면서 무슨 카우보이 인형처럼 우리를 꾸며놓은 엄마에 대해 울분을 터뜨렸다.

　나와 대니가 원한 것은 빈둥빈둥 여름을 즐기며, 자그마한 수영장 안에서 물장구를 치며 노는 것이 전부였다. 그러나 엄마는 철사로 가시 울타리를 만들고, 건초 더미를 엮어두고, 만약 엄마가 중간에 값을 부르지 않았다면 몇 푼 안 되는 돈에 고기장수에게로 넘어가 도살당할 뻔한 다 굶어 죽어가는 말도 돌봐야 했다.

　이 모든 일을 위해, 우리는 노예처럼 일했다. 우리의 수영장은 텅 빈 채로 녹색이 선명한 나무개구리(청개구리) 몇 마리와 꼼짝없이 갇혀버린 6월의 벌레들 차지가 되었다. 우리는 철사 타래에 매달려 울타리를 만드느라 진땀을 뺐다. 엄마와 나는 가시가 박힌 철사 줄을 나무둥치에 묶고 낡아서 썩어버린 울타리 기둥에 감아가며, 언덕 위에서부터 찔레 덤불을 지나 몇 킬로미터에 걸쳐 울타리를 만들었다. 철사 줄을 팽팽하게 잡아당기느라 내 손에서는 피가 나기도 했다. 이렇게 일을 하나 끝내기가 무섭게, 기뻐하거나 긴장을 풀 사이도 없이, 늘 다음 일이 기다리고 있었다. 대니가 네 살이 되었을 무렵에는, 아빠가 망치질하기 편하도록 내가 못을 집어주는 동안 대니는 석고 보드를 머리 위에 올리고 앞뒤로 흔들며 노는 지경에 이르렀다. 언제나 벙글거리던 꼬마 대니조차도 엄마가 파리채를 들고 잡으러 와서 놀지 못하게 할까봐 슬금슬금 도망 다니기 시작했다.

낮 동안 우리에게는 다른 일, 이를테면 양치질이나 숙제 같은 것을 할 시간이 충분치 않았다. 이따금씩 엄마는 손톱으로 우리의 앞니를 아래위로 긁은 뒤 손톱 아래 긴 이물질을 긁어냈다. "뻐드렁니에다 아예 옷을 입혀놨구나." 그러곤 이렇게 말했다. "들어가서 이 좀 닦아라."

아침이면, 우리는 달콤한 시리얼 위에 버석버석한 설탕 층이 두껍게 생길 때까지 숟가락으로 흰 설탕을 잔뜩 퍼넣어서 먹곤 했다. 그리고 밤이면, 끈적끈적하게 설탕을 입힌 도넛처럼 땀에 전 채 피곤에 지쳐 곯아떨어졌다. 다음 날이 오면, 또 똑같은 일상이 반복되었다.

그리고 엄마가 잠시 다른 곳으로 눈길을 돌리면, 아빠는 위험이 사라졌다고 판단되는 즉시 하던 일을 멈추고 소파에 털썩 주저앉았다.

이렇게 자리를 잡고 나면, 아빠는 텔레비전과 더불어 거실, 그리고 거기에 붙어 있는 모든 방을 장악했다. 아빠가 텔레비전을 보고 있는 동안 근처를 지나다니다가는, 어김없이 붙들려 아이스크림이나 젤리 토스트 같은 간식거리를 가지러 부엌을 수십 번씩 오가야 했다. 우리가 이곳으로 이사 온 이래로, 아빠의 아랫배는 거대하게 불어나기 시작했다. 매일 탭 (1963년에 코카콜라사에서 나온 최초의 다이어트성 음료로, 당을 줄이기 위해 사카린과 아스파탐을 넣었다_역주)을 여섯 팩이나 마시는데도 말이다. 리모콘 배터리가 다 되면, 아빠는 텔레비전 받침대 아래에 우리를 앉혀놓고 '살아 있는 리모콘'인 우리를 통해 채널을 바꾼다. 일단 소파에 붙어버리고 나면, 아빠는 가래조차 자기 손에 뱉어서 벽이나 카펫에다 내던진다. 그러나 만약 누군가 옆에 있는 것을 알면, 휴지를 가져오게 해서 두 손가락 사이에 붙어 있는 그 끈끈한 것을 닦아내게 한다. 그러니 할 수만 있다면, 아빠가 안 보는 틈을 타 자기 방으로 몰래 미끄러져 들어가는 게 상책이다.

내 방에는 크리스마스 때 받거나, 도서관에서 빌리거나, 그도 아니면 병원 대기실에서 슬쩍해온 책들이 가득 쌓여 있다.

아빠로부터 몰래 빠져나오는 데 성공한 날이면 언제나 탈출의 기쁨을 만끽하며 침대로 기어 올라가 그 책들을 읽고 또 읽는다.

여러 해에 걸쳐, 우리의 좁은 트레일러는 침실과 욕실, 거실에다 심지어 엄마가 농장으로 데려오는 참전 용사들이나 위탁 아동들을 위한 방까지 더해져, 서로 다닥다닥 붙고 이리저리 삐져나오면서 미궁처럼 변해갔다. 우리는 은밀한 세계를 지켜주는 보호 장막, 텅 비고 고립된 비눗방울, 스스로를 기만하는 샬레 속에 배양된 은밀한 생태계, 그 짙푸르고 무성한 숲에 둘러싸였다.

그러나 특별한 일이 생기면 길 저 위쪽 세계인 시내로 행차를 했다. 집을 나서는 우리 모습은 모두 그럴싸했다. 그것은 모두 옷의 색깔을 잘 맞춰 입었다는 뜻이다. 대니는 거러니멀(미국의 아동의류 브랜드_역주)을 입고 우리 둘 다 깨끗한 속옷을 입었다. 뿐만 아니라 대니는 햇살 같은 금발 머리를 양쪽으로 빗어 넘겨 스프레이로 고정시키고, 나는 머리를 꼬불꼬불 말고 두꺼운 구디 머리빗으로 찰랑찰랑 빗은 다음 엄마의 명령에 따라 나중을 대비해서 가방에 빗을 잘 챙겨놓았다.

우리는 안전띠를 채우고 길을 나섰다. 수천 그루의 나무가 뒤덮고 있는 길을 지나가는 동안, 라디오는 마치 살아 있는 사람처럼 노래를 하다 말고 캑캑거렸다. 흙먼지 길에서 가끔 포장도로를 달려온 반대편 차가 지나갈 수 있도록 잠시 멈춰 길을 비켜줘야 했는데, 그럴 때면 우리는 상대편 차의 창문을 슬쩍 훔쳐보았고, 우리의 모습이 그들과 별 다를 바 없음에 환호했다! 그리고 우리는 서서히 들어갔다. 도로를 향해, 문명 속으로, 서로를 잘 아는 이웃들이 사는 진짜 집을 지나, 한때 우리가 살았던 동네와 비슷한 주택가를 지나, 북적이는 K마트와 온갖 사람들이 가득한 병원 대기실로.

이렇게 우리로 하여금 일손을 놓게 만드는 중대한 일, 우리의 안전이 위협받고 있다고 판단되는 일이 생겼다는 것은, 내 건강상의 이상을 찾기 위해 의사를 찾아가는 일이 다시 시작되었음을 의미했다.

새 학교에서의 5학년이 시작되자, 엄마는 병원 예약시간에 맞춰야 할 경우 언제든 나를 조퇴시킬 수 있도록 교장 선생님께 미리 양해를 구해놓았다.

"줄리 그레고리는 교장실로 오세요. 어머니께서 기다리고 계십니다." 교장 선생님이 스피커를 통해 이런 방송을 하면,

나는 가방을 챙겨서 엄마를 만나러 계단을 달려 내려간다. 그런 날은 다시 학교로 돌아오지 않아도 된다는 것을 알고 있으니까.

필립스 선생님은 우리에게 편두통약을 조금 더 처방해주고, 다른 증상들을 진료해줄 만한 전문가를 소개해준다. 그러나 필립스 선생님은 점점 나이가 들고 있다. 그는 검사대에 기대서서는 더 이상 엄마가 하는 말을 적지도 않는다. 그리고 처음에 그랬던 것처럼, 엄마를 '샌디' 대신 '그레고리 부인'이라고 부른다. 엄마가 계속 이름으로 불러달라고 하는 데도 말이다. 그는 내 경우와 같은 복잡한 문제를 다룰 수 있는 누군가를, 이를테면 기초 의학 전문가 같은 사람을 찾아가 보라고 말한다. 그러고는 방을 나간다. 엄마가 나의 증상을 낱낱이 적은 쪽지를 꺼내기도 전에, 그냥 휑하니 나가버린다.

"도저히 믿을 수가 없군. 줄리, 너도 봤지? 우릴 두고 그냥 나가버리잖아! 두고 보자. 그런 식으로 날 대했다 이거지, 빌어먹을!"

"걱정 마세요, 엄마. 다른 의사한테 가면 되잖아요."

"그래, 맞다. 저 놈이 저런 식으로 나온다면, 어디 두고 봐라. 다른 데로 가면 그만이지."

그리고 우린 그렇게 했다. 때로는, 이런저런 검사를 해줄 만한 의사를 찾기 위해 다른 주로 넘어가기도 한다. 그리고 심지어는 2층 벽돌 건물에 전문가가 여럿 있으며 보험도 적용된다는 광고를 내건 병원으로 가기 위해 콜럼버스 시내까지 들어가는 모험을 감행하기도 한다. 그나마 혼잡한 곳을 피하고 차문을 잘 잠그고만 있으면 어느 정도는 안심할 수 있으니까 괜찮다.

엄마는 핸들을 잡고 계속 분통을 터뜨린다.

"그놈이 감히 어디서 나를 그레고리 부인이라고 불러! 딴데 가서 알아보라고? 내가 이런 대접 받으며 여기저기 기웃대는 건 다 너 때문이야!"

그러다가도 거리에서 무언가를 약속하는 간판을 보면, 엄마는 소리를 지른다.

"저 번호 얼른 적어둬. 집에 가서 전화 한번 해보게."

나는 거리를 훑어보며, 종이에 볼펜을 대고는, 엄마를 진정시켜줄 그곳을 찾아내려고 눈을 부릅뜬다.

"저기, 저거 말이죠? 괜찮아 보이는데요. 번호 적으면 되죠, 엄마?"

"빌어먹을, 줄리, 왜 쓸데없는 걸 묻고 그러니. 한 번에 딱 알아듣고 시키는 대로 하면 안 돼? 그렇게 처음부터 끝까지 다 엄마가 해줘야만 되겠니?"

밤이 되면, 아빠는 11시 뉴스가 끝날 때까지 거실을 점령하고, 그 다음에는 엄마가 넘겨 받아서, 온몸을 감싸는 거실 스탠드의 희미한 불빛을 받으며 벨벳 소파 한쪽 끝에 웅크리고 앉는다. 엄마는 할인점에서 산 독서 안경을 코끝에 걸친 채, 미동도 하지 않고, 책에 파묻힌다.

한밤중에 내가 물을 가지러 부엌으로 갈 때도, 엄마는 여전히 자지 않고, 손가락에 침을 묻혀가며 두툼한 『가정에서 알아야 할 의학 상식』의 페이지를 넘긴다.

"뭐 하세요, 엄마?"

엄마가 고개를 든다. "그냥 보는 거야."

"뭐를요?"

"글쎄, 네가 다시 아프잖아. 그래서 대체 무슨 이상인지를 찾으려고 책을 보는 중이야."

"저한테 뭔가 심각한 이상이 있나요?"

"여기 나오는 여러 가지 증상이 너한테 있긴 한데 말이야, 그래도 더 심각한 질병을 찾아내려면 여러 가지 검사를 해봐야겠지. 여기 의사들 명단이 나오니까 일하기가 훨씬 수월하겠다. 그치, 씨씨?"

"그렇겠네요. 안녕히 주무세요, 엄마."

"너도 잘 자거라."

또다시 석고보드로 벽을 세우고 가시철사로 울타리를 만드느라 기진맥진한 하루를 보낸 어느 여름밤, 엄마는 저녁으로 냄비에서 찐 쇠고기 토막들을 꺼내놓았다. 아마 엄마는 아침에 그걸 넣어놓았을 것이다. 어쨌든 우리는 하루 종일 일을 했고, 지금 이 자리에 부엌의 따뜻한 불빛을 향해 덤볐다가 한 대 얻어맞고 어리둥절한 나방처럼 서 있다.

아빠는 등을 구부린 채 숨을 가다듬으며, 작은 노란 식탁 의자의 등받이를 움켜잡았다. 날이 저물기 전에 잡초를 다 베어 내려고 길에서 트레일러까지 수십 번을 뛰어다니느라, 아빠의 소매 없는 셔츠에는 풀잎 조각들이 잔뜩 붙어 있었고, 다리 털에는 퍼런 풀물이 들어 있었다..

엄마는 접시를 식탁 위로 팽개치다시피 내려놓았다.

"댄, 농담이 아니라, 뭔가 수를 내지 않으면 안 돼. 침실 만들던 것도 마저 끝내야 하고, 겨울이 오기 전엔 야외 데크도 만들어야 하잖아."

엄마는 2차 세계대전에 참전했던 노인들을 보살피는 자격증을 따라고 아빠를 재촉하는 것이다. 공군 기지가 내년에 철수할지도 모른다는 소문이 돌고 있기 때문이었다. 그리고 여전히 엄마는 밖에서 일을 할 수가 없었다. 나는 늘 멀미를 하고 피곤에 시달렸으며, 편두통까지 재발하는 듯했다. 게다가 엄마는 꼬마 대니의 가슴에서 딸꾹질 소리 같은 것이 들렸다며, 밤마다 내 것과 함께 대니의 증상에 대해서도 책을 찾아보기 시작했다.

"이봐, 댄, 난 여기서 아픈 아이들을 둘이나 내 손으로 보살피고 있잖아. 당신은 하루 종일 엉덩이를 붙이고 앉아서 〈매시〉나 보고 있는데, 내가 쥐꼬리만한 돈을 보고 일을 할 수는 없지, 절대 없고 말고."

참전 용사를 보살피는 일, 엄마는 그것이 우리 수입을 두 배로 늘려서 아빠가 직장을 잃을 때를 대비하고, 집도 계속 짓고, 그러고도 여전히 엄마가 전업주부로 남을 수 있는 유일한 길이라고 주장했다.

"게다가," 엄마가 덧붙였다. "당신 아버지 같은 형편없는 늙은이보다는 참전 용사들이 얘들한테도 훨씬 좋은 할아버지가 되어줄 텐데 뭐. 그렇지 않니, 얘들아?"

"네에에, 엄마." 우리는 마지못해 나지막이 대답했다.

"그럼, 아빠한테도 너희가 그렇게 말씀 좀 드려보렴."

"샌디." 바로 옆에서 아빠가 말했다. "나는 우리 애들이 그런 노인네들 옆에서 자라는 게 싫어. 어떤 일이 일어날지 아무도 모르는 거잖아. 이건 돈보다 더 중요한 문제라고."

"하지만 댄, 만약 당신이 그걸 하지 않으면……."

"제기랄, 이 여자야, 제발 그만 좀 해! 더 이상 그 문제는 꺼내지 마. 자, 이제 밥 먹자!"

그러면 우리 모두는 식탁에 앉아서, 아빠가 고개를 숙이고 기도를 드리는 동안 식탁 위에서 서로의 손을 조심스럽게 잡고 있어야 했다.

우리는 침묵 속에서 식사를 했다. 엄마와 아빠가 아무 말 없이 펜싱 시합을 하듯 나이프와 포크를 능숙하게 휘두르는 동안, 대니와 나는 숨을 죽이며 접시와 플라스틱 컵을 조용히 밀어냈다.

엄마가 나를 보더니, 갑자기 목청이 갈라지면서 소리가 높아졌다. "그게 다 먹은 거야? 그걸 지금 먹은 거라고 먹었어? 세상에, 그렇게 먹을 거면, 도대체 왜 나한테 밥을 달라고 하는 거야?" 그러고는 아빠를 보며,

"댄?"

"응?" 입 안 가득 음식을 문 채로, 아빠가 대답했다.

"댄, 내 말 못 들었어? 여기 이 계집애 먹은 것 좀 봐. 당신이 가장으로서 어떻게 좀 해야 하지 않아? 이런 것까지 내가 다 해야 해? 이런, 젠장."

"줄리, 엄마가 시키는 대로 고기 다 먹어라."

"어, 겨우 그게 다야? '추울리, 엄마가 시키는 대로 고기 다

먹어라.' 그래, 그 말 한번 진짜로 가장답네. 이 빌어먹을 놈의 인간아, 이 아무짝에도 쓸모없는 거렁뱅이야!"

아빠가 거세게 나이프를 내려놓는다.

"제기랄, 줄리, 그 징글징글한 고기 좀 먹어치워라. 안 그러면 내가 입 속에 처넣어줄 테니 말이야."

"아빠, 이건 물렁뼈예요." 나는 접시 위의 고기 조각을 끌어와서 으깬 감자 밑에 숨기려고 애를 쓴다.

"댄, 이건 당신 문제야. 당신은 어린 계집애 하나도 제대로 다룰 줄 모르잖아. 저 비실비실한 계집애조차 당신을 우습게 본다구. 당신 생각에는 쟤가 왜 맨날 아픈 거 같아? 쟤가 왜 맨날 사람구실 못하고 저러고 있는 거 같냐구? 그게 다 얘들 먹는 것 하나 제대로 통제할 만한 사람이 없기 때문이야. 당신이란 작자는 꼭 자기 아버지처럼 가만히 앉아서는," 엄마는 엄지손가락 두 개를 붙여서 살랑살랑 흔든다. "'그래, 음, 자, 음, 애야, 너는 왜 고기를 안 먹니?' 정말 구역질이 나. 당신이 그러고도 아빠야? 자기 가족도 제대로 못 먹여 살리고 조그만 계집애 하나 어쩌지 못하면서, 그러고도 남자라고 할 수 있어?"

아빠가 주먹으로 식탁을 내리치자, 식기들이 우르르 떨어진다. "젠장, 줄리, 그건 그냥 비계야. 먹으면 다 살로 간다구." 그리고 의자에서 벌떡 일어나 소리친다. "내가 먹으라고 했지!"

어느새 아빠는 내 뒤에 있다. 내 머리가 확 젖혀지더니 아빠의 거대한 손바닥이 내려온다. 아빠는 기름기가 번들번들한 고기 조각을 내 입에 쑤셔넣는다.

"이 계집애야, 내가 먹으라고 했지."

엄마는 고기 조각이 매달린 포크를 들고, 가만히 보고 있다. 대니는 자기의 접시를 뚫어져라 내려다보며, 숨을 죽이고 소리 없이 눈물을 흘린다.

"말 잘 들어야 된다고 내가 그렇게 말했지? 그런데도 네가 나를 애비로 안 봐? 하자는 대로 해주니까, 내가 그렇게 우습게 보이든? 응? 그래, 그랬겠지. 내가 빌어먹을 바보, 멍청이로 보였겠지."

콩 통조림에 그려진 녹색 거인 같은 아빠의 손가락들이 내 입가를 파고들더니, 커다란 두 손이 내 목구멍 뒤로 물렁뼈 덩어리를 밀어넣는다. 눈에서 눈물이 흐른다. 그리고 구역질이 난다. 아빠가 다시 의자에 앉을 무렵, 나는 비곗덩어리와 함께 저녁으로 먹은 것을 모두 토해냈다.

"음, 그래도 어쨌든 먹긴 먹었잖아, 샌디. 이 지붕 아래에서 내 말을 거역하는 자식은 있을 수 없어." 아빠는 나를 보고 포크를 흔들었다. "알아듣겠나, 꼬마 아가씨? 나는 이 집안의 왕이야."

엄마의 노래하는 목소리는 세상 누구보다 아름다
웠다. 우리가 차를 타고 병원으로 향할 때면, 엄마는 이렇게
노래를 하곤 했다.

"성서 위의 먼지. 하나님 성스러운 말씀 위의 먼지. 모든
선지자와 우리 주 그리스도의 말씀. 세상의 모든 책을 다 찾
아보아도, 너를 온전하게 만들어줄 책은 단 하나뿐. 성서 위
의 먼지를 털고, 네 불쌍한 영혼을 구하라."

엄마는 인디언에 관한 노래도 불렀는데, 그것은 옹이진 소
나무로 만든 심장을 가진 카울리가라는 인디언이 담배 가게
에서 만난 인디언 처녀와 사랑에 빠진다는 내용이었다. 그 처
녀는 구슬과 끈으로 치장을 하고, 언젠가 그가 말을 걸어주기
를 기다리고 있었다. 그런데 어느 날 어떤 부자가 찾아와서
그녀를 안고 멀리 달아났고, 그 뒤로는 아무도 그녀의 모습을
다시 볼 수 없었다. 나는 엄마가 그 처녀임을 알 수 있었다.

"가엾은 카울리가, 키스도 단 한번 받지 못하고, 가엾은 카
울리가, 자신이 잃은 것이 무엇인지도 모르네. 그의 얼굴빛이
붉다고, 이상할 것이 있으랴. 카울리가. 가엾은 노인."

또, 한 시간 정도 병원으로 가는 길에 늘 부르던 〈기관차 윌리〉라는 노래도 있었다. "외로운 쏙독새의 노래를 들을 수 있나요? 날아다니기가 버거우리만치 슬픈 새. 한밤의 기차가 집으로 돌아오면, 나는 너무나 외로워 죽고만 싶어요."

가끔 엄마는 노래를 부르며 운다. 곧바로 목소리가 갈라지지는 않아도, 뺨을 타고 흐르는 반짝이는 눈물방울이 보인다. 나는 엄마가 노래를 너무 잘 불러서 라디오에 나가야 한다고 말한다.

"씨씨, 누가 돈을 주고 내 꿱꿱거리는 노래를 들으려고 하겠니?"

"제가요, 엄마! 엄마가 나를 위해 노래를 불러준다면, 나는 백만 달러라도 낼 거예요. 엄마 목소리는 라디오에 나오는 팻시 클라인이랑 아주 똑같아요."

아빠가 운전을 할 때면, 아빠는 이렇게 말하며 라디오 볼륨을 높이기 일쑤였다. "샌디, 제발, 노래는 혼자서나 부르라구. 생각할 게 좀 있어서 말이야."

그러나 우리 둘만 있을 때면, 엄마는 똑바로 앉아서 양손을 핸들 위에 올려놓고, 머리를 들어올리고 입을 크게 벌려, 차 안이 울릴 만큼 큰 소리로 어깨를 흔들며 노래를 불렀다. 그리고 나도 엄마를 따라 노래했는데, 그 노래들은 대부분 스모키와 같이 살 때 배운 것이나 우리가 가끔 가는 방 하나짜리 예배당에서 들은 찬송가였다. 엄마는 〈그랜드 올 오프리〉 공연의 뒤를 따라 여행을 할 때 배워서, 목구멍에 요요가 오르락내리락 돌아가는 듯한 목소리로 요들송도 부를 줄 알았다. 나도 엄마를 따라 요들송을 불러보려 했으나, 스위스미스 코코아 광고에 나오는 '요들~레~이~후' 이상은 할 수 없었다. 그래도 나를 내려다보며 미소 짓는 엄마와 함께 신나게 노래를 하다보면, 내 목소리가 엄마의 사랑을 타고 하늘까지 올라가는 기분이었다.

엄마는 어떤 생명체든 굶주려 있는 것을 두고 보지 못했다.

"이런, 애야, 저 망아지가 저렇게 배고파하는 걸 도저히 볼 수가 없구나. 가엾은 것이 저기 마냥 갇혀서 아무 데도 못 돌아다니고." 시내로 갈 때마다 우리는 늘 갈비뼈가 드러날 정도로 여윈 망아지 한 마리를 보곤 했다.

"줄리, 양동이를 가져다가 귀리랑 당밀 두 바가지를 퍼 넣어라. 지나가다가 그 녀석 좀 먹이게 말이다."

그리고 엄마는 언제나 학대당하는 동물을 찾는 일에도 관심이 많았다. 고속도로를 지나가다가 누군가 창 밖으로 쓰레기가 가득 든 검은 비닐봉지를 던지는 광경을 목격하면, 엄마는 꼭 차를 세우고, 나에게 달려가서 그 안에 새끼 고양이가 든 것은 아닌지 확인해보도록 했다. 그때 생긴 습관으로, 지금까지도 나는 길거리에서 쓰레기봉투를 보면, 혹시 어린 동물이 갇혀서 허우적대지는 않는지 살피곤 한다.

우리는 개에 둘러싸여 자라났다. 옴에 오른 개, 고름이 흐르는 개, 굶주린 개, 버림받은 개, 온갖 종류의 개들이 우리 삶 속으로 들어와서 농장에서 자라났다.

처음 이사를 왔을 때, 우리는 '검둥이'라는 이름의 개를 샀는데, 그것은 거의 모든 시골 집에서 적어도 한 마리는 가지고 있는 털북숭이 농장견이었다. 그리고 엄마는 돈을 조금 벌기 위해 신문 광고를 보고 몇몇 순종견을 데려와 키우기 시작했다. 그래서 통나무집 옆에 지어놓은 개집에 작은 페키니즈와 시추들이 살게 되었다. 나는 엄마에게 내가 제일 좋아하는 시추인 P.J.를 집 안에서 키우게 해달라고 졸랐다. P.J.가 새끼를 낳자, 우리는 세탁실에 우리를 만들어 강아지들을 가두어놓았고, 엄마는 재빨리 그 강아지들을 몽땅 팔아버렸다. 엄마가 새끼를 데려가자, P.J.는 앞발로 우리를 긁으며 며칠을 울부짖었다. 그때 나는 P.J.를 몰래 숨겨와서는 이불 밑에 감춰놓고, 꼭 끌어안으며 위로해주었다. 당시, 나는 엄마가 눈치 채지 못하기를 기도하며 몇 주 동안이나 P.J.를 내 방에 두

98

었고, 하루에 두 번은 몰래 데리고 나와 산책도 시키고 침대 밑에서 강아지통조림도 먹였다.

우리가 제일 마지막으로 데려온 동물은 도로에 짓이겨져 있는 무언가를 먹으려고 낑낑대던 강아지였다. 녀석의 꼬리 는 연골이 몇 개인지 셀 수 있을 정도로 뼈가 다 드러나 있었 다. 나는 차에서 뛰어내려, 녀석의 뒷덜미를 잡아끌어 올렸 다. 차 안에서 녀석은 엄마의 가방에 고개를 처박더니, 벨라 민트 사탕 한 통을 다 먹어치웠다.

"어, 너, 이 고얀 놈!" 엄마가 소리쳤다. 그리고 그것이 녀 석의 이름이 되었다. 고얀 놈.

여름의 열기에 허덕이며 엄마를 위해 울타리를 치러 간 아 빠를 대신해서, 무서움을 꾹 참고 불을 끄러 차고까지 가는 나를 우리 집 농장견 두 마리가 지켜보고 있다. 성격 좋은 검 둥이는 언제나 숲 속을 뛰어다니느라 나뭇가지 투성이였다. 고얀 놈은 신경이 예민했고, 우리가 보지 않을 때면 먹을 것 을 몹시 밝혔다. 녀석은 먹을 만하다 싶은 것이면 무엇이든 집어삼키려고 혈안이었다. 한번은 낚시를 갔을 때, 내가 벌레 양동이를 몰래 꺼내 벌레들을 풀어주는 바람에 미끼로 베이 컨을 써야 했던 적이 있었다. 나는 낚시가 싫었다. 엄마가 살 아서 꿈틀거리는 벌레를 바늘에 꿰어 고기밥이 되라고 줄을 내리는 것을 보고, 연못가에 주저앉아 울음을 터뜨린 적도 있었다. 그래서 기회만 있으면 항상 나는 양동이를 비워놓고는 주머니쥐에게 덮어씌우곤 했다. 그러나 그날 밤 살아 있는 미끼를 대신한 베이컨은 그다지 효과를 발휘하지 못했다. 단 한 번의 입질조차 없었다. 우리는 낚싯대를 세워놓고 잠자리에 들었는데, 다음 날 아침 일어나보니 고얀 놈이 여기저기로 낚싯대를 끌고 다니고 있었다. 입술은 낚시 바늘에 걸려 퉁퉁 부어 있었고, 얼굴에는 베이컨의 비계가 들러붙어 있었다.

엄마는 녀석을 보고 웃음을 터뜨렸다.

"씨씨, 저 갈고리 입술 좀 잡아와라. 고얀 놈이 미끼에 걸렸다. 바늘에다 낚싯줄까지, 우리가 주는 대로 다 삼킬 놈이야."

6학년이 시작된 후 결석을 너무 많이 한 나머지, 학교에서는 만약 내 건강이 좋아지지 않으면 진급을 시킬 수가 없다는 편지를 보내왔다.

그러나 병원에 가는 날은 우리가 쇼핑을 하는 날이기도 하다. 그렇게 하지 않으면, 쇼핑을 하러 일부러 시내로 나와야 하는데, 엄마는 혼자서 운전하는 것을 좋아하지 않는다. 그리고 이왕 하루가 이렇게 된 김에, 새로 문을 연 의류 할인점에 잠깐 들른다고 뭐 큰일이야 나겠는가. 오히려 이것이야말로 일석이조 아니겠는가.

엄마와 나는 카트를 하나씩 끌고 가게 안으로 달려 들어가, 괜찮아 보이는 것이면 무조건 카트에 담았다.

"씨씨, 이거 어떠니? 해변에서 입으면 좋겠지?"

엄마가 금사가 반짝이는 드레스를 들어 올린다.

"와, 엄마한테 정말 잘 어울리겠어요!"

우리는 3면을 비추는 거울 앞에서 온갖 화려한 색깔의 옷들을 갈아입으며 몇 시간을 보낸다. 내가 옷을 갈아입는 동안, 엄마는 문 앞에서 말한다. "씨씨, 어때? 잘 맞니? 빨리 입고서 엄마한테 보여다오." 나는 아직도 7세 사이즈를 입을 수 있다는 사실에 대단한 자부심을 느낀다.

문을 열고 나가자, 엄마는 바지의 주름을 펴고, 셔츠의 매무새를 가다듬으며, 좋은지 아닌지를 판단한다. 내가 옷을 벗어 휙 집어던지면 엄마가 받아서 옷걸이에 걸어놓는다. 그리고 엄마가 카트 가득 가져온 옷들을 입어볼 때는 내가 똑같이 엄마를 위해 옷을 정리한다. 한 번에 열 벌씩만 가져와서 입어볼 수 있기 때문에, 나는 다시 옷을 가지러 카트를 끌고 몇 번씩 매장과 탈의실을 오간다.

우리는 학교 갈 때 입을 옷, 병원 갈 때 입을 옷, 교회 갈 때 입을 옷, 집수리를 다 마치고 사람들을 초대할 때 입을 옷 등 모든 경우에 맞춰 각기 다른 옷들을 세트로 산다. 그리고 20킬로그램이 넘는 말먹이와 10킬로그램이 넘는 강아지 먹이, 그리고 여러 가지 식료품이 든 자루들을 차 안 가득 싣는다. 물론, 그 속에는 트레일러 안을 장식할 요량으로 장만한, 얼룩무늬를 입히고 셸랙(곤충 분비물을 정제하여 만든 니스의 원료_역주)을 바른 실물 크기의 도자기 개와 고양이도 있고, 새 콘크리트 동물 모형들도 들어 있다.

　나는 앞좌석에 앉아 있고, 내 다리 사이에는 바스락거리는 쇼핑백들이 잔뜩 쌓여 있다. 우리는 페니즈 아울렛, 시어스 백화점, 밸류 시티, 그리고 K마트에서 구입한 새로운 물건들을 싣고 집으로 향한다. 도시의 태양빛이 차 뒤로 기울 때, 나는 쇼핑백을 뒤지며, 내일이 오면 시작될 내 새로운 삶의 촉감을 느끼며, 내가 얼마나 근사한 모습이 될지, 학교에서 아이들이 나를 얼마나 좋아할지를 마냥 상상해본다. 상점들을 돌아다닐 때면, 나는 엄마가 사들이는 물건들에 너무 흥분한 나머지 학교를 가지 못할 일 따위는 생각하지 못한다. 병원에서 보낸 2시간마저도 모두 머릿속에서 까맣게 잊힌다. 가게 문을 하나씩 나설 때마다 내 기억은 조금씩 지워지다가 결국에는 완전히 떨어져나가고 만다. 중요한 것은 오로지 내 다리 사이에 쌓여 있는 쇼핑백들과 엄마의 만족스런 얼굴, 그리고 모든 것이 지금보다 훨씬 좋아지리라는 달콤한 느낌이다.

번즈 로드로 들어서자, 엄마가 만약 오늘밤에 숙제를 할 시간이 없으면 내일 아침 버스에서 하면 될 거라고 말한다. 집에 도착해서 내가 곡식 자루와 개와 말의 사료에다 온갖 식료품들까지 다 내려놓고, 저녁을 먹고 설거지까지 마치고 나면, 잠자리에 들 시간이 훌쩍 지나게 될 테니까 말이다.

이 컵에다 오줌을 누어야 한단다. 어떡해야 하나. 엄마가 대기실에서 기다리는 동안 깜빡 잊고 벌써 화장실에 다녀왔다는 말이 차마 나오지 않는다. 어쨌든 컵을 받아서 포장된 작은 물수건을 들고 화장실에 앉아보지만, 아무것도 안 나온다. 컵을 몸에다 대고 벅벅 문질러도 보지만, 단 한 방울도 짜낼 수가 없다. 엄마는 격분할 것이다. 만약 의사에게 이걸 갖다 주지 못하면, 의사는 우리를 만나주지 않을 것이다. 무슨 일이 있더라도 우리는 진료실까지 들어가야 한다. 여기까지 그 먼 길을 왔는데, 새 의사 선생님을 만나려고 학교까지 빼먹었는데……. 어쨌든 해내야만 한다. 둥그런 자국이 남을 때까지, 컵을 아주 세게 눌러본다. 그러고는 희고 차가운 세면대에 이마를 기댄 채, 찬물을 틀고 그 밑으로 손을

뻗어본다. 아무것도 안 나온다. 15분 동안 이 안에서 별짓을
다 해봤지만, 단 한 방울도 받지 못했다. 나는 세면대 위에 컵
을 올려두고, 대기실로 슬그머니 돌아간다.

엄마가 눈치를 챈다. 내가 쭈뼛거리며 엄마 옆에 앉자, 엄
마는 양손으로 내 허벅지를 누른다. 그리고 부드러운 얼굴을
그대로 유지한 채, 비밀 이야기를 하듯 내 쪽으로 몸을 기울
인다. 엄마는 내 다리 살을 비틀며 귓가에 입김을 쏟아낸다.
그리고 엄지와 검지로 팔꿈치를 꽉 움켜잡고는 내 몸을 접수
대 쪽으로 몰고 간다.

"실례지만, 간호사님." 그리고 엄마가 내 쪽으로 고개를 돌
린다. "자, 간호사님한테 사실을 말씀드려."

"죄송해요, 도저히 안 나와요. 도저히."

"괜찮다, 얘야. 나중에 다시 오도록 약속시간을 잡아주
면……."

"저기, 지금 이 애한테 분명 이상이 있거든요. 이런 간단한
일도 해결 못하는 걸 보면 알 수 있잖아요. 예전에는 이런 일
이 한번도 없었어요. 분명 뭔가 심각한 문제가 진행되고 있는
거라구요. 그러니 의사 선생님께 잠깐만 좀 봐달라고 하면 안
될까요?"

"괜찮아요, 그레고리 부인. 애들은 늘 그러는걸요."

"그래도 얘는 한번도 그런 적이 없다니까요!"

"죄송해요. 하지만 처음 방문한 환자는 꼭 소변 검사를 먼저 받아야 합니다."

간호사가 다시 약속시간을 잡는 동안, 나는 발꿈치를 들고 대기실의 푹신한 의자를 향해 살금살금 걸어간다. 의자는 나 같은 아이라면 옆으로 세 명은 충분히 앉을 만큼 넓고, 발이 바닥에서 대롱대롱 뜰 정도로 높다. 나는 의자 위로 기어 올라가서, 비쩍 마른 손목을 차가운 금속 팔걸이 위에 올려놓는다. 내 팔은 팔걸이만큼이나, 아니 오히려 팔걸이보다 더 가늘다! 나는 내가 차지하는 자리가 얼마나 작은지를 보며 뿌듯해한다. '난 오그라들고 또 오그라들어, 곧 바스라질 것 같은 줄기를 가진 바싹 마른 낙엽이 되어서, 세찬 바람에 날려 저 투명하게 파란 하늘 위로 멀리멀리 올라갈 거야.'

나는 종이처럼 야위어가는 내 모습을 그려본다. 내가 눈에 보이지 않는 암에 걸려 곧 부서질 것 같은 모습으로 미소를 지으면, 엄마는 나를 지극정성으로 보살펴주고 뭐든지 다 해줄 거야. 예쁘게 머리를 밀고 실크 스카프를 그 위에 두른 다음 목덜미에서 매듭을 묶어 등 뒤로 길게 늘어뜨린 내 모습이 얼마나 멋질지 상상한다. 누구도 내게 함부로 손을 대지 못하겠지. 누구도 암에 걸린 어린 여자애를 놀리지는 못할 거야. 모

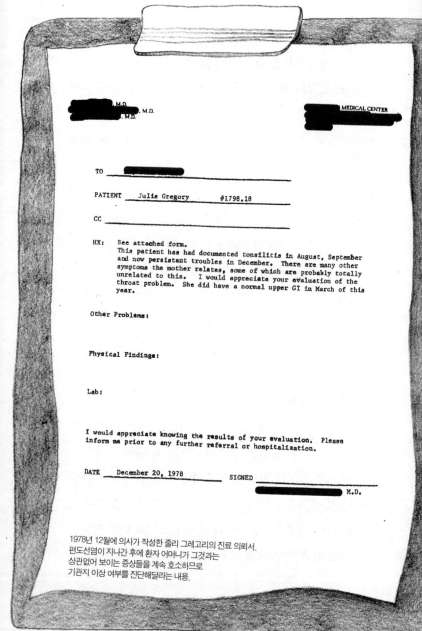

MEDICAL CENTER

TO _____

PATIENT   Julie Gregory   #1798.18

CC _____

HX: See attached form.
       This patient has had documented tonsilitis in August, September
       and now persistant troubles in December. There are many other
       symptoms the mother relates, some of which are probably totally
       unrelated to this.   I would appreciate your evaluation of the
       throat problem. She did have a normal upper GI in March of this
       year.

Other Problems:

Physical Findings:

Lab:

I would appreciate knowing the results of your evaluation. Please
inform me prior to any further referral or hospitalization.

DATE   December 20, 1978   SIGNED _____
                                             _____   M.D.

1978년 12월에 의사가 작성한 줄리 그레고리의 진료 의뢰서.
편도선염이 지나간 후에 환자 어머니가 그것과는
상관없어 보이는 증상들을 계속 호소하므로
기관지 이상 여부를 진단해달라는 내용.

두들 다시는 못 볼지도 모른다는 생각에 잘해주려고만 들걸.

    그날 밤 나는 평생 나를 따라다니게 될 꿈을 꾼다. 억수 같은 비가 온 뒤 집앞의 샛강으로 미끄러지는 바람에, 나는 발목까지 흙탕물에 잠긴다. 엄마는 언제나 폭풍우가 지나간 뒤에는 절대로 강물에 들어가지 말라고 주의를 줬다. 흙바닥이 쓸려 내려가기라도 하면, 넌 깊은 지하 동굴로 떨어져서 영원히 그 속에 갇히고 말 거야. 나는 발가락을 단단히 오그리고 나뭇가지를 꽉 부여잡고 조금씩 앞으로 나가면서, 엄마의 말을 생각한다. 그러다 발꿈치가 미끈한 이끼 위에서 미끄러지고, 중심을 잡으려고 허둥대는 사이, 흙바닥이 내 발 아래서 마치 파이 껍질처럼 부서진다. 나는 워터 슬라이드 같은 지하 통로로 미끄러져 들어간다. 통로의 벽은 온통 축축한 진흙이다. 나는 지구의 중심부로 점점 더 빠르게 미끄러져 들어간다. 속도가 빨라질수록, 터널은 더 가파르고 좁아진다. 드디어 나는 터널 저 밑바닥에 창처럼 꽂혀서, 팔을 양옆에 붙인 채 옴짝달싹할 수 없다. 그러나 두렵지 않다. 그저 모든 것이 편안하게 받아들여진다. 나는 너무나 깊고 깊은 곳으로 떨어졌으며, 터널을 기어 올라가 빛을 보는 일은 두 번 다시 있을 수 없음을 꿈속에서도 알고 있다.

울퉁불퉁한 자갈길을 걸어 우리 트레일러로 비척 비척 들어선 첫 번째 참전 노인은 존 베크 씨였다. 베크 씨는 2차 세계대전에서 살아 돌아온 후, 생의 대부분을 보훈 병원에서 보냈다. 결혼을 한 적도 없었고, 연금과 장애인 보조금은 자기 혼자서는 찾을 수 없는 계좌에 차곡차곡 모여 있었다. 만약 돈이 필요하면 담당자에게 요청을 해야 했고, 그 사람이 모든 걸 판단하고 결정했다.

베크 씨는 K마트에서 산 슬리퍼를 플라스틱 의족 위에 걸친 채 복도의 카펫 위로 끌고 다녔다. 그는 짙은 멍 자국이 선명한 양팔을 뻗어 의자 등이며 탁자, 어항의 가장자리, 볼일

을 보려고 낑낑대는 곡예사 인형을 차례차례 짚어가며 겨우
걸음을 옮기곤 했다.

엄마는 그를 베크라고 불렀는데, 그에게는 당뇨병이 있었
다. 인슐린 주사는 대개 엄마가 하루에 두 번씩 놓아주었고,
가끔씩 맞아야 할 시간에 집을 비워야겠다 싶으면 양을 두 배
로 해주기도 했다.

베크 씨는 가격인하 상품 코너에 놓인 시든 가지 같았다.
피부 아래 보이는 짙은 보라색 조직은 근육만큼 단단했지만,
이미 죽음이 깃든 살결처럼 속에서부터 굳어지고 변색되어
있었다. 욕실에서 한없이 시간을 보내고 난 후, 그는 겨우 침
실로 들어가서 작은 흑백 TV 앞에 놓인 안락의자에 뻣뻣하게
쓰러졌다. 나무등치처럼 부풀어 오른 그의 다리는 문자 그대
로 정말 구부러지지 않았다. 그의 TV는 하도 지지직거리는
바람에 어디를 틀든 똑같았다.

매일같이 베커 씨는 의자에 앉아 있다가, 화장실을 갔다가,
엄마가 부르면 발을 질질 끌며 부엌으로 갔다. 엄마는 그가 이
하나 없는 시커먼 구멍을 벌려 음식을 우물거리고 질질 흘리
는 모습을 참을 수가 없다며, 우리보다 먼저 식사를 하게 했다.

처음 노인들이 찾아왔을 때, 엄마는 맛있는 저녁을 차렸고
우리는 식탁 위를 풀이파리로 장식하고 좋은 의자들을 끌고

와서, 근사한 가족 식탁을 만들어보려 애썼다. 엄마는 고개를 곧추세우고 앉아서, 전쟁 때 있었던 일이나 가족에 대해 물으며 노인들을 대화로 끌어들이려고 노력했다. 하지만 대부분의 노인들은 귀를 기울이지 않았고, 정부 관련 화제에는 지나치게 흥분을 했으며, 고개를 끄덕일 때보다는 턱을 치켜드는 반응을 보일 때가 더 많았다. 그들은 우리가 친절한 이유가 오로지 자신들이 매달 써주는 수표 때문임을 알고 있었으며, 우리에게 마음을 열지 않았다. 우리는 그들을 위해 일하는 사람들일 뿐이었다. 얼마 지나지 않아, 엄마는 그들의 식사를 따로 차렸으며, 차를 마시러 오라고 부르는 일도 그만두었다. 그리고 곧 그들을 위해 따로 요리를 하지 않고, 우리가 먹다 남은 오래된 음식들을 몽땅 섞어 테플론이 벗겨진 낡은 냄비에 한데 넣고 데워서 내놓았다. 어떤 음식을 어떻게 해줘도 그들은 맛을 모른다는 것이 엄마의 이유였다.

이렇게 여러 노인이 들어왔다 나가기를 반복하면서, 튼튼한 사람들은 모두 사라지고, 약한 이들만 우리의 컴컴한 은신처에 자리를 잡았다. 그리고 우리의 베크 씨는 면 셔츠에 아주 짧은 폴리에스테르 체크무늬 반바지 차림으로 언제고 그자리에 앉아 있었다. 시든 가지 같은 피부, 거북이 가죽 같은 얼굴, 그리고 고무 밴드가 늘어나서 발목까지 흘러내리는 긴

양말 속에는 나무로 만든 다리가 드러나 있었다.

그는 우리 집에 제일 오래 머무른 참전 군인으로, 우리와 수년을 함께 살았고, 엄마가 그의 계좌로 부담시킨 디즈니 월드 여행에도 동행해서, 우리가 놀이동산을 배회하는 동안 주차된 트럭 안에서 창문을 모두 올리고 문을 잠근 채 몇 시간이고 땀투성이로 침묵 속에 앉아 있었다. 그리고 나를 병원에 데려가느라 어두워질 때까지 집을 비워야 하는 날이면, 엄마는 베크 씨의 방문을 잠그고 안락의자에 쓰레기가 담긴 검은 비닐봉지를 올려놓았다.

밖에서 보면, 엄마는 보통 사람이었다. 술 달린 가죽 옷에 서부식 복장을 하고 무대용 웃음을 지으며 스모키와 함께 산옛 시절과 달리, 아빠와 함께 한 엄마의 삶은 무미건조하게 가라앉아 있었다. 엄마는 스스로를 부드럽고 평범한 공간 속으로 깔끔하게 밀어넣었다. 우리 가족 외의 외부 사람을 만날 때면, 파스텔 빛깔의 옷을 입고 깔끔한 금발 머리 가발을 쓴 엄마의 얼굴에는 열망과 동경이 드러나 있었다. 엄마는 상대의 말을 경청하고 있다는 표시로, 마치 시계처럼 규칙적으로 "으흠."과 "맞아요."를 사용했다. 엄마 안의 모든 세포가 돌연변이를 일으켜서 사람들에게 좋은 인상을 남기려고 과도하게 열과 성을 다 하는 부류 속으로 들어간 것 같았다.

화제가 무엇이든, 그것이 엄마가 도통 짐작조차 할 수 없는 최근 정치 상황에 관한 것이든, 돼지고기 값에 관한 것이든, 엄마는 목을 길게 빼고 관심을 드러냈다. 동의한다는 듯이 고개를 끄덕이면서, 엄마의 눈은 앞에 놓인 화젯거리를 뚫어져라 직시했고, 손은 그 특유의 L자, 그러니까 엄지를 턱에 대고 두 손가락으로 한쪽 뺨을 누르는 자세를 취했다. 엄마는 비행기 여승무원을 훈련시키는 모델도 될 수 있을 것 같았다. 엄마는, 진찰실에서 의사의 입 모양이나 회전의자가 돌아가는 모습만으로도 그가 내 증상에 대한 판단을 종결시키려고 하니 얼른 다른 위급한 상황을 전달해서 그의 결론이 정답이 아님을 확인시켜주어야 할 때임을 알아챌 수 있을 정도로 예민했다. 엄마는 공기 중에 떠도는 미량의 무관심도 냄새 맡을 수 있었다.

강아지를 팔아서 얻는 부수입을 제외하고도, 우리에게는 베크 씨가 있었고, 아빠도 여전히 직업을 갖고 있었다. 엄마의 침실 벽장에는 백 켤레가 넘는 구두가 들어 있었다. 구두들은 언젠가 아빠가 엄마를 데리고 갈 부부 동반 모임이나 행사를 기다리며 색깔별로 깔끔하게 줄지어 있었다. 가끔씩 나는 벽장 앞에 쪼그리고 앉아 그 개수를 세어보곤 했다. 벽장

안은 마치 구두 박물관 같았다. 제일 넓은 침실 한 면을 차지한 벽장을 가득 채운 것도 모자라, 아빠가 그것보다 두 배가 넓은 침실을 완성하자, 엄마는 신발들을 가지고 내려와 지하계단과 방 뒤쪽으로 통하는 벽까지 가득 채웠다. 세 켤레가 들어가는 깊이의 600미터 신발장에는 코르크 굽의 웨지힐(통굽이 바닥까지 이어진 신발_역주)과 춤출 때 신는 굽이 높은 부츠를 포함한 형형색색의 카우보이 부츠, 굽이 낮은 펌프스, 비닐 소재의 비치 샌들, 마 줄기를 꼬아 만든 에스빠드류(프랑스 해변에서 신던 민속 구두에서 유래한 가벼운 샌들_역주) 들이 들어앉아 있었다. 이것들은 마치 지하 광산처럼, 엄마가 옷을 찾으려다 길을 잃고서 자신의 젊음이 남편의 무관심 속에서 은혜를 모르는 두 아이를 떠맡은 채로 이 버림받은 구덩이에서 썩어가고 있음을 깨달았을 때, 언제든 폭발할 준비를 갖추고 있었다.

퇴근 후 집으로 돌아온 아빠가 인조 돌로 장식된 비좁은 현관으로 들어서서, 노래를 부르듯 "씨씨이~ 대니이~" 하고 부르면, 우리는 사냥에 따라 나온 강아지들처럼 복도를 달려 나간다. 나는 아빠의 힘센 팔을 향해 뛰어들고, 대

니는 양팔을 벌려 아빠의 거대한 허리를 껴안으려고 낑낑거리
거나 아니면 그냥 한쪽 다리에 매달린다. 아빠는 배가 엄청나
게 나왔지만 다리는 막대기처럼 가늘고, 팔은 울룩불룩하지
만 손목은 얇고 단단하다.

아빠는 우리를 안아준 다음, 안락의자에 털썩 주저앉는다.
그리고 의자 옆의 핸들을 잡아당겨 등받이를 편안하게 눕히
고 〈매시〉를 튼 뒤, "씨씨, 탭 한 병 가져오너라."라고 말한
다. 엄마는 주방에서 아빠가 들어와 키스해주기를 기다리지
만, 아빠는 늘 깜빡 잊어버리고, 엄마는 거실로 나오며 으르
렁거린다. "아니, 댄, 당신 손발은 어디에다 두고, 왜 자꾸 개
를 부려먹어?" 그러면 아빠는 의자에 앉은 채 큰 소리로 대꾸
한다. "얘도 그걸 좋아해, 그치 씨씨?" 이 질문에 난 언제나
고개를 끄덕인다. 왜냐하면 내가 뭘 가져다줄 때 아빠는 날
제일 좋아하니까.

아빠가 먹어치운 음식들이 길게 늘어선 아빠의 왕좌 주위
는 마치 세븐일레븐의 진열대 같다. 소금이 잔뜩 묻은 부스러
기만 바닥에 깔린 프레첼 과자 봉지, 색이 변한 피스타치오
껍질 한 무더기, 김이 빠진 탄산음료가 든 컵, 의자 옆에 쓱
문질러놓은 젤리 덩어리. 매주, 나는 작은 진공청소기를 꺼내
아빠의 의자 구석구석에서 끈적끈적한 오물들을 빨아들이곤

했다. 물론 베크 씨가 자기 자리에 떨어뜨려놓은 것들과 함께 말이다.

그러나 때때로 엄마가 벽장 속에서 너무 오랜 시간을 보낸 날이면, 엄마에게는 퇴근하는 아빠를 문간에서 붙잡고 해야만 하는 얘기가 생긴다. 심지어 직장에까지 전화를 해서, 다른 데로 새지 말고 곧장 집으로 와서 아이들을 어떻게 좀 하라고, 도저히 통제가 안 된다고, 시비를 걸기도 한다. 엄마는 집 앞으로 차가 들어오는 소리에 귀를 기울이고 있다가, 현관으로 달려 나가 아빠를 기다린다.

"댄!" 아빠가 들어오자마자 엄마가 덤벼든다. "애들 좀 어떻게 해봐. 정말 애들 때문에 미칠 것 같아." 아빠는 도시락을 손에 든 채 현관에 서서, 밝은 햇빛에 익숙해진 눈을 껌뻑이며 트레일러의 어둠에 적응하려 애쓴다. 엄마는 그날 우리가 벌인 일들을 늘어놓지만, 사실 우리는 그런 일들을 한번도 한 적이 없다. 우리는 진심을 다해 주기도문을 외우고, 여름 성경학교에서 성냥개비로 열심히 십자가를 만드는 아이들이다. 일요학교에서 들려주는 이야기들을 잘 기억하고 있고, 음식을 함부로 버리면 영원히 지옥의 불구덩이 속으로 떨어진다고 믿는 아이들이다. 심지어 우리는 학교에서 다른 아이들에게 주님이 우리를 구원해주실 거라는 복음까지 전파하고 다

난다. 우리의 입은 '계집 년'이나 '나쁜 년' 같은 말이 어떻게 발음되는 것인지도 모르며, 우리의 머리는 그것이 정확히 무엇을 의미하는지도 알지 못한다. 그러나 엄마는 우리가 엄마를 그렇게 불렀다고 말한다.

아빠는 진흙투성이의 장화를 신은 채로 그 자리에 그대로 서 있다.

"이걸 어떻게 해결할 거야? 응? 애들한테는 버릇을 호되게 가르쳐줄 아빠가 필요해. 군기를 좀 잡아야 한다고."

"내가 어떻게 해줬으면 좋겠어, 샌디? 때리기라도 할까?" 아빠는 피곤하다.

"저 귀여운 녀석들 좀 봐. 쟤들은 그저 아직 너무 어려서 그러는 것뿐이야. 그것 때문에 내가 꼭 애들을 때려야겠어?"

우리는 안도의 숨을 내쉰다. 잔뜩 열이 오른 엄마는 손을 허리에 얹고 가슴을 아빠 쪽으로 들이밀며, 입술에 침을 뒤기기 시작한다.

"좋아." 엄마가 손바닥으로 허벅지를 찰싹 친다. "할 말이 없게 만드는군. 당신한테 이런 말한 내가 바보지. 하지만 이 빌어먹을 녀석들이 얼마나 구제불능인지는 당신도 알아둬야 해." 대니와 나는 벨벳 소파 옆에 뻣뻣이 서서 훌쩍훌쩍 운다.

엄마가 우리를 노려본다. "저기 저 꼴 좀 보라구, 댄. 내가 말하고 있는데도 저렇게 버릇없이 훌쩍대는 꼴. 그런데도 당신은 그냥 멍하니 서서 아이들이 나를 짓밟거나 말거나 보고만 있겠다는 거지?"

"얘들아, 엄마 말씀하실 때는 가만히 있거라."

"좋아, 댄. 내가 어디 한번 저 망할 녀석들이 한 짓을 다 얘기해주지. 그럼 당신도 당장 허리띠를 풀어서, 죽지 않을 정도로 패주고 싶어질걸."

대니는 다리를 움찔하고, 나는 소파 한 귀퉁이를 꽉 움켜잡는다.

"오늘 얘들이 당신 차고에 갔어. 알아들어?" 아빠가 어깨를 으쓱한다. "알아듣겠냐고?" 아빠가 고개를 끄덕이게 하려고, 엄마가 다시 말한다. "나중에 내가 들어가보니, 얘들이 당신 공구 상자를 가지고 놀고 있더라구." 아빠가 고개를 든다. 공구 상자라니. 드디어 엄마가 이기기 시작한다.

"그래서 내가 그랬지. '얘들아, 아빠가 공구 상자 가지고 놀면 어떻게 한다고 하셨는지 알지? 자, 얼른 여기서 나가거라.' 그랬더니 이 놈들이 뭐라고 했는지 알아, 댄?"

아빠는 알고 싶다. 이 빌어먹을 녀석들이 공구 상자를 엉망으로 만들어놓고는, 대체 무슨 말을 한 거지?

"얘들이 그러더라. 거짓말이 아니라, 댄, 진짜 얘들이 그랬어." 엄마의 입가가 뒤틀린다. "젠장, 아빠 같은 인간 따위가 뭘 안다고 그래?"

아빠가 허리띠를 푼다.

"그러고는 또 이러더라구. '그 인간은 미쳤어. 너무 멍청해서 알아채지도 못해.' 그리고 무슨 짓을 한 줄 알아? 당신이 새로 산 래칫(한쪽 방향으로만 회전하도록 고안된 톱니바퀴_역주)을 꺼내서 연못에 던져버렸어. 내가 아무리 사정하고 말려도 소용없었어!" 엄마의 말 한마디 한마디를 놓칠새라 듣고 있는 우리의 눈은 냄비뚜껑만큼이나 커진다. 이야기가 래칫까지 나가자, 대니와 나는 소리를 지르며 부정한다.

"지금 너희 엄마가 거짓말을 하고 있다는 거냐? 어? 말해봐, 제길. 지금 엄마가 여기 서서 내 얼굴에다 대고 거짓말을 꾸며대고 있다는 거냐구? 내가 너희 아빤데, 너희 눈에는 내가 대체 얼마나 멍청해 보이냐? 야, 네 놈부터 바지 벗어."

대니는 지금까지 한 번도 허리띠로 맞아본 적이 없었다. 대니의 비명이 허공을 가르다 내 흐느낌 소리에 묻힌다. 아빠가 우람한 팔을 길게 들어올린다. 대니의 부드러운 아기 피부 위로 매질 자국이 오븐에서 갓 구운 비스킷처럼 선명하게 부풀어 오른다. 하지만 내 경우는 좀 달랐다. 나는 더 나이가 들었으니까. 뭘 좀 아는 나이가 되어버렸으니까. 나 역시 바지를 내리기는 했지만, 아빠가 때리기 편하도록 소파를 짚고 몸을 구부려주기에는 이미 너무 꾀가 들어 있었다. 어쩔 수 없이 소파의 두툼한 팔걸이를 움켜잡아 보지만, 아빠가 휘두르는 가죽 허리띠에 도저히 내 몸을 대줄 수가 없다. 뭔가를 설명하는 아빠의 목소리가 나의 필사적이고 가녀린 흐느낌을 덮어버린다.

"셋을 세라. 하나, 두울~" 아빠가 내 팔을 잡는다. 순간, 나는 아빠를 뿌리치고 뒷문으로 달려나가 야외 데크로 뛰어내린 후 수영장 주위를 달린다. 아빠가 쫓아와서 내 가녀린 손목을 낚아챈다. 내 몸은 달리던 반동으로 획 고꾸라진다. 아빠는 나를 잔디 위에 내팽개치더니, 내 팔과 다리, 머리, 얼굴 위로 허리띠를 마구 휘두른다. 내 몸은 아빠가 제일 아끼는 허리띠로 낙인찍힌다. 딱딱한 가죽 모서리가 연한 살결 위로 선명한 루비 빛의 매 자국을 남긴다. 엄마는 현관문으로 빠져나가 차고로 숨어든다. 아빠가 확인해볼 경우를 대비해서, 미리 공구 상자를 꺼내놔야 하니까.

그러나 분위기가 괜찮은 날, 엄마가 파스텔 빛깔의 옷을 꺼내 입는 날, 한 시간이나 머리를 구불구불 말고 업소용으로 나온 큼직한 분홍색 캔을 들어 아쿠아 넷 스프레이를 번쩍거리게 뿌리는 날, 나를 병원에 데려가려고 단정한 구두를 골라 신는 날, 외출 준비를 하는 동안 나를 옆에 앉혀놓고 자신이 얼마나 멋진지를 말하게 하는 날, 나를 욕조 끝에 세워놓고 자신의 뒷머리 곡선이 정확히 중앙에서 맞아떨어지는지를 살펴보게 하는 날, 내게 무슨 이상이 있는지를 밝히는 의학적 임무를 띠고 어딘가로 향하는 날, 아빠가 퇴근 후에 주방으로 가서 키스해주는 것을 잊지 않는 날, 모든 것이 그저 좋은 그런 날 저녁이면, 아빠는 토네이도 같은 트림을 하고는 의자에 털썩 내려앉아, 바지 지퍼를 내리고 그 위에 손바닥을 턱 얹어놓는다.

아프리카 아이들의 목숨이 파리처럼 떨어지는 와중에 너희는 몹시 행복한 어린 시절을 보내고 있는 거라고 말하는 엄마 아빠의 말을 확인시켜주기에 충분한, 그런 신나는 일들이 때로는 생기기도 했다. 그것은 우리의 고단한 삶에 잠시 쉼표를 찍어주는 것과도 같았다. 모든 관습을 창 밖으로 던져버리고, 추수감사절의 칠면조 대신 새우 요리를 잔뜩 해놓고, 우리만의 기이한 자유를 만끽하는 시간, 친척들로부터, 이웃으로부터, 친구들로부터, 우리는 완벽하게 자유롭다. 누구도 우리에게 무엇을 어떻게 하라고 강요하지 못한다. 크리스마스에는 퐁듀 냄비에다 크리스코 쇼트닝 한 캔을 집어넣고 치즈 조각과 버섯을 가득 튀겨내어 만찬을 벌일 것이다. 누가 감히 우리에게 관습을 따르라고 말할 것인가?

아빠는 불현듯 영감을 받으면 요리사가 되곤 한다. 대개는 주말 내내 TV를 보거나 차고에서 땜질을 하며 시간을 보내지만, 가끔씩은 일찍 일어나서 고엽제를 한바탕 게워내고는, 육중한 냄비와 요리용 온도계를 꺼내들고 우리와 함께 얼음사탕을 만든다.

우리는 사탕의 향료를 사기 위해 은밀한 계획을 짜곤 한다. 엄마는 모든 게 쓸데없는 돈 낭비라고만 생각하기 때문이다. 그래서 온 가족이 시내로 가는 날이면, 엄마가 식료품을 고르는 동안 아빠와 나는 약국 카운터 뒤로 슬쩍 들어가서 비밀 조직의 스파이인 양 향료를 '은밀하게' 보여달라고 요청한다. 그러면 약사도 맞장구를 치며, 주변에 감시하는 사람이 있는지 둘러본 후 조심스럽게 약장을 열어준다. 버터 스카치, 투티 푸루티, 딸기, 수박, 야생 박하……. 약장 속에는 향료를 담은 작은 병이 수백 개도 넘게 들어 있다.

아빠가 카로 시럽 한 병을 냄비 속에 몽땅 들이붓는 동안, 나는 그동안 조금씩 모아둔 향료들을 꺼낸다. 정확한 시간과 온도가 되면, 딱딱한 사탕 한 냄비가 왁스를 먹인 종이 위에 쏟아지고, 팔꿈치까지 오는 장갑을 낀 아빠가 소리를 지른다.

"이것 좀 봐, 씨씨! 이것 좀 봐!"

달콤한 즙을 내며 종이 위에서 굳어가는 사탕 덩어리가 한 눈에 들어온다. 나는 아빠에게로 날 듯이 달려가서, 굳어가는 사탕 위에 가루 설탕을 뿌린다. 그리고 우리는 커다란 사탕 덩어리를 싱크대 모서리에다 두들겨서 작은 조각으로 나누고, 다시 망치를 들고 입에 들어갈 만한 크기로 깨뜨린다.

우리가 보낸 행복한 시간들은 마치 우리 가족이 모든 면에서 정상임을 세상에 보여주는 증거처럼 코닥 필름 속에 담겨 있다. 오색 사막(빛깔이 선명한 암석으로 유명한 애리조나의 고원지대 _역주) 한 귀퉁이에 서 있는 사진, 시월드 합판 상어의 입 속에 옹기종기 모여 있는 사진, 우리가 기른 말들 옆에서 입상 리본을 들고 찡그린 얼굴로 있는 사진, 우리는 이런 사진들을 크리스마스카드에 끼우고 각자의 이름을 쓴 다음 엄마의 필기체로 마무리를 해서, 먼 친척과 오랫동안 소식이 끊긴 친구들에게로 보냈다. 엄마는 사람들에게 잘 보이는 일에 필사적이었다.

그러나 불길을 피한 몇 장의 사진들을 조금만 가까이 들여다보면, 진실은 냉혹하게 모습을 드러낸다. 엄마와 대니와 내가 화려한 장식이 가득 달린 크리스마스트리 아래에 앉아 있는 한 장의 폴라로이드 사진, 그 속의 우리는 선물의 바다에 둘러싸여 있다. 팔다리가 늘어나는 인형, 발레리나 보석 상자, 모형 자동차, 퍼즐 장난감, 스피로그래프(교재 완구의 일종_역주), 쥐덫 놀이, 소꿉놀이, 『블랙 뷰티』외 명작 동화 세트, 그 모든 것들이 행복한 크리스마스의 증거라도 되는 듯 널려 있다. 대니는 얼굴에 어릿광대 분장을 하고 있고, 엄마는 목을 길게 빼며 미소를 짜내고 있다. 그러나 부어오른 내 눈은 그날 아침 벌어진 일을 숨김없이 말해준다. 그날, 엄마는 자살을 하겠다고 비명을 지르며 온 트레일러 안을 돌아다녔다.

대니가 거의 유치원을 졸업할 나이가 되었을 무렵, 엄마는 대니의 가슴에서 쉭쉭거리는 소리를 듣는다. 우리는 늘 대니도 나처럼 편도선을 떼어내고 귀 속에 튜브를 꽂아야 할 거라고 생각하고 있었다. 하지만 지금 엄마는 대니가 숨쉬기를 너무 힘들어하기 때문에 인공호흡기가 필요할 거라고 말하고 있다.

"대니야, 괜찮니? 얘야, 정말 숨을 쉴 수 있겠니?"

엄마는 캑캑거리며 숨을 몰아쉬는 대니의 등 뒤로 가볍게 손을 올린다.

"집으로 돌아와보니, 이 아이가 곧 숨이 넘어갈 것 같은 얼굴로 집안을 돌아다니고 있었어요."

엄마는 의사가 대니의 얼굴을 잘 볼 수 있도록, 두 손가락으로 대니의 금발 머리를 잡아 옆으로 당긴다. 대니는 어깨를 잔뜩 움츠린 채, 어항 밖의 물고기처럼 헐떡이며 진료실에 앉아 있다. 엄마가 학교를 쉬라고 했기 때문에, 나도 진료실 한쪽에 앉아 있다. 대니의 진료가 끝난 후 쇼핑을 다 마치고 학교버스에서 내리는 나를 데리러 오려면 시간이 너무 빠듯하기 때문에 어쩔 수 없다.

"이상하게도, 학교에서는, 그냥 숨을 잘 쉬는 것 같아요. 아마도 들판의 꽃가루가 기관지에 이상을 일으키는 게 아닌가 싶네요. 저희 집 주위에는 돼지풀과 토끼풀 천지거든요, 선생님."

이미 엄마는 그동안 수집한 의학 서적에서 대니의 증상을 조사해놓았다. 『타임 라이프』 시리즈의 정기 구독 신청서도 보냈다. 소파 옆에는 모형 나선형 계단처럼 비뚤비뚤 책들이 쌓여간다. 『질병 대백과』, 『내부 장기와 그 기능』, 『알약 이야기』. 엄마는 밤늦게까지, 모두 잠자리에 든 한참 후에도, 우리의 증상을 잘 찾아내어 의사에게 적당한 검사와 약을 요구하기 위해 그것들을 읽고 또 읽는다.

대니는 흰색 플라스틱 호흡기를 입에 달고 집 안을 뛰어다닌다.

그 뒤를 엄마가 쫓아다닌다. "대니야, 괜찮니? 숨은 쉴 수 있겠어? 다시 숨이 차는구나, 그렇지? 어디 가슴에 손 좀 대고 살펴보자." 대니가 숨을 쉴 때마다, 엄마의 양손이 대니의 등과 가슴에서 오르락내리락한다. 한 주 후, 대니는 소파에 누워서 호흡기를 노리개 젖꼭지처럼 빤다. 광고가 나오는 사이, 아빠가 힐끔 쳐다본다. "아들아, 입 속에 그게 대체 뭐냐?"

주방 한쪽에 있던 엄마가 상자 속의 스프링 어릿광대처럼 튀어나온다. "댄, 내가 계속 말하려고 했었는데," 엄마가 TV를 가로막고 선다. "당신이 TV 좀 안 볼 때 말이야."

"댄." 엄마가 잠시 말을 멈추고 혀로 입술을 축인다. "당신 아들한테 천식이 있어, 당신도 얘 건강이 어떤지 정확히 알아야 하니까 말인데, 현재로서는 별로 좋지가 않아."

아빠는 알았다는 듯이 눈을 껌뻑이고 고개를 끄덕이더니, 엄마에게 TV 앞에서 물러나라고 손짓을 한다.

"이따 광고 나올 때 얘기하자."

엄마는 눈을 흘기더니, 쿵쾅거리며 주방으로 돌아간다. 다시 광고가 시작되자, 아빠가 굉음을 내며 안락의자 등받이를 바로 세우고 벌떡 일어선다. 나는 식탁을 차리다가 트레일러가 휘청하는 소리를 듣는다. 엄마와 아빠가 찬장과 싱크대 사이로 서 있는 것이 눈에 들어온다. 아빠가 엄마의 손목을 휘어잡아 싱크대 위에 대고 누른다. 그리고 엄마 쪽으로 몸을 기울이자, 엄마는 뒤로 물러나려 애쓰며 허리를 젖힌다.

"하나만 확실히 해두자, 샌디." 아빠가 나지막하게 으르렁거린다. "지금 이 순간부터 다니엘 조셉 그레고리 2세는 그냥 내버려둬. 걔는 내 아들이야." 아빠는 싱크대 위에 놓인 엄마의 손목을 마치 얼음사탕을 깨듯 내리친다. 엄마의 흐느낌에 내 뱃속이 꼬여오는 것 같다. "그리고 내 아들은 아주 멀쩡해."

엄마와 아빠는 열광적인 금연주의자였다. 술 역시 우리 지붕 아래서는 허락되지 않았다. 엄마와 아빠는 단 한 방울의 술도 입에 대지 않았다. 매년 가을이면, 대니와 나는 거실에 처박혀서 〈엔젤 더스트〉라는 마약에 관한 프로그램을 봐야 했다. 어떤 아이가 LSD(환각제)를 먹고는 하늘을 날 수 있겠다는 생각에 발코니에서 텅 빈 수영장으로 뛰어내리는 장면들이 나오곤 했다. 그것도 아주 느린 슬로모션으로. 이 〈엔젤 더스트〉를 우리에게 보여주기 위해, 심지어 아빠까지도 다른 프로그램 재방송을 기꺼이 포기했다.

그리고 우리는 매질 소리가 난무한 주말을 보낸 뒤, 상쾌한 출발을 위해 교회로 가서 공허하게 주님의 이름을 부르다 오곤 했다. 비록 신을 두려워하며 좁고 곧은 길을 걸어가고 있다고 해도, 엄마와 아빠는 늘 어떤 강력한 힘을 손에 쥐고 싶어했다. 이를테면 총기 같은 것 말이다.

번즈 로드의 막다른 구석으로 이사를 오자마자, 엄마와 아빠는 총을 사들이기 시작했다. 더 이상 흑인 납치범을 걱정할 필요는 없어졌지만, 엄마가 외딴 농장을 배회하며 일가족을 몰살시킨 후 그레이하운드에서 잡힌 탈옥수 이야기를 들었기 때문이었다. 우리 집은 아주 외따로 떨어져 있기 때문에, 만약 탈옥수가 침입해서 우리를 죽이고 토막 내서 차고에 있는 천 리터짜리 냉장고에 처넣어도 말려줄 사람 하나 없다는 것이 엄마의 이유였다. 누군가가 우리의 실종을 눈치 채기까지 얼마나 오랜 시간이 걸릴지, 어떻게 알겠는가?

우리가 냉장고에 처박히는 걸 막아주기 위해, 집 안 구석구석에 총들이 처박혔다. 냉장고 위에 하나(꼬마 대니가 손대지 못하도록), 욕실 벽장에 하나, 아빠와 엄마의 베개 아래에 하나씩, 자동차 공구 상자에 하나, 자동차 앞좌석 아래에도 하나. 언제 어디서 장전된 총이 필요할지는 아무도 모르는 일 아닌가.

시골은 기이하리만치 고요해서, 우리는 끽끽대는 타이어 소리만으로 어떤 차가 포장도로를 벗어나 우리 집 앞 자갈길을 지나고 있음을 금방 알게 된다. 차가 얼마나 빨리 달리는지에 따라, 우리는 그 차를 탄 사람이 시골길이 처음인지 아닌지, 급커브를 트는지 아닌지도 알 수 있다. 만약 그 소리가 저 아래편에 사는 두 가족의 것이 아닐 경우, 엄마는 뒷주머니에 총을 꽂고 뒷방 창문에 서서 지나가는 차를 지켜보았다. 그리고 보안관에게 전화를 걸어 번호판의 숫자를 불러주며 확인을 해보라고 했다. 그리고 몇몇 다른 기관에도 전화를 해서, 우리 집 앞을 천천히 지나가며 염탐을 한 차량을 조회해 달라고 요청했다.

나중에는 늘 뒷주머니에 총을 꽂고 다니는 것이 더 편해서, 아예 그렇게 했다. 그러면 낯선 타이어 소리가 들려도 총을 가지러 뛰어갈 필요가 없었다. 한번은 엄마가 잡지를 팔려고 홀로 우리 집 문을 두들긴 어떤 세일즈맨에게 총을 뽑아든 적도 있었다. 그리고 하이킹을 하던 십대 소년 두 명이 우리 집 뒤를 지나다가, 엄마가 보낸 고양 놈과 검둥이에 의해 나무 위로 몰리고, 결국 엄마가 권총을 겨누며 조사를 끝낼 때까지 거기에 매달려 벌벌 떨던 일도 있었다.

어린 곤충만큼이나 가녀린 열두 살 나이에, 나는 농장에서 낯선 사람과 마주칠 경우를 대비하여 아빠가 허공에 그리는 목표물을 사람의 심장이라 생각하고 45구경 총을 발사하는 법을 배웠다. 아빠는 내 손바닥에 자개판을 단단히 쥐어주고, 손목을 고정시킨 다음, 사람의 가슴을 상상하며 총구를 겨누게 했다.

그리고 잡았던 내 손을 놓고 나 혼자 방아쇠를 당겨보라고 했다. 연약한 팔목이 방아쇠의 저항력에 마구 흔들리다가, 결국 어깨가 몸 쪽으로 기울고, 무릎이 뒤틀리고, 입이 앙다물어지고, 머리가 한쪽 옆으로 이리저리 흔들릴 무렵이 되어서야, 비딱하게 조준된 총구에서 매캐한 금속성 먼지가 한 움큼 뿜어져 나갔다. 총알의 반동만으로도 나는 거의 고꾸라질 뻔했다.

엄마가 TV 앞에 서 있다. 지금 엄마는 〈매시〉를 가로막는, 우리 집으로서는 상상하기 힘든 신성모독을 저지르고 있다.

"샌디, 제기랄." 아빠가 아치 벙커(1970년대에 유명했던 미국 시트콤 배우_역주)처럼 움츠린다. "빌어먹을, 광고가 나올 때까지 좀 기다리면 안 돼? 지금 한창 이거 보는 거 안 보여?"

대니와 나는 거실 한 구석에서 안절부절못하며, 한참 유행이 지난 마차 바퀴 장식이 달린 우리의 벨벳 소파를 발끝으로 툭툭 친다. "엄마, 제발, 그냥 아빠를 두세요. 제발 이러지 마세요, 네? 엄마, 이리 오세요."

그러나 엄마는 굳건하게 서서, 양손을 바나나 뭉치처럼 허리 위에 가지런히 펼쳐두고, 몸통을 앞으로 기울이며, 특유의 하얀 거품을 물기 시작한다.

"당신 남자 맞아? 이 뒤룩뒤룩 살만 찐, 아무짝에도 쓸모없는 인간아, 게으름뱅이, 멍청……"

아빠는 게으름뱅이라는 말을 신호로 격분한 코뿔소처럼 울부짖으며, 커다란 손바닥으로 트레일러 안을 장식하고 있는 콘크리트 동물 모형 하나를 집어들더니, 엄마를 겨냥한다. 엄마가 비명을 지르며 복도로 도망간다. 우리는 어두운 복도 입구에 자리한 주방에서, 그림자에 가려진 채, 어찌할 바를 모르고 서 있다. 아빠는 엄마의 목을 잡아서, 복도 끝쪽 벽에 달아 올린다. 엄마는 길고 가느다란 사마귀처럼 캑캑거리며 매달려 있다. 아빠가 오렌지색 벨벳 벽 위에 미소 짓는 얼룩무늬 고양이를 계속해서 내리치자, 엄마는 머리를 움찔한다. 그리고 소리를 지른다. "사람 살려! 사람 살려!"

나는 냉장고 위에서 총을 끌어내려 흰 자개판 주위를 꽉 움켜쥔다. 꼬마 대니와 나는 복도 끝 폭풍의 눈 속으로 달려간다. 아빠의 손바닥이 목까지 올라가자, 엄마의 발이 공중에서 허우적대고, 요동치던 목의 움직임이 점점 더 줄어든다. 아빠는 엄마의 머리통을 으깰 태세다.

나는 먼 시간과 공간을 뚫고 복도로 뛰어내려온, 슬로모션 속에 갇힌 한 마리 가젤영양이다. 나는 그들을 향해 뛰어오르고, 엄마의 비명은 내 머리를 삼킨다. 대니는 아빠의 다리를 향해 몸을 던지더니, 사타구니에 얼굴을 파묻고 작은 주먹으로 아빠의 배를 때린다. 나는 방아쇠에 손가락을 걸고, 다른 한 손으로 아빠의 머리카락을 확 잡아당겨 총구를 아빠의 부드러운 관자놀이에 갖다 댄다.

"어디 해봐, 쏠 테면 쏴봐. 이 빌어먹을 계집년, 어디 그 방아쇠 한번 당겨보시지. 이 빌어먹을 벽에다 내 골통을 온통 처발라봐. 어서 쏴, 쏘란 말이야!" 아빠는 앞을 보지도 않고 콘크리트 고양이를 벽에다 마구 내리친다. 얇은 오렌지색 벨벳 벽지와 나무판에 구멍이 숭숭 뚫린다.

"엄마를 내려놔요."

"그냥 죽이게 내버려둬, 줄리, 그냥 나를 비참하게 죽이게 내버려둬!"

"안 돼, 엄마! 그러면 안 돼, 엄마. 누나, 아빠 죽이지 마!"

엄마가 비명을 지르고, 아빠가 비명을 지르고, 대니가 비명을 지른다. 나도 비명을 지른다.

그리고 우리는 거기서 그렇게, 부서진 복도 벽 귀퉁이를 뜯어내고, 다시 붙인다. 단단하게 감겨 있는 한 줄의 코일과 같은 우리들, 우리 네 사람의 목구멍은 서로를 구해내려고 내뱉은 폭력적인 언어의 열기로 시커멓게 그을렸다. 그 열기의 정점에서, 우리는 가슴에서 터져 나오는 유리창을 깨뜨릴 듯 찢어지는 소리에 공명하며 끝없이 허공을 맴돌았다. 그런 다음, 거의 완벽에 가까운 조화 속에서 긴장이 깨진다. 아빠는 어깨를 내렸고, 손을 풀어 엄마의 목을 놓아주었다. 엄마의 발은 꿈속을 걷듯 바닥으로 내려오고, 총은 둥근 자국을 선명하게 남기며 관자놀이에서 미끄러져 내렸다. 대니는 아빠에게서 떨어지고, 우리 모두는 아드레날린으로 번들번들해진 눈으로 멍하니 그 자리에 서 있었다.

이렇게 끓어 넘친 후, 우리는 다시 잦아든다.

엄마는 침실로 들어가고, 아빠는 휘청거리며 다시 TV 앞으로 가고, 대니와 나는 서로 등을 돌려 대각선상에 위치한 각자의 방으로 비척비척 걸어간다. 불과 며칠 전에 방학이 시작되었다. 이제 크리스마스 방학이 끝나기 전까지, 우리는 적어도 한 주를 완벽한 평화 속에서 보낼 수 있게 되었다.

가장 무겁게 걸려 있는 기억은 언제나 가장 쉽게 떠오르는 법이다. 그런 기억들은 누군가의 삶을 영원히 송두리째 바꿔놓을 수 있는 힘을 겹겹이 접힌 주름 속에 감추고 있다. 모두 털어버린 후에도, 그런 기억들은 영혼의 옷자락 속에 영원한 주름으로 남는다.

다음 날 학교를 가야 하므로 나는 일찍 잠자리에 들었다. 하지만 엄마가 다시 TV 앞에 서 있음을 알 수 있다. 아빠의 고함소리가 들려오기 때문이다.

"이 여자야, 내 말 안 들려? 광고 다 끝나기 전에 TV 앞에서 비키는 게 좋을걸. 하나, 둘……."

엄마가 무슨 이야기를 하고 싶은지는 모르겠다. 청구서? 대니나 나? 내 건강 문제? 그러나 그 어떤 것도 아빠로 하여금 TV를 끄게 할 수는 없다. 만약 그게 가능한 경우라면, 아빠가 한숨을 내쉬며 "좋아, 샌디. 됐지? TV 껐어. 그럼 이제 뭐가 그렇게 대단한 일인지 어디 한번 말해봐."라고 말한다면, 그것은 아빠가 좋은 아버지, 좋은 남편, 좋은 남자가 되기로 단단히 마음을 먹은, 1년에 한 번 있을까 말까 한 때이다.

그래도 오늘 밤에는 광고가 나가는 동안 엄마와 아빠가 소리를 지르고 있기 때문에 그나마 나쁘지 않은 조짐이다. 어쨌든 적어도 의사소통은 하고 있는 셈이니까. 나는 이불 속에서 플래시를 비춰놓고 '핑거헛'과 '스위스 콜로니'(미국의 통신판매 업체들_역주)의 카탈로그를 훑어보고, 한쪽 귀로는 트레일러를 쩌렁쩌렁 울리는 소리를 들으며, 나중에 자라서 일자리를 구하자마자 엄마에게 사줄 물건들을 고른다. 그러고 나서 우선 리스트를 만든다. 그 다음, 리스트를 물품과 지출 내역, 지불 방법 등으로 칸을 나누어 도표로 만들고, 연금으로 구입할 수 있는 것들도 정리한다. 이미 카탈로그에 첨부되어 있는 구매와 지불 방법을 다 읽어두었기 때문에, 그대로 따라 하기만 하면 된다.

엄마는 매주 우편으로 배달되는 선물들을 받고 놀랄 것이다. 백 달러짜리 과일, 과자 바구니, 바람을 넣어 부풀리는 목욕 베개, 스위스 콜로니에서 나온 작은 딸기 사탕 같은 것들. 엄마는 항상 뭔가를 고대하게 될 것이다. 나는 엄마를 행복하게 만들어주는 그런 순간들이 어서 오기를 간절하게 바란다.

이제 내 리스트는 세 페이지 분량이 다 되어간다. 나는 선물을 여는 엄마의 얼굴이 기쁨으로 얼마나 달아오를까, 선물 하나하나가 싸움이나 갈등의 위기에서 그리고 의사가 더 이상 나를 봐주지 않겠다고 선언할 때마다 어떤 효과를 발휘할까를 상상해본다. 엄마는 이미 나에게 다음 선물을 기대할 것이므로, 그 효과는 의심할 여지가 없을 것이다. 트레일러가 다시 침묵 속에 빠진다. 나는 한 손을 주문서 양식 사이에 밀어넣고, 천천히 잠 속으로 끌려 들어간다.

내 방 문의 플라스틱 손잡이가 천천히 끼이익 열린다. 엄마가 문간에 유령처럼 서 있다. 복도의 불빛이 엄마 뒤에서 빛나고, 엄마의 얼굴은 그림자에 가려 있다. 엄마는 발꿈치를 들고 내 침대로 오더니 몸을 돌려 앉는다. 그때 나는 엄마의 입 속에서 권총을 발견한다. 엄마의 입술은 냉장고 위에서 내린 45구경 권총의 총구를 물고 있다.

엄마는 눈물로 얼룩진 부은 얼굴로 나를 본다. 급류에 떠내려가는 동물처럼 두려움에 질린 눈으로 나를 응시하며, 방아쇠를 당기려 손을 올린다. 엄마의 팔목은 내 팔목이 그랬듯이, 심하게 흔들린다.

"엄마, 엄마, 엄마!" 나는 적당한 시간을 기다리다가, 이불을 걷어 내리고 울기 시작한다. 적당한 타이밍과 뛰어난 연기력. 내가 적절하게 엄마에게 반응하면, 엄마는 그 속에서 자신의 모습을 발견하고, 단 몇 초만이라도 총에서 주의를 돌리게 될 것이다.

엄마는 여전히 금속 총구의 무게를 혀에 실은 채 입술을 연다. "너희는 내가 죽기를 바라지 않니?"

엄마가 총구를 입에서 빼낸다. "너희는 내가 자살하기를 바라지, 그렇지?" 나는 흐느끼는 소리를 조금 더 높인다. "너희는 나를 미워하잖아. 난 너희 아빠가 말한 대로 정말 악랄한 잔소리꾼이고, 그래서 너희는 나를 싫어하지. 너희 아빠가 그렇게 말하더라."

이제 내 눈에서 진짜 눈물이 흐르기 시작한다. 나는 엄마가 불쌍해서, 엄마에게 아니라고, 우린 엄마를 미워하지 않는다고, 엄마, 그건 절대로 아니라고, 우린 엄마를 사랑하고, 엄마가 자살해서, 그래서 엄마 없는 아이가 되기를 원치 않는다고, 그렇게 말하며 운다.

엄마는 총을 무릎 위로 떨어뜨리고 고개를 떨군다. 나는 아기 원숭이처럼 엄마에게 달라붙는다. 엄마가 오그라들수록, 나는 점점 강해진다.

"엄마, 엄마가 죽으면 나도 죽어요. 아시겠어요? 아시겠어요?" 엄마의 고개가 끄덕여지기를 간절히 바란다. "내가 아프면 누가 날 돌봐주겠어요? 누가 날 병원으로 데려가겠어요?" 나는 목소리에 혐오감을 실으며 엄지손가락으로 '아무짝에도 쓸모없는 인간' 쪽을 가리킨다. "아빠가 그렇게 해줄 것 같아요?"

엄마는 고개를 흔들며 흐느낀다.

"줄리, 넌 성폭행을 당해본 적이 없지?"

나는 성폭행이 뭔지 모른다. 오로지 총에서 눈을 떼지 않고, 어떻게 하면 저걸 잡을 수 있을까에 골몰한다. 엄마는 딸꾹질을 해가며 운다. "리 오빠와 이웃집 남자애가 그랬어. 나를 작업대에 묶고서 셀 배터리로……." 엄마가 흐느낀다. "오 오."

속이 울렁거리고, 더 이상 엄마의 말이 귀에 들어오지 않는다. 나는 엄마에게 매달려, 엄마가 눈치 채지 못하도록 총을 무릎에서 슬쩍 떨어뜨려, 담요 밑으로 밀어넣는다.

"괜찮아요, 괜찮아요, 엄마."

"그놈들이 전선 집게를 거기다…… 오, 맙소사," 엄마가 울부짖는다. "난 엄마를 부르며 비명을 질렀어. 그런데 엄마는 지하실 문을 닫아버렸어. 무슨 일이 일어나는지 알고 있었던 거야, 줄리."

이제 내 얼굴에도 온전히 내 것인 눈물이 흘러내린다. 엄마 때문에, 나 때문에, 엄마에게 일어났던 일 때문에, 나도 남자의 손에 같은 일을 당할 거라는 엄마의 말 때문에, 약간 정신 나간 오빠일 수도 있고, 아니면 아버지, 아니면 옆집 소년일 수도 있는, 내가 아는 그런 남자에게서 말이다. 그리고 나는 말한다. '죽지 마, 죽지 마, 엄마.' 그리고 나 자신에게 침묵의 약속을 한다. 어느 누구도 내 그곳에 손을 대지 못하게 하겠다고, 절대로, 절대로 말이다.

내가 심하게 울면 울수록, 내가 그토록 사랑하는, 그리고 내가 사랑해주지 않으면 단 일초도 살 수 없는 나의 아름다운 엄마는 울음을 거둔다. 그리고 얼마 후, 울음을 뚝 그친다. 엄마는 내 이불을 정돈하더니, 입고 있는 면 셔츠에 코를 푼다. 엄마의 눈은 하도 부어서 거의 감겨 있다. 엄마가 내 무릎을 살짝 쥐었다 놓으며 말한다. "얘, 씨씨, 들어줘서 고맙구나." 그리고 침대에서 일어난다. 이불 속에 들어가 있는 장전된 권총과 함께 매트리스 한 귀퉁이에 나를 남겨둔 채, 엄마 자신의 얼굴처럼 엄마의 인생으로 상처 입은 내 얼굴을 남겨둔 채.

엄마가 문간에서 뒤를 돌아본다. "우리 사이를 갈라놓으려
는 너희 아빠는 정말 아무짝에도 쓸모없는 한심한 인간 아니
냐?"

"맞아요, 엄마, 맞아요."

한번도 와본 적이 없는 병원이지만, 엄마는 전혀
당황하지 않는다. 나를 대기실에 앉혀놓고 접수대로 걸어간
다. 그리고 내가 수줍음을 많이 타서 직접 병에 대해 말하기
를 꺼린다고 속삭인다. 그러니 의사와 둘만 만나게 해달라고
부탁한다.

나는 큼직한 남자용 가운을 입고 검사대에 앉아서, 검사대
옆면의 차가운 철판 위로 다리를 흔든다. 나는 기다리고 있
다. 속옷을 벗어야 하다니, 정말 이상하군. 타운십 병원에서
는 한번도 이런 적이 없었는데. 엄마는 의사와 함께 저 밖 어
디쯤 있을 것이다.

간호사가 가볍게 노크를 하더니 고개를 살짝 내민다.

"좋아요, 그레고리 양. 이제 이리로 나를 따라올래? 저기
복도 끝의 다른 방으로 갈 거야."

불빛이 희미하게 밝혀진, 훨씬 큰 검사실이다. 검사대가 방 한가운데 있고 그 옆에는 또 다른 간호사 한 사람이 철제 쟁반을 들고 서 있다. 내가 검사대에 앉자 옆에 있던 간호사가 내 어깨를 잡고 뒤로 밀어서 나를 완전히 눕힌다. 이것도 참 이상하네. 내가 검사대 위에 깔린 종이를 구기지 않으려고 노력하면서 누워 있는 동안, 나를 데려온 간호사는 의자를 끌어다 내 발치에 앉더니 차가운 손가락으로 발목을 잡고 쭉 끌어당긴다.

"이제 네 다리 사이에다 이 등자쇠를 놓을 거야. 좀 차가울 수도 있어."

나는 생각한다, 등자쇠라니? 대체 말 탈 때 쓰는 등자쇠를 왜 여기다 넣겠다는 거지? 간호사가 내 발꿈치를 근사한 백화점에서 발 크기를 잴 때 쓰는 도구 같은 것에다 밀어넣는다.

"뭐 하시는 거예요? 오늘은 어떤 검사를 받는 거죠?"

병원에서는 언제나 내게 무슨 일을 할 건지를 미리 설명해주곤 했다. 아무런 대꾸 없이, 옆에 있던 간호사가 내 팔을 투명한 고무관으로 묶는다. 그리고 알코올 솜을 팔에 문지르고 핏줄을 톡톡 두들긴다.

발치에 있는 간호사가 말한다. "줄리, 이건 약간 아플 수 있어. 이 플라스틱 관을 네 요도에다 끼워야 하니까. 엄마가 네가 소변을 못 본다고 해서 말이야."

심장이 펄떡이기 시작한다. 내 요도라니? 저 아래서 지금 무슨 짓을 하는 거야? 나는 질문을 하려고 입을 열었으나, 대신 찢어질 듯한 비명을 지른다.

"줄리, 네가 가만히 있지 않으면 도저히 이걸 할 수가 없어."

간호사는 딱딱한 플라스틱 관으로 나를 찌른다.

비쩍 마른 다리를 잡히지 않으려고, 연약한 배를 보호하려고, 내 사지는 거미의 다리처럼 오그라든다. 옆에서 잠자코 있던 간호사는 내 손목을 잡아당겨서, 혈관에 바늘을 꽂는다. 그리고 주사액을 밀어넣는다. 몸을 타고 들어오는 뜨거운 액체로 인해 피가 불타기 시작한다.

"줄리, 그만해!" 발치의 간호사가 명령한다.

"이게 충격이라는 건 알지만, 조금만 참으면 금방 괜찮아질 거야. 자, 이제 가만히 좀 있거라."

나는 자유로운 한 팔을 얼굴로 끌어당겨, 물어뜯고, 빨고, 질겅질겅 씹는다. 나는 신생아처럼 할딱거리며 괴로워한다. 그리고 머리를 세차게 흔든다. 발치의 간호사는 요오드 염료 주사가 내 소변 색을 물들여서 흐름을 볼 수 있게 해주는 거라고 중얼거린다. 침과 콧물과 눈물이 팔 위로 번들번들 얼룩지는 동안, 반대편 팔은 고무관이 풀어지면서 축 늘어진다.

그와 동시에 발치의 간호사가 일어선다. "자, 다 했어. 그 것 봐. 별로 힘들지 않았지? 내가 그랬잖아."

내 눈은 끈끈한 눈물로 봉인되어 단단히 닫힌다. 나는 뜨거운 불빛에도 눈을 열지 않는다. 그리고 천천히, 몸속으로 들어간다. 내가 어디에 있는 거지? 젖은 얼굴 위로 무언가가 솟아오르고 있다. 손을 들어 만져본다. 다시 팔 위로 뭔가가 부풀어오르고, 얼굴에 또 하나가 더 생긴다. 이제 나는 온 얼굴과 목, 팔, 허벅지를 기어 다니며 붕붕거리는 붉은 벌 떼를 마구 긁는다. 간호사가 엄마를 방으로 데려온다. 엄마는 부드럽게 미소 지으며 간호사에게 내 상태를 묻는다. 나는 온몸을 쥐어뜯기라도 하듯 미친 듯이 긁으며, 부풀어 오른 혓바닥을 삼킨다.

"으음……." 수간호사가 낮은 목소리로 중얼거린다. "요오드 염료에 알레르기가 있나 보군." 그리고 내 차트에 표시를 하더니 문을 나간다.

엄마는 껌으로 풍선을 불었다 터뜨리며, 잡지책을 뒤적인다. "얘야, 옷 입거라. 간호사가 그러는데, 네가 아주 잘 참았다더라. 정말 잘했다, 씨씨."

말을 할 수가 없다. 머릿속의 회로들이 모두 시커멓게 불타

142

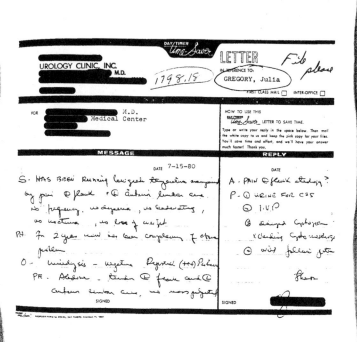

FOR
_____ M.D.
Medical Center

HOW TO USE THIS
DAY/TIMER
time-Saver LETTER TO SAVE TIME.
Type or write your reply in the space below. Then mail
the white copy to us and keep the pink copy for your files.
You'll save time and effort, and we'll have your answer
much faster! Thank you.

MESSAGE

DATE 7-15-80

S. HAS BEEN Running low grade temperature everyday
c̄ pain ℗ flank + ℗ anterior lumbar area.
no frequency, no dysuria, no hesitating,
no nocturia, no loss of weight

P.H. For 2 years now has been complaining of above
problem

O - Urinalysis - negative Pyuria (+++) Retence
P.E. Abdomen - tender ℗ flank and ℗
anterior lumbar area, no mass palpated

SIGNED

REPLY

DATE

A - PAIN ℗ flank etiology ?

P - ① URINE FOR C&S
② I.V.P
③ delayed Cystogram
& Voiding Cysto urethro-
④ will follow patient

thanks

SIGNED

REORDER FORM No. B0101, DAY TIMERS, Allentown Pa. 18001

1980년 7월 15일 비뇨기과에서 작성한 기록. 소변이나
복부 상태에서 별다른 이상을 찾을 수 없으며, 앞으로
경정맥신우조영술 등의 검사를 실시하겠다는 계획이
쓰여 있다.

버렸다. 양손은 잃어버린 무언가를 애타게 찾으려 필사적으로 어둠을 휘젓고 있지만, 입은 말을 잃어버렸다. 멍하니 열려 있는 입 안으로 침이 조금 고인다. 내 손가락들, 랭글러 청바지의 뻣뻣한 버튼을 더듬거리며 찾아 헤매는, 피부로 감싸여진 그 구부러진 막대기들이 내 것이 아닌 양 무감각하다.

엄마는 인사를 하려고 접수대에 들른다. 그리고 모두에게 갑작스런 예약을 받아줘서 고맙다는 말을 되풀이한다. 그리고 우리는 집으로 가기 위해 차를 타고 먼 길을 나선다. 나는 차창에 머리를 기댄다. 엄마가 나를 훑어보며, 눈썹을 살짝 찡그리고, 이마를 짚어본다.

"씨씨, 괜찮니? 좀 아파 보이는구나."

"…… 음…… 머리가 아파요."

엄마는 이런 기회를 결코 놓치지 않는다.

"저런, 여기, 편두통약 하나 줄게." 엄마는 가방 바닥을 마구 헤집으며 더듬거리더니, 작은 약병 하나를 꺼낸다.

"여기 있다. 얘야, 아무래도 두 알을 먹어두는 게 좋겠다. 내가 본 중에 가장 심한 두통인 것 같으니 말이다."

엄마는 밝게 미소 짓는다. 엄마의 두 눈이 반짝거리며 내 흐릿한 눈을 응시한다. 엄마는 지금 여기서, 내가 아픈 바로 이 시간, 이 장소에서 옳은 약으로 나를 치료하고 있는 것에

짜릿한 기쁨을 느낀다.

"줄리야, 네가 아픈 과정을 이렇게 직접 볼 수 있어서 정말 다행이지 뭐냐, 이제 그 골치 아픈 증상에 대해 의사들에게 좀 더 자세히 설명해줄 수 있겠다."

나는 차창 밖을 바라본다. 가속도가 붙으면서 창 밖의 들판은 점점 흐려지고, 우리 사이의 공기도 옅어져 간다. 내 조용한 삶은 정신없이 흔들리는 놀이기구 위에 얹혀 있다. 엄마는 평온하고 침착하게 운전을 하며, 살며시 미소를 지은 채 고개를 약간 옆으로 기울이고 간호사와 있었던 재미있는 일을 생각하고 있다. 바람도 없는 햇살이 내 쪽으로 쏟아지면서, 정수리에 뜨거운 입김을 쏟아내는 천사처럼 내 머리를 데운다. 나는 천사의 숨결을 피해 차창을 내린다.

"내 생각에 줄리는 함께 놀 친구가 필요한 것 같아, 댄."

아빠는 TV를 끈 채 소파 위에 있다. '더 나은 남편과 아버지가 되도록 노력해야지.'라는 아빠의 결심이 지속되는 48시간이 아직 끝나지 않았고, 엄마는 아빠에게 내 불확실한 병들과 학교를 결석해야 하는 상황에 대해 이야기를 하고 있다.

그리고 만약 내가 또래의 친구들과 놀지 못하면, 바깥세상에서 다른 사람들과 정상적으로 상호작용하는 데 필요한 대인관계 기술을 발전시키지 못할 거라고 말한다.

아침 열 시다. 사회복지사가 곧 들이닥칠 것이다. 엄마는 온 집 안을 뛰어다닌다.

"나 어떠냐, 줄리? 젠장, 이 욕실 좀 치워라!"

아빠는 연한 파란색 옷에다 새로 산 흰 구두로 단장을 하고 현관 앞에 서 있다. 아빠는 무슨 일이든 엄마가 명령만 내리면, 유용하게 역할을 다할 태세를 갖추고 있다. 그리고 마치 새로 레몬 왁스칠을 한 가구를 더럽힐까 봐 신경이 쓰이는 듯, 손목을 마주 잡는다.

집 앞 길로 차가 들어선다. 모두들 토끼 떼처럼 바짝 얼어서는, 타이어 소리와 뒤이어 들려오는 소리 하나하나에 귀를 쫑긋 세운다. 그리고 몇 초가 채 흐르기도 전에, 우리는 사회복지사가 여자임을 알아챘다.

"좋아." 엄마가 갑작스런 동작을 취한다. "모두 평상시처럼 행동해. 얘들아, 너희는 안에 있어. 만약 복지사가 너희에게 말을 걸면, 제일 좋아하는 일이 여러 아이와 어울려 놀면서 말을 나눠 타는 거라고 말해. 댄, 여기서 나가자. 빨리빨리 움직여."

146

엄마는 아빠를 밀며 현관문을 열고 트레일러를 나선다.
"댄! 빨리 움직여." 엄마는 성질 급한 말이 앞발로 땅을 차는
것처럼 아빠의 발을 밟는다.

우리 집 앞 길로, 사회복지사가 느리고 여유롭게 걸어 들어
온다. 엄마는 힘차게 그녀의 손을 잡는다. 아빠는 몇 걸음 뒤
그림자 속에 서 있다. 그들은 그녀에게 집 주변을 보여준다.
수영장, 망아지들, 아이들이 낚시를 할 수 있도록 얼마 전에
송어를 풀어놓은 연못……

"그럼요, 진짜 아이들의 천국이죠."

엄마가 부드럽게 웃는다.

"우리는 아이들을 좋아해요. 더 가질 수 없어서 섭섭할 뿐
이죠. 몇 년 전 애리조나에 살 때도 위탁 아동들을 돌봤는
데……. 여기 이렇게 자리를 잡았으니, 이제 다시 시작해볼
까 생각을 하게 된 거죠."

모든 말은 엄마가 한다. 복지사는 키가 크고 마르고 온화해
보인다. 눈동자가 확대되어 보이는 커다란 안경을 쓰고, 발목
까지 오는 꽃무늬 치마를 입고, 부드러운 안창이 깔린 뒤꿈치
없는 구두를 신은 그녀는 살아 있는 할리 하비 인형(큰 머리에
꽃무늬 모자를 쓰고 앞치마를 두른 소녀 인형_역주) 같다. 우리 집 앞
에 깔린 모난 싸구려 자갈길을 걷기에는 너무나 연약해 보이

는 모습이다. 그녀는 잔디를 따라 집 주위를 걸어다니며, 키득키득 웃는다. 그리고 모든 식구에게서 배어나는 공손함은 차치하고라도, 치아를 깨끗하게 관리해온 수양가족을 찾기가 힘든 남부 오하이오의 석탄 광산에서 다이아몬드처럼 빛나는 그레고리 가족에게 완전히 매료당한다.

"네, 정말 아주 좋을 것 같네요." 그녀가 주위를 둘러보며 말한다. "아주 평화롭고 조용한 세계를 만들어놓으셨네요. 그럼, 우리 아이들을 몇 명이나 맡아주실 수 있나요? 침실을 몇 개나 더 짓고 계신 거죠?"

그러자 엄마는 고개를 꼿꼿이 들고 사회복지사 쪽으로 몸을 기울이며, 가볍게 손을 움직여가며 조리 있는 말솜씨를 펼쳐놓는다. 아빠는 아내와 아이들에게 존경받을 능력이 있고, 물건을 수리할 줄 알고, 삶을 꾸려나갈 줄 아는 가장처럼 보이려고 노력하면서, 뒤를 따른다.

사회복지사는 친절한 분위기에 사로잡혀, 조잡한 나무 합판 벽을 보지 못한다. 그리고 아빠와 똑같은 흰색 구두를 신고 일주일 내내 오줌을 쌌다가 말린 속옷을 입은 채, 인슐린으로 몽롱해진 눈빛으로 안락의자에 뻣뻣하게 앉아 있는 베크 씨의 잠겨진 방문을 그냥 지나친다. 그녀는 냉장고 위에, 욕실 벽장에, 침실 베개 아래에 숨겨진 장전된 총을 보지 못한다. 그녀는 내 엄마의 아름다운 금발머리가 사실은 갈색 머리 여자는 모두 가정부나 창녀라는 생각 때문에 프레드릭스 오브 할리우드(미국의 의류, 액세서리 판매 업체_역주) 카탈로그에서 주문한 가발이라는 것을 눈치 채지 못한다.

할리 하비 인형은 스스로가 너무 부드러운 사람인 나머지, 우리 시골 농장의 느린 여유 속에 숨어 있는 날카로운 모서리를 발견하지 못한다. 그녀를 손아귀에 넣는 데 20분이면 충분했다. 그녀는 낚싯바늘에다 낚싯줄까지, 우리가 주는 대로 다 삼켰다.

이제 위탁 아동까지 맡게 되었으니, 모두 더 모범을 보여야 한다. 어느 일요일 아침, 우리는 스테이션 왜건에 올라타고, 로렐빌 교회로 향한다. 우리는 한가족으로서 가족석에 앉아서 노래를 부른다. 아빠는 우리 줄에 온 헌금함을 그냥 보내지도 않고, 설교시간에 뷰익을 파는 흉내를 내며 대니와 나를 웃기려 하지도 않는다. 집으로 돌아오는 길에, 아빠와 엄마는 앞좌석에서 오늘을 시작으로 매주 일요일마다 교회를 가는 것이 어떠냐는 이야기를 나눈다.

나는 그날 밤, 욕조에서, 하나님이 우리가 하는 모든 일을 지켜보고 계신다는 목사님 말씀을 떠올린다. 하나님이 번즈

로드의 막다른 벌판에서 녹슨 우물물이 가득한 노란 플라스
틱 욕조에 앉아 있는 지금의 나를 보고 계실까 궁금해진다.
또, 내가 이 안에서 너무 오랜 시간을 낭비한다고 생각하시는
건 아닐까 궁금해진다. 비누거품은 이만하면 충분하다고 여
기실까 궁금해진다. 그리고 하나님께 보여드리고 싶은 확신
이 없는, 내가 하는 모든 다른 일들 역시 하나님이 보고 계시
는지 궁금해지자, 머리 꼭대기가 달아오른다. 그 느낌은 매우
느리고 따뜻해서, 마치 깃털 같은 손가락이 눈꺼풀을 쓸어내
려주는 것처럼 부드럽게 눈이 감긴다. 위로부터 내려오는 온
기가 어깨를 만져주고, 팔을 편안히 풀어주고, 주위를 감싸며
빛을 발하는 동안, 나는 물 속에 나른하게 앉아 있다. 눈을 가
늘게 뜨고 얼굴을 천장 쪽으로 들어 올려본다. 그분이 저 위
에서 보고 계심이 느껴진다. 이 따뜻하고 향기로운 느낌은 하
나님의 양동이에서 떨어지는 빛이다. 하나님은 저 위에서 나
를 지켜보시며, 내 머리 위로 순수한 황금빛을 한 양동이 부
어주고 계시다. 그 빛은 너무나 밝아서 눈을 뜨기가 힘들 정
도다. 나는 하나님께 미소를 보낸다. 모든 일이, 어떻게든,
잘 될 거라고, 그땐 그렇게 생각했으니까.

엄마와 나는 시내로 나와서, 새로운 의사, 내가 본 최초이자 유일한 여자 소아과 의사 앞에 앉아 있다.

"요즘 들어 줄리는 소화를 잘 못 시키는 일이 많아요. 아이가 하는 거라고는 믿기 힘들 정도로 트림을 크게 하구요. 그렇지, 줄리? 그리고 고기를 매우 싫어하는 반응을 보이는 것 같아요. 거의 참을 수 없다는 듯이 말이에요. 아빠가 겨우겨우 먹인 적이 있었는데, 그대로 다 토해내더라고요. 그랬지, 씨씨? 이 근처의 의사 선생님들은 모두 얘한테 무슨 이상이 있는지 찾아내지 못했어요. 제발, 선생님이 좀 도와주셔야 할 텐데요. 여기 작은 도시 의사들은 이런 문제를 도통 심각하게 받아들이질 않는다니까요, 아시죠? 선생님하고는 비교가 안 되게 무능하고 게을러서 말이죠."

우리는 이번 주에 두 번째로 케이트 선생님을 만나고 있다. 지난번에는 내가 녹슨 못을 맨발로 밟는 바람에, 파상풍에 걸렸을까봐 온 것이었다. 그리고 오늘은 엄마가 나의 소화 문제를 꺼낸다.

"좋아, 줄리. 심장을 진찰할 수 있게 한번 일어나보겠니?"

나는 일어선다.

"음, 다시 한번."

기운이 없다. 배가 고프다. 벌써 두 시지만, 아직 한 끼도 못 먹었다. 아침을 굶은 채 학교에 가야 했고, 점심 사먹을 돈도 받지 못했으며, 학교버스에서 내려 집으로 돌아와서는 농장 일을 모조리 해치워야 했다. 마구간을 치우고, 헛간에서 건초를 세 가마니나 가져다 여물통에 넣어주고, 나무망치로 물통의 얼음을 깨고, 양동이에 알곡을 가져다 먹이고, 시내로 갈 때마다 만나는 망아지를 위해 한 양동이는 차 안에 실어놓고, 그리고 울타리 안의 진흙바닥과 흙길에 사는 작은 개들에게 밥과 물을 주었다. 동물들이 다 해결되고 나면, 밤부터 다음 날 아침까지 충분히 쓸 수 있을 만큼의 장작을 집 안의 깔개 위에 쌓아두어야 했으며, 벽난로 바닥에서 재를 긁어내 버려야 했다. 내가 가슴팍에다 재가 가득 담긴 쇠 냄비를 받치고 비틀비틀 걸으면, 이따금씩 아빠가 일어나서 문을 열어주기도 했다. 그러고 나면, 도끼로 나무를 쪼개어 집 안으로 가져간 장작의 빈 자리를 채우고, 석탄 더미도 원래대로 메워놓았다. 집 안으로 들어와서는 저녁 식탁을 차리고, 먹고 난 뒤엔 설거지를 했다. 엄마가 말하기를, 대니는 말 주위를 돌아다니기에 너무 어리고, 건초와 석탄 가루가 천식에 좋지 않으며, 엄마는 다시 의사에게 달려가는 일이 없도록 대니의 곁을 잘 지켜야 한단다.

위탁 아이들은 보통 자기 침실에 틀어박혀 숙제를 했다. 나는 모든 일을 마친 늦은 밤에나, 겨우 숙제를 할 수 있었다. 그리고 가끔씩은 다음날 아침에도, 엄마는 의사에게 가지 않아도 괜찮은지 지켜보자며 나를 학교에 보내지 않았다.

그리고 바로 오늘, 나는 학교 식당에서 어떤 아이의 식판에 놓인 조각 과일을 훔쳐 먹었다는 누명을 썼다. 6학년생은 미리 생활 지도실에 이름을 적어내면 식당에서 일을 하고 급식을 공짜로 받을 수 있었다. 그러나 내가 탄 버스는 늘 학교에 늦게 도착하는 바람에 그 시간을 맞출 수가 없었는데, 오늘은 운이 좋았다. 나는 남은 음식을 버리고 식판을 컨베이어 벨트 위에 올려놓는 일을 맡았다. 나는 그 애를 알고 있었다. 그 아이는 우리 반 여자아이의 남동생이었다. 그 아이가 식판을 내게 건네며, 자기가 손대지 않은 조각 과일을 나더러 먹으라고 권했다. 식사를 끝낸 식판에서 음식을 가져가는 것은 학교 식당 규칙에 어긋나는 일이었지만, 그 과일들은 너무 맛있어 보였고, 게다가 누가 나를 보겠는가? 나는 고개를 숙이고 손바닥에 조각 과일을 퍼 담았다. 달콤한 과일 조각과 시럽이 목구멍을 타고 흘러내렸다. 나는 복숭아를 통째로 삼키고 배 조각이 꺼끌꺼끌해질 때까지 단물을 빨았다. 너무 맛있었다.

그런데 갑자기 그 애가 나라면 자기가 남긴 과일을 먹을 줄 알았다고 말했다. 그리고 곧장 나이 많은 스위니 선생님께 달려가더니, 내가 자기 음식을 훔쳤다고 말했다. 나는 그 애보다 두 살이 많다. 그리고 식당 규칙을 잘 알고 있다. 그런데도 스위니 선생님은 내게 그 아이의 반으로 가서 모든 학생이 있는 자리에서 반성문을 읽으라고 했다. 점심 식사가 끝난 후, 식당에서 더 이상 일하지 못하게 된 나는 점심도 먹지 못한 채, 그 아이의 반으로 무거운 발걸음을 옮겼다. 반성문을 읽는 동안 내 배가 너무 큰 소리로 꼬르륵거리는 바람에 아이들이 모두 웃었다. 절반쯤 읽다가 나는 기어이 울음을 터뜨렸고, 스위니 선생님은 나를 놓아주었다.

어떻게 의사 선생님 앞에서 점심 사먹을 돈이 없었다고 말할 수 있겠는가? 엄마는 위탁 아동들이 주정부에서 급식비를 받는 이상, 나도 받아야 한다고 말했다. 학교에서 당연히 돈을 받을 수 있는데, 왜 1달러 20센트나 그냥 낭비를 한단 말인가? 엄마는 내가 처음 받은 급식 쿠폰 뭉치를 집으로 가져오다 잃어버렸을 거라고 했고, 두 번째 뭉치도 부엌 찬장 어딘가에 박혀 있을 거라고 했다. 엄마 지갑에서 동전을 몇 개 훔쳐보았지만, 겨우 리틀 데비에서 케이크 한 조각을 사먹을 수 있을 뿐이었다. 나는 아침으로 냉장고에서 꺼낸 생크림 몇 스푼을 퍼먹었고, 점심으로는 훔친 동전 몇 개로 살 수 있는 불량 식품을 먹었다.

　나는 아빠가 대니를 위해 수집을 시작한 프랭클린 민트 동전 수집책을 서랍 깊숙한 곳에서 찾아내어 동전을 꺼내기 시작했다. 한번에 25센트짜리 하나와 10센트짜리 몇 개씩을 야금야금 꺼냈다. 만약 들통이 난다면 오직 하나님만이 나를 도울 수 있을 터였다.

　"줄리는 서 있을 때와 앉았을 때 심장 박동수의 차이가 매우 큽니다, 그레고리 부인."

　엄마가 맹렬하게 고개를 끄덕인다.

　"그리고 가만히 관찰을 해보면, 서 있을 때 숨 쉬기를 힘들어하는 것 같습니다. 줄리, 서 있을 때 기분이 어떠니?"

　"줄리, 얼마나 숨이 찬지를 선생님께 말씀드려라. 케이트 선생님, 얘는 농장 부근을 다닐 때면 언제나 숨을 헐떡거린답니다. 맙소사." 엄마가 무릎을 친다. "이제야 모든 게 이해가 되는군요."

　"서 있으면 심장 박동이 빨라지고, 약간 어지러워요."

　"얘야, 곧 기절이라도 할 것 같구나." 엄마가 말한다. "기절할 것 같은 느낌이 들지 않니?"

　"음, 그레고리 부인, 제 생각에 줄리는 종합 병원에 가서 간단한 심전도나 뇌파 검사 등을 받아보아야 할 것 같군요. 어쩌면 줄리가 자는 동안 홀터 모니터라는 기계를 이용해서 심장의 장기적인 움직임을 지켜봐야 할지도 모르구요. 제가 심장내과에 전화해서 의뢰를 해놓을게요. 그래도 되겠죠, 샌디?"

"그래, 그래, 그렇지." 엄마가 핸들을 마구 두들긴다. "드디어 일이 진행이 되는군. 어쩐지 이번엔 의사를 제대로 만난 거 같더라구. 그 멍청하게 나이만 먹은 사내 놈들은 자기 똥 오줌도 못 가리는 주제에 말이야. 난 진작부터 너한테 큰 문제가 있다는 걸 알고 있었어."

우리는 드디어 종합 병원으로 간다! 얼마나 신나는 일인가, 마침내 여기까지 오다니. 심장내과 병동으로 들어서자, 그들은 나를 진찰대에 눕히고, 작고 하얀 패드를 가슴에 붙인다. 그것은 전선을 통해 기계와 연결되어 있으며, 기계가 자기 할 일을 하는 동안, 나는 그저 가만히 누워 조용히 숨을 쉰다. 전선에 묶인 채, 나는 천장을 응시한다. '약 한 알만 먹고 나면 모든 게 단박에 고쳐질 테지. 그럼 친구도 사귀어서, 같이 운동도 하고 영화도 보러 가야지. 엄마도 행복해지실 테지. 집에 틀어박혀서 노인네나 위탁 아이들 수발을 들지 않아도 될 테니까. 그리고 나도 평범한 아이가 되어서, 학교도 더 이상 빼먹지 않을 테고.' 그건 내가 가장 원해온 일이었다. 대니가 태어나서부터 내가 다시 아프기 전까지 그랬던 것처럼, 학교 생활을 잘 하는 것 말이다.

번즈 로드로 이사를 온 이후, 나는 읽기 평가에서 낙제를 했다. 담임 선생님은 과학 시험에서 D를 받았다고 내 엉덩이를 때렸다. 엄마는 이번 학교 수준이 더 높다고 했지만, 아니었다. 선생님은 뚱뚱하고 멍청했으며, 나는 문제를 너무 어렵게 받아들이고 더 현명한 대답을 찾으려 노력하는 바람에 틀린 답을 말하곤 했다. 무심코 수준 높은 대답을 했지만, 정답은 언제나 간단한 것이었다.

그리고 아프다는 이유로 늘 낙제를 했다. 언제나 나는 뭔가 이상이 있는 아이였으니까.

"음, 그레고리 부인, 좋은 소식을 전해 드리게 되었습니다. 홀터 모니터 검사 결과에 이상이 발견되지 않아서, 줄리는 더 이상 다른 심장 관련 검사를 받지 않아도 된다는 결론이 났습니다. 지극히 정상적인 패턴 이외에는 아무것도 발견되지 않았습니다."

종합 병원 의사는 내 차트 위의 구불구불한 선들을 따라가며 설명을 한다. 그러나 엄마는 무릎을 마구 때린다.

M.D.

PEDIATRICS

TELEPHONE

July 9, 1982

████████ M. D.
●██ Children's Drive
Columbus, Ohio

Re: Julie Gregory
B. D.: 05-16-69
Age: 13 yrs., 2 mo.
Parents: Dan & Sandra Gregory
          13621 Burns Rd.
          Amanda, Ohio

Referred for symptomatic arrhythmia::

General sxs of tired all the time, no stamina, can't keep up with other kids.

Episodic sxs of about 3 years duration occurring approximately 3 times/month
lasting 15-20 minutes characterized by sharp chest pain, SOB, anxiety and a feeling
that her heart "races and skips". Her mother verifies that her heart is racing
(pulse of 128-144-167 during episodes) and describes her as ashen in the face.
Recently her episodes (or awareness of them) have increased in frequency to once
or twice a day.

Past history includes "indigestion" since she was an infant. GI workup has been
done in the past and reported as negative. Hematuria occurred on one occassion,
ascribed to a viral cystitis. Arm fractures twice from falls.

ROS: Can't eat meat- causes vomiting
      Frequent nausea- seems to be relieved by candy
      Frequently feels dizzy when assuming upright position

Allergies: Iodine dye- hives

Family History: Julie's mother has palpitations which she can stop by applying
pressure on her eyeballs

    Julie's MGM has also had palpitations. Her PGF and PGM had diabetes. Her
PGM died at 42 years.

    Julie's tall thin habitus is not a family trait.

Physical: Pulse rates were 82, 76, 88 at various times in the office. Immediately
upon standing she ran 128. After running she was 140 and regular with recovery
to resting rate in 2 minutes.
    B. P. 100/68. Resp. 24.
    Ht. 63 1/4 (50-75%), arm span 65 1/2 (90-95%), wt. 86 (10-25%)
    Marfanoid habitus.
    General physical exam is WNL.

Work up: Standard 12 lead EKG, 5 hour glucose tolerance test, and chest x-ray were normal. Holter Monitor, 24 hours confirms variations in rhythm with both bradycardia and tachycardia.

Question:
1. Do you agree her symptomotology is related to her arrhythmia?
2. Does she have mitral valve prolapse, sick sinus syndrome, or another arrhythmia mechanism?
3. Would Inderal or another antiarrhythmic improve her ability to participate?

Please discuss your findings with Julie and her mother. Please handle her medications, if any, from there.

I will be glad to arrange Holter monitoring again for on going evaluation.

I would appreciate a copy of your consultation and a report on her M-mode or 2 D ECHO if you feel this is indicated.

Thank you.

Sincerely,

███████████████████████████

█████████████████

██████████

addendum - Nov. 23, 1982

Dr. ██████ (see letter) has since recommended further studies. Essentially no change on medications. What were sometimes ascribed to changes (slow rates etc.) due to the medication are probably just as well explained by the family now focusing more attention to her pulse rates during various periods of symptoms.

The same three questions remain as above.
Can we improve her quality of life or give her more guidance in accepting and adjusting her expectancies to her capacity?

Thank you.

1982년 7월 9일과 1982년 11월 23일에 작성된 줄리 그레고리에 대한 진료 의뢰서. 환자 어머니의 진술을 바탕으로, 당시 13세인 줄리 그레고리가 구토 때문에 고기를 먹지 못하고 잦은 구역질과 현기증, 급격한 심박수의 변화 등에 시달리고 있는 것으로 기록되어 있다. 심전도, 당부하 검사, 흉부 엑스레이 결과 별다른 이상을 찾을 수 없었다는 내용과 함께 부정맥이나 승모판 탈출증, 동부전 증후군 등의 가능성에 대해 의견을 구하고 있다. 그러나 뒤이어 첨부된 1982년 11월 23일에 쓰여진 편지를 보면, 증상에 대한 처방이나 해답을 얻지 못한 것을 알 수 있다.

"뭐라구요? 무슨 말씀이세요? 아무것도 못 찾으셨단 말이에요?" 엄마는 우리가 여기까지 오게 된 이야기를 허둥지둥 늘어놓는다. "케이트 선생님 전화를 받으셨죠? 얘가 심장 박동이 불규칙하다고, 늘 숨을 헐떡거리며 다닌다고 말씀 안 하시던가요? 그 선생님이 여기 오면 도와주실 거라고 했는데. 이제야 겨우 문제를 찾나 싶었는데, 근데, 지금 무슨 말씀을 하시는 거예요? 이 애가 정상이라구요? 그럼 제가 거짓말을 꾸며냈다는 거예요?"

"아니오. 아무 문제가 없다는 것이……"

"글쎄, 그럼 나도 할 말이 있어요. 할 말이 있다구요. 그럼, 난 얘한테 무슨 이상이 있는지를 찾아줄 다른 의사를 찾아보겠어요. 내 말, 알아들어요? 케이트 선생님한테 다시 가서 여기 당신네들이 이 아이는 쳐다보지도 않더라고 말할 거예요."

엄마는 소도시 종합 병원을 못 믿겠단다. 그 촌스러운 태도도, 낡은 장비도, 거기서 나온 정상 판정도 모두 말이다. 접수대에 응급상황이라고 말하고, 곧바로 케이트 선생의 진찰실로 걸어 들어간다. 선생님의 지시에 따라 나는 일어선다. 그리고 앉는다. 케이트 선생님은 똑같은 심장 박동, 짧은 숨의 헐떡임, 격렬한 심장 소리를 듣는다.

케이트 선생님이 내 심장에 청진기를 누르고 있는 동안 엄마는 악을 쓴다. "제 말은요, 얘는 늘 힘들어해요. 아시죠? 제가 얘를 뭐 대단히 부려먹는 것도 아니고, 굶기거나 그러는 것도 아니잖아요? 늘 영양가 있는 음식을 차려줘도, 얘가 안 먹는다니까요. 그런데 대체 뭘 어떻게 해야 하는 거죠? 목구멍 속에 밥을 처넣어서라도 먹여야 하는 건가요?"

"그레고리 부인, 부인이 최선을 다하고 계시다는 걸 알아요. 그냥 이유 없이 아주 까다로운 아이들이 있죠. 만약 심장 때문에 그런 거라면, 걱정하고 계신 부분이 설명이 될 텐데요. 줄리, 다시 한번만 일어서 볼래?"

"그러니까 말이죠, 얘를 4-H에 가입시켜줬더니 피곤하다고 하구요, 차에 태우면 머리가 아프다면서 토한다니까요. 그러니까 제 말은요, 저는 좋은 엄마라구요. 근데 왜 저한테 이런 일이 생기는 거죠? 왜 저만 이 고생을 해야 하는 거냐구요."

"샌디!" 케이트 선생이 작은 회전의자를 엄마 쪽으로 돌린다. "제가 책임지고 줄리를 받아줄 다른 심장내과 전문의를 소개해드릴게요. 오하이오 주립대학 병원 심장내과에 있는 우리나라 최고의 심장 전문의를 알고 있거든요. 당신이 줄리에게 최선을 다 하고 있다는 건, 저도 잘 알아요. 엄마한테 정말 잘하고 계시다고 말씀드리렴. '엄마, 걱정하지 마세요, 모든 일이 다 잘 될 거예요.'라고 말해봐." 케이트 선생이 엄마를 바라본다. "집에 아픈 아이가 있으면, 느긋한 마음을 가지기가 정말 힘들죠. 제가 최선을 다해서 줄리한테 무슨 이상이 있는지를 찾아줄 만한 사람을 연결시켜드릴게요."

엄마는 눈을 문지르며 손을 내리고 고개를 든다. "고마워요, 케이트. 그냥 혹시 내가 뭘 잘못해서 이러나, 내가 노력을 덜했기 때문이 아닐까 하는 생각이 들어서요. 그렇지만 더 이상은 못하겠어요. 도저히 못하겠다구요. 이렇게 모든 게 다시 제자리로 돌아오고 말았잖아요. 누구도 내 말을 들으려고 하지 않아요. 아무도 나를 도와주려 하지 않아요, 아시겠어요?"

"샌디, 당신은 정말 좋은 어머니세요. 줄리한테 아주 잘하고 계시는 겁니다. 우리 함께 노력해봐요. 제가 원인을 규명하도록 도와드릴게요. 약속해요."

난 언제나 젤리도 묻지 않고 구겨지지도 않은, 길다란 리본을 단정하게 묶은, 석탄을 퍼 담거나 장작을 나르느라 검댕이가 칠해지지 않은 옷을 입은, 그런 깨끗하고 예쁜 여자아이가 되고 싶었다.

그러나 대신 나는 비쩍 마른 껑다리가 되었고, 내가 가진 모든 것은 싸구려에다 낡고 끈끈하고 지저분하다. 치어리더가 되어보려고 했으나, 하찮은 다리 찢기조차 할 수 없었다. 일단 내려간 다음엔 제대로 올라오지도 못했으니까.

1학년 체육시간엔 자전거 타기를 선택했지만, 거의 수업시간 내내 지친 몸으로 숨을 몰아쉬며 벤치에 앉아 있었고, 맥도웰 중학교에서 제공하는 가장 작은 사이즈의 붉은색 체육복 속에서도 막대기 같은 두 다리는 휙휙 돌아갔다.

내가 아무리 열심히 노력해도, 상황은 언제나 내 우스꽝스러움을 강조하는 방향으로 끝이 났다. 어느 날 나는 학교 식당 바닥에 깃발을 펴놓고 손과 무릎을 짚은 채로 그림을 그리고 있었다. 등은 구부정하고, 입은 멍하니 벌어지고, 쑥 내밀어진 아랫입술 사이에는 혀에서 떨어지는 침이 고였다. 눈은 한 곳만을 뚫어져라 응시했고, 숨을 내쉬고 들이쉴 때마다 폐는 마치 인류의 안녕을 도맡기라도 한 듯 힘겹게 움직였다.

그리고 손이 종이 위를 슬쩍 스치는 순간, 물감이 번졌다. 처음에는 그 물기가 어디서 나온 것인지 알 수 없었다. 하지만 곧 나는 종이 위의 물기와 거기서 위로 뻗은 가느다란 선을 보았다. 그 선의 끝은 내 아랫입술에 달려 있었다. 나도 모르는 사이에 침을 흘리고 있었던 것이다.

나이가 들면 들수록, 점점 더 심해져 갔다. 나의 건강 상태에 관한 추측은 유전적 이상과 심혈관 기능부전으로 확대되었다. 그리고 이런 것들을 다루기 위한 약이 부엌 찬장에 쌓여갔다. 언제든 약 먹을 시간이라는 엄마의 말이 떨어지기가 무섭게, 작은 알약들이 내 혀 속으로 들어가거나 손바닥 위로 우수수 떨어졌다.

"오늘 아침에 베타 블록커(아드레날린 작용 억제제_역주) 먹었니, 씨씨?"

기억이 안 난다.

"안 먹었으면 지금이라도 먹어두는 게 좋겠다."

그저 자그마한 알약일 뿐인걸, 뭐. 가끔은 하나도 안 먹을 때도 있었고, 가끔은 두 번씩 먹기도 했다. 그게 효과가 있는지도 알 수 없다. 난 그저 항상 아프니까. 얼굴뼈가 욱신거리고, 눈꺼풀이 처지기도 한다. 한번도 아프지 않은 적이 없고, 뭔가 나아진다는 느낌을 가져본 적이 없다. 정도의 차이만이 있을 뿐, 늘 똑같았다. 메스껍고, 구역질나고, 몽롱하고, 거북했다.

중학교에 다니기 시작한 무렵의 어느 날부터 엄마는 갑자기 우리 옛 의사의 소견을 받아들여, 내가 온갖 종류의 음식에 알레르기가 있다고 결론을 내렸다. 그 전까지 엄마는 아침으로 계란을 살짝 익혀 노른자에 빵을 찍어 먹을 수 있도록 해 주곤 했으며, 나는 버터를 바른 빵 조각으로 노른자를 한 방울도 남기지 않고 싹싹 닦아 먹었다. 그러나 이제 엄마는 더 이상 아침을 해주지 않는다. 내가 냉장고 앞을 서성이며 부스럭부스럭 달걀을 찾는다.

"줄리, 지금 뭐 하는 거냐? 너한테 알레르기가 있다는 거 몰라?"

나는 달걀을 제자리에 놓고, 베이컨을 향해 슬그머니 손을 뻗는다.

"얘, 얘, 고기가 너한테 얼마나 안 좋은지 케이트 선생님이 말씀 안 하시더냐? 그냥 슈거 팝스(시리얼 가공식품의 일종_역주) 나 한 대접 먹고 가거라. 우유 말고 꼭 분유를 타서 시리얼이 겨우 젖을 정도로만 붓는 거 잊지 말고. 유당 과민증이 있을지도 모르니까 말이야."

내 체중을 늘릴 요량으로, 엄마는 여성지 뒷면에 실린 살을 찌게 해준다는 광고를 보고 은박지에 쌓인 와퍼를 잔뜩 주문했다. 나는 하루 종일 그걸 우물거리지만, 체중이 늘기는커녕 풀이파리처럼 가냘프게 위로만 솟는다.

어느 날은 학교에서 집으로 돌아갔더니, 엄마가 쿠키인지 케이크인지 반죽 가루를 뜯어 커다란 그릇에 섞고 있었다.

"이리 오렴, 씨씨, 이거 맛 좀 봐. 맛있지? 그릇째 가져가서 대니 옆에서 TV 보면서 먹어도 좋아. 밖의 일은 잠시 놔두고, 좀 쉬렴."

나는 그릇을 끌어안고 숟가락으로 반죽을 떠서 그대로 입속으로 넣기 시작했다. 웬일인지 자꾸만 졸음이 쏟아졌다. 나는 손가락으로 그릇 옆에 노랗게 묻어 있는 마지막 반죽까지 훑어서 빨아먹었다. 그러자 배가 가득 찼다. 아니, 그 이상의 무언가가 느껴졌다. 코로 숨을 쉬기가 너무나 힘든 나머지, 입을 크게 벌리고 게으르게 축 늘어졌다. 몸을 끌고 겨울 날씨 속으로 나가서 일을 할 엄두가 도저히 나지 않았다.

엄마는 심지어 내가 마약을 하지 않는지 의심했다.

그러나 성경에 맹세코, 나는 어떤 이상한 풀이파리도 피운 적이 없었으며, 그저 병이 깊어져서 이상하게 행동하고 있는 것뿐이었다.

엄마의 말에 집중을 하기가 힘들었다. 엄마는 자기가 한 말을 되풀이해보라고 시키곤 했지만, 제대로 기억을 할 수가 없었다. 그리고 병원에 다니느라 날짜도 잊고 있던 시험을 봐야 할 때면, 갑자기 기절할 듯한 두통이 찾아왔다. 선생님이 통로를 따라 문제지를 나눠주기 시작하면, 나는 비틀거리며 의자에서 일어나 양호실로 갔고, 침대 위에 기어 올라가서 학교

마크가 찍힌 담요 밑에 웅크리고는 그저 따뜻하게 잠들려고
애를 썼다.

　　엄마는 몇 년 동안이나 내 머리를 노랗게 염색해왔
다. 사람들이 갈색 머리 여자를 그저 남자랑 자고 애나 낳아대
는 그저 그런 여자로 보기 때문이었다. 엄마에게 밝은 금발은
순결을, 지하실 이전의 시간을 의미했다. 엄마가 나를 '헤어
해프닝'이라는 미용실로 데려가면, 적어도 80세는 넘어 보이
는 할머니가 형광색 염료를 건네주곤 했다. 그러면 엄마는 집
으로 돌아와 내 머리를 염색했다. 엄마는 희뿌연 비닐장갑을
낀 채 염색약을 내 머리 위에 쏟아놓고, 뿌리에 솟아오르는 갈
색 빛은 모조리 없애버리겠다는 기세로 마구 문질러댔다.

　"샌디, 맙소사, 쟤 머리 좀 그냥 내버려둘 수 없어? 그만 좀
미치광이로 만들어놓지그래."

　"댄, 쟤가 갈색 머리를 하고 있으면, 얼마나 헤프게 보이는
지 알아? 난 주님의 뜻대로 하고 있는 것뿐이라고. 내 딸은 금
발 머리여야만 해!"

　"어디 저게 지금 금발이야? 초록색이잖아!"

　이건 다 염색이 잘못됐기 때문이다.

"어, 그래, 그 멍청한 중학생 녀석들이 초록색인지 아닌지
펵도 알아볼까봐서? 웃기는 소리 좀 하지 마! 걔들은 그냥 어
린애들이야. 댄, 당신은 바보 천치고, 댄, 바보 천치 말이야!"

이번엔 운 좋게도 헤어 해프닝에서 랭카스터 유일의 게이
미용사를 만났다. 그는 볶아놓은 내 머리끝을 잡고 말했다.

"이건 아니야, 아니야."

기준량의 두 배에 가까운 염소로 소독된 풀장, 농장의 우물
에서 나온 경수, 그리고 끊임없는 탈색에 의해, 내 머리는 빗
자루처럼 변해 있었다. 그러나 엄마는 돈을 내는 고객이었다.
그가 다시 거울 앞에서 내가 앉은 의자를 빙빙 돌렸을 때, 내
머리는 병든 오렌지처럼 끔찍한 색깔을 하고 있었다. 미용사
는 엄마에게 간청했다.

"무슨 일이 있어도, 6개월 안에 다시 머리를 하면 안 돼요.
머리카락이 모조리 빠져버릴지도 모른다고요."

내 머리카락은 문자 그대로 붉게 타고 있었다. 엄마는 곧바
로 슈퍼마켓으로 차를 몰았고, 우리는 염색약이 놓인 긴 복도
를 서성였다. 엄마는 머릿속으로 이 색 저 색을 섞어보며, 어떻
게 하면 내 머리를 다시 금발로 돌려놓을 수 있을지 고민했다.

그리고 구운 밤나무 색을 선택했다. 오렌지 위에 갈색을 덮
으면 노란색이 될 거라는 게 엄마의 생각이었다. 그러나 결과

적으로 내 머리는 온통 녹슨 구리 전선 같은, 기분 나쁜 짙은 녹색이 되어버렸다. 만약 내가 해수욕장으로 간다면, 플랑크톤이 둥지를 틀겠다고 몰려들 판이었다. 중학교 생활 내내 한 번쯤은 인기 있는 아이가 될지 모른다는 희망을 완전히 빼앗아버린, 이 치명적인 결과를 놓고, 엄마는 내게 선택의 여지를 주었다. 그냥 그대로 학교로 가거나, 아니면 엄마의 금발 가발 중 하나를 쓰는 것이었다. 엄마는 중학교 1, 2학년 아이들이란 원래 눈썰미가 별로 없어서, 그럴듯하게 만들어진 가발이라면 전혀 눈치 채지 못할 거라고 주장했다. 심지어 '곱슬머리'나 '플래티늄' 같은 이름이 붙은 파마머리 스타일의 합성 섬유 가발도 괜찮을 거라고 했다.

다음 날 아침, 버스에 오를 때만 해도 아직 날이 깜깜했다. 그러나 창밖에 서서히 새벽빛이 밝아오자, 아이들이 수군대기 시작한다. "어어, 네 머리 녹색 아냐?"

"아, 아니야."

그러나 무슨 수로 숨기랴. 아이들이 하나하나 차례로 다가와서는, 지금껏 맥도웰 중학교에서 한번도 본 적이 없는 머리 색깔을 확인하고 간다. 나는 재빨리 버스에서 내려 학교를 향해 뛰어간다. 마치 빨리 달리기만 하면, 내 모습이 눈에 띄지 않을 수 있기라도 한 듯 말이다. 하지만, 나는 복도를 가로질러 뛰어가는 지저분하고 불쾌한 녹색 괴물이다. 모두들 웃으며 손가락질을 한다. 나는 따돌림당하고, 조롱당하고, 숨이 붙은 채로 잡아먹힐 것이다. 여기서 내가 어떻게 살아남을 수 있단 말인가?

교실에서 인기 있는 아이들 그룹으로 나를 이어주는 유일한 연결 끈인 미시 모리슨이 소리 높여 웃으며, 내 머리가 MTV의 최신 비디오에 나오는 펑크 스타 같다고 말한다. 미시는 집에 케이블 TV가 있는 몇 안 되는 아이 중의 하나다. 어떤 아이들의 집에는 TV조차 없었다. 그래서 미시의 의견은 여론을 바꿔놓는다.

나는 모든 상황을 가라앉히려고 노력한다. 그러나 미시는 쏟아지는 찬사를 무색케 할 만큼 허풍을 떨지 않는 것 역시 진정한 자유를 아는 초록색 머리의 선구자만이 할 수 있는 멋진 행동이라고 말한다.

반나절도 지나지 않아, 나는 규범을 뛰어넘어 원하는 것을 이루는 자유, 자신의 느낌을 표현할 줄 아는 용기, 외모를 스스로 결정하는 독립심을 상징하는, 일종의 영웅 같은 존재가 되어버렸다. 이 모든 게 다 엄마 때문이라고 말할 수도 없고, 설사 그렇게 말해도 그들은 믿지 않을 것이다.

4학년 이후 처음으로, 나는 친구들을 갖게 된다. 쏟아지는 관심을 만끽하며, 나는 크고 통통하고 꼬불꼬불한 글씨로 미시에게 쪽지를 쓴다. 우리의 글씨체는 서로의 것을 흉내 내면서 점점 변해간다. 내 발이 버스의 마지막 계단을 떠나는 순간, 나는 새로운 정체성 속으로 완전히 미끄러져 들어간다. 그리고 미시 모리슨에게 보내는 여섯 쪽짜리 편지 끝에 '영원한 너의 친구'라는 서명을 한다.

위탁 아이들은 늘 끊임없는 긴장의 원천이었고, 가끔씩 대니와 나는 그들이 야기하는 불안을 이용했다. 사진 속의 그들은 항상 두 다리를 꼭 붙이고, 등을 곧게 세우고, 양손을 몸 앞에 가지런히 모은, 마치 나무랄 데 없는 몸가짐만 보이면 가족의 일원으로 승인 받고 받아들여질 수 있기라도 한 듯한 모습이었다. 카메라 앞에서, 아이들은 가지런한 치아를 활짝 드러내기 위해 입술을 양옆으로 최대한 끌어올리며, 흠잡을 데 없지만 결코 자연스럽다고 할 수 없는 미소를 지었다. 언제나 그들은 필사적으로 가족사진 속으로 녹아들고 싶어 했지만, 단 한번도 그렇게 된 적은 없었다. 얼마나 어리건, 얼마나 우리와 오래 지냈건, 그들은 결코 혈연의 벽을 뛰어넘지 못했다. 그리고 말썽을 일으키지 않는 이상, 그들 개개인의 이름이 불려지는 일도 없었다. 대신 "우린 지금 위탁 아이들과 같이 가고 있어."나 "오늘은 내가 위탁 아이들을 맡아야 해."에서처럼, 그들은 그냥 '위탁 아이들'이었다. 대니와 나는 일찍부터 '그들'과 '우리'를 구분해왔지만, 그리고 처음에는 그들을 좋아하지 않았지만, 적어도 우리는 그들을 이름으로 부르려고 노력했다.

6년 동안 우리 집에는 한 무리의 아이들이 있었다. 티미, 페니, 브래들리, 루디, 제니, 마틴, 리키, 로이드, 그리고 마지막엔 마리아. 로이드는 말더듬이었고, 몇몇 아이들에게는 학습 장애가 있었으며, 모두들 어떤 식으로든 자기 집에서 학대나 방임을 당한 처지였다. 아이들은 쉽게 들어오고 쉽게 나갔다. 바람처럼 왔다가 사라져버린 반항아들도 있었고, 몇 년씩 머무르는 아이들도 있었다. 엄마는 위탁기관에서 좋은 평가를 받고 있었다. 사회복지사가 전화만 하면 그날로, 어떤 때는 그 시간으로 달려와 어떤 아이든 받아갔기 때문이었다. 하지만 그러고 나서, 엄마는 재빨리 나이 든 아이들을 내보냈다. 얼마나 어린가, 얼마나 고분고분해질 수 있는가가 우리 집에 머물 수 있는 기준이었다.

마리아는 제일 마지막에 우리 집으로 온 아이였고, 내가 제일 좋아했던 아이였다. 자그마한 몸집에 가느다란 목소리를 가진 그 애는 언제나 도움이 되려고 노력했다. 사람들을 행복하게 만드는 일이라면, 비록 그것이 자신을 산산조각으로 부수는 일일지라도 기꺼이 하려 했다. 누구와 함께 있는가, 그 사람이 엄마와 어떤 관계인가, 그리고 그것에 엄마가 어떤 반응을 보이는가에 따라, 자신의 성격까지 바꾸었다. 그 애의 그림은 항상 가장 밝게 빛이 났다. 미소와 친절, 그리고 어린 강아지의 충성심으로, 그 아이는 우리 지붕 아래에서 자신에게 일어나는 모든 일을 통해 세상을 향한 평행선을 그려나갔다. 그 애는 희망을 잃지 않기로 결심했던 것이다.

얼마 지나지 않아, 위탁 아이들 하나하나에게서 각기 다른 의학적 의문점들이 나타나기 시작했다. 어떤 아이들은 나와 똑같은 증상을 보이고, 똑같은 검사를 받으며, 내가 지나온 길을 그대로 따라왔다. 어쨌든 우리 모두는 서서히 달아오르는 불판 위에 올려졌다. 다행히도, 그들의 병원비는 모두 아동 복지 기금에서 나왔다.

어느 날 엄마는 나더러 학교에 가지 말고, 로이드를 병원에 데려가는 데 같이 가자고 했다. 결국 나는 대기실에 앉아, 복도에 울려 퍼지는 로이드의 비명과 울음소리를 들었다. 누구도 무슨 일인지 말해주지 않았다. 로이드의 요도에 관이 삽입되고 요오드 염료가 들어가고 있었다. 그 색깔, 그 느낌, 그 불타는 고통. 굳이 혀로 맛을 보지 않아도, 나는 내 피 속에서 그 맛을 느낄 수 있었다. 로이드는 아홉 살이었다. 그 애의 비명 소리는 내 뱃속에 강한 전기 충격을 일으켰다. 나는 의자에서 뻣뻣하게 몸을 곧추세우고, 무릎을 꼭 붙였다.

로이드는 우스꽝스러운 모습으로 다리를 엉거주춤하게 구부리고 걸어 나왔다. 두 눈은 바닥의 카펫만을 뚫어지게 응시했다. 나는 엄마가 서 있는 접수대 쪽을 유심히 훑어보았다. 엄마는 로이드의 어깨에 손을 얹고, 괜찮냐고 물었다.

차 안에서 아무도 입을 열지 않았다. 엄마가 농담을 몇 마디 던졌지만, 로이드와 나는 아무렇지도 않은 척할 수가 없었다. 자신의 은밀한 부분에 튜브를 삽입당한 로이드도, 똑같은 일을 겪은 나도, 모두 아무 일 없었던 것처럼 행동할 수가 없었다. 우리는 둘 다 굴욕감을 느꼈지만, 각자의 비눗방울 속에서 서로를 외면했다.

"그래, 젠장! 왜 내가 너희처럼 은혜도 모르는 것들을 위해서 이 짓을 하고 있는 거지? 롱 존 실버 레스토랑으로 데려갈까 했는데, 다 때려치자. 밤낮없이 너희 건강을 챙기느라 정신이 없는데, 고작 이런 대접이나 받고 말이야. 다 관두자."

"아니에요, 엄마." 내가 새된 목소리로 말한다. "그냥 멀미가 나서요. 그것뿐이에요. 우린 롱 존에 가고 싶어요."

"그래? 로이드, 넌 어때? 나한테 뭔가 할 말 없니?"

엄마는 뒷좌석에 앉은 로이드, 너무나 가녀려서 곧 쓰러질 것 같은 그 애를 쳐다본다.

"느, 느,네, 스…… 샌디, 저, 저, 저도 가고 싶어요."

"음, 진작 그럴 것이지, 이 말더듬이 꼬마 녀석아."

사람이 부작용 없이 얼마나 오래 굶을 수 있을까? 만약 모든 주위 사람들이 당신이 아프다고 말한다면, 그리고 그들이 하는 모든 검사가 정말로 당신을 아프게 한다면, 그리고 당신이 열세 살이라면, 그런데도 당신은 스스로가 아프지 않다고 생각할 수 있겠는가? 아마 아프지 않은 사람도 아프다고 느낄 것이다. 그렇지 않은가? 엄마의 말이 맞다. 나는 다른 아이들과 다르다. 나는 늘 피곤하다. 이렇게 늘 힘이 드는 걸 보면, 뭔가 정말 심각한 문제가 있는 것 아니겠는가? 의사를 찾아 가느라 항상 학교를 빼먹어야 하고, 학교를 가도 거의 반나절은 양호실에 누워 있어야 한다면? 이렇게 아픈 건 약이 잘못되어서일까? 아니면 한 번에 삼키는 세 가지 다른 종류의 약 때문인가?

내 어린 시절의 소망은 현실이 되었다. 나는 백지장처럼 희멀겋게 야위었다. 마치 강한 바람을 타고 푸른 가을 하늘 저 멀리로 날아가는 바스락거리는 단풍잎처럼.

엄마는 학부형 회의에 가서, 선생님들을 개인적으로 만나 내 심장 상태를 설명한다. 수천 번은 들은 얘기다. 가슴을 찌르는 듯한 통증, 숨의 헐떡임, 그로 인해 부족해지는 뇌의 산소공급, 그래서 형편없는 나의 성적과 학교생활……. 나는 엄마 옆자리에 앉아, 힘없이 벌어진 입을 통해 공기를 빨아들인다. 그저 조용히 누워서, 이대로 사라지고 싶다. 선생님들은 한쪽 눈으로 나를 유심히 관찰하며, 쓰러질 기미가 보이면 얼른 집으로 보내야겠다고 생각한다. 그들은 푹 꺼진 쇄골과 갈비뼈가 당장 허물어지기라도 할 것처럼, 나를 곁눈질로 조심스레 훑어본다.

"저 애 좀 봐." 그들은 생각한다. "언제 갈지 모르겠군."

피를 뽑고 관을 삽입하고 바늘로 혈관을 찌르는, 알약과 두통과 결석과 낙제가 이어지고 시험 때만 되면 양호실로 빠져나가는 세계에서 벌떡 일어나, 스스로 원인을 찾아 나서게 되기까지는 얼마나 오랜 시간이 필요할까? 엄마처럼 의학 서적들을 독파하고 의사들에게 필요한 검사를 요구하려면, 얼마나 오랜 시간을 기다려야 할까? 훌쩍거림을 멈추고 어른이 되어, 나를 돌보겠다고 나서는 사람들을 도울 수 있으려면, 얼마나 오랜 시간을 참아야 할까?

새 심장 전문의를 찾아가는 길에, 엄마는 불안함을 감추지 못했다. 이번이 케이트 선생님이 소개해준 의사를 찾아가는 세 번째 길이고, 이를 위해 우리는 석 달을 기다렸다. 케이트 선생님은 만약 이번에도 아무 결과가 안 나온다면, 그건 분명 심장에 아무 문제가 없기 때문일 거라고 했다.

"그 아무짝에도 쓸모없는 빌어먹을 병원 놈들에게 내가 미치지 않았다는 걸 보여주고 말 거야. 넌 아파. 젠장맞을, 심장에 이상이 있다고. 난 진작부터 알고 있었는데, 그 촌구석 병원에 처박혀 있는 놈들은 내 말을 알아듣지도 못하고 말이야."

"알아요, 엄마. 알아요, 걱정 마세요. 우리가 꼭 원인을 밝혀내면 되잖아요."

"음, 이번엔 어디 제대로 하는지 두고 보도록 하자. 젠장맞을." 우리는 주차장으로 미끄러져 들어갔고, 엄마는 차에서 빠져나와 웃옷을 펄럭거려 열기를 빼내고, 흰 바지의 주름을 피며 매무새를 다듬는다.

"어서 와, 저리로 들어가자, 빨리 오란 말이야. 젠장." 그러더니 엄마는 갑자기 나를 차 트렁크로 밀어붙이며 쏘아본다. "여기 의사한테 뭐가 문젠지, 네 심장이 어떤 상탠지 잘 말할 수 있지? 내 말 알아듣겠어? 가슴이 찌르는 것처럼 아프고, 숨이 차고, 알지?"

178

"네, 엄마. 그렇게 말할게요."

우리는 진찰실에 앉아서 의사를 기다리고 있다. 그는 바람처럼 들어와서, 5분간 머물다가, 다시 바람처럼 나가버린다. 잘생긴 젊은 의사다. 그는 많은 시간을 할애하지는 않았지만, 엄마의 말에 집중했고, 걱정스럽고 복잡한 얼굴 표정을 지어 보인다. 엄마 역시 걱정스럽고 복잡한 표정으로 그를 바라본다. 그들의 걱정스럽고 복잡한 표정은 서로를 스쳐 지나간다. 엄마는 즉시 평온을 찾는다. 그들은 다시 심장 모니터를 달아줄 것이다. 이번에는 엄마가 제안한 대로, 보통의 두 배가 넘는 시간을 지켜볼 것이다. 의사는 내 차트에 서명을 하고 문 밖으로 넘긴다. 엄마는 안도의 숨을 쉰다. 마침내 끝을 볼 수 있을 것이다. 나도 행복하다. 의사를 기다리며 검사대에 앉아 있는 동안, 나는 어쩌면 문제가 심장에 있는 것이 아닐지 모른다는 생각을 하기 시작한다. 어쩌면 맹장 같은 곳의 문제가 아닐까. 우리 학교의 어떤 애는 맹장을 제거한 다음에 병이 말끔히 나았다던데. 내가 막 소리를 지르려는 찰나, 의사가 걸어 들어온다.

이제 그는 다른 검사를 시작할 것이고, 그가 내린 판단은 분명 옳을 것이다. 저렇게 확신에 차 있으니 말이다. '저 사람이라면 다 알아서 해줄 것이다. 저런 사람의 판단을 의심하다니, 나 자신을 믿을 수가 없다. 나한테 다른 의사는 필요 없다. 다른 의사를 찾아가서 모니터를 차고 있는 시간을 이틀에서 하루로 줄인들, 무슨 소용이 있겠는가? 중요한 건 문제를 끝까지 파헤쳐줄 사람을 만나는 것이다. 자기가 무슨 일을 하는지도 모르는 그 멍청한 의사들 말고 말이다.'

그들이 내 가슴에 거품을 바른다. 그리고 일회용 면도기로 밀어낸다. 나는 허공을 헤매며, 아빠와 아빠의 면도 거품 솔, 고엽제 게우기, 그리고 복도에서 몰래 훔쳐봤던 가슴을 면도당한 소녀를 떠올린다. 그들은 젤을 짜서 흰 패드 주변에 바르고, 내 몸에 붙인다. 내 바지 지퍼 사이로는 전선줄이 삐죽이 나와 있다. 이런 꼴로 학교를 가지 않아도 되는 게 얼마나 다행인가.

병원을 걸어 나오며, 엄마는 몹시 고마워한다. 엄마의 몸에서는 우리에게 진전이 생겼다는 흥분이 방사선처럼 희미하게 뿜어져 나온다. 그리고 엄마는 나를 다시 학교로 돌려보내기로 한다. 내 심장 상태가 얼마나 심각한지를 선생님들에게 보여주고 싶어서다.

침묵 속에서 우리는 차를 타고 집으로 간다. 나는 숨을 꿀꺽 들이켰다 토해낸다. 엄마는 손을 뻗어 내 머리를 귀 뒤로 부드럽게 넘겨준다. 엄마의 따뜻한 시선이 닿자, 온몸에 닭살이 돋아난다. '우리는 이제 끝까지 가볼 수 있어. 내게 무슨 이상이 있는지를 사람들에게 보여주고 말 거야.'

다시 공기를 꿀꺽 들이켠다. 그리고 숨을 참는다. 이번에는 심장이 뛰는 소리가 들릴 때까지 참아봐야지.

"음, 그러니까 주기적 빈맥 증상일 가능성이 있어 보입니다."

그들이 검사대 위에 온갖 기록들을 펼쳐놓고 들여다보는 동안, 나는 옷을 그대로 입은 채 진찰실에 앉아 있다.

"그럼, 심장을 열어봐야 한다는 말씀이신가요? 농담이 아니라요, 마이클, 문제만 찾아낼 수 있다면 그렇게라도 해야죠. 최근에 새로운 소아 판막 증후군에 관한 기사를 읽은 적이 있는데요, 그것도 한번 검사해주시겠어요?"

엄마는 이제 내 심장 전문의와 이름을 부르는 사이가 되었다. 그들은 가까이 붙어 서서 이런저런 의논을 한다. 알쏭달쏭한 내 심장 모니터 결과를 두고, 의사는 이해할 수 없는 그래프의 변동을 엄마에게 설명하려 노력한다.

"아, 아뇨. 샌디, 그렇게까지는 할 필요가 없을 것 같습니다. 다만 저희 의료진들이 따님을 가까이 지켜보면서 몇 가지 검사를 더 해야 할 것 같아요. 한 주 정도 줄리를 입원시키고,

종합적으로 살펴보면 어떻겠습니까?"

"당연히 그렇게 해야죠. 오히려 이 아이가 아프다는 사실을 깨달을 만큼 실력 있는 의사 선생님을 만나게 되어서 너무나 기쁜걸요. 이제야 제대로 된 길에 들어선 것 같아요. 그렇죠?"

"물론입니다."

병원 냄새 보다 더 독특한 것도 세상에 없을 것이다. 병원 현관문이 슬며시 열리면, 반짝이는 복도가 눈앞에 펼쳐지고, 캔에 든 공기 같기도 하고 튜브에서 방금 빠져나온 바람 같기도 한 냄새가 밀려온다. 그 공기는 산소의 맛이 느껴질 정도로 시원해서 너무 빨리 들이마시면 코끝이 쩡해진다. 그 공기 속에는 붕대와 소독 거즈의 깨끗한 섬유 냄새가 한데 섞여 있다.

접수대에서 내 팔목에 작은 플라스틱 밴드를 붙인다. 밴드 위에는 도살된 소의 엉덩이에 찍는 것 같은 파랗고 흐릿한 스탬프가 찍혀 있고, 그 안에 내 이름이 들어 있다.

엄마가 입원 수속을 한다. 마치 늘 꿈꾸어온 여행을 온 것 같다. 내 손에는 제일 아끼는 폴 진델(미국의 소설가이자 극작가_역주)의 책들이 든 멋진 푸른색 가방이 들려 있다. 머리는 예쁘게 말려 있다. 나는 근사한 모습을 하고 있다. 속옷은 모두 아홉 벌을 챙겼다. 며칠 더 머무를 경우를 대비해서 여유 있게 준비한 것이다.

나의 입원실에 들어가자 처음 온 환자에게 주는 크리넥스 티슈 한 상자와 '케리 로션'이라고 쓰인 파란 플라스틱 병, 그리고 아무리 던져도 깨질 염려가 없는 작은 플라스틱 접시 하나가 담긴 바구니가 나를 반겨준다. 침대에는 각도를 자유롭게 조절할 수 있는 독서등이 하나 있고, 다른 사람들이 봐서는 안 될 일을 할 때 침대를 가리기 위해 달아놓은 무거운 커튼이 흔들리고 있다. 엄마가 방을 나가자마자, 나는 커튼을 완전히 한쪽으로 걷어붙인 다음, 가느다란 끈으로 묶어서 매트리스 뒤쪽으로 꽉 끼이게 밀어넣는다.

나는 병원이 좋다. 침대는 리모콘만 누르면 자유자재로 오르내린다. 맛있는 젤리도 먹을 수 있다. 간호사들은 매일 병실을 돌며, 약을 주고, 체온을 재고, '대변의 횟수'를 묻는다. 몇 번이 맞는 것인지 전혀 감을 잡을 수 없었으므로, 나는 그들의 표정을 살피며 대충 횟수를 대곤 한다.

그들은 복도까지 카트를 끌고 와서 내게 식판을 가져다주고 가져간다. 랩을 벗기면 갇혀 있던 따뜻하고 맛있는 음식 냄새가 내 얼굴에 김을 확 내뿜는다. 내가 식판의 음식들을 몽땅 해치우면, 그들은 병원음식을 먹는 내 식성에 대해 농담을 던진다. 푸른 통조림 콩, 미트 로프, 무엇이든 좋다. 나는 모조리 먹어치운다.

정오가 되어갈 무렵, 그들은 내 몸을 들어 휠체어에 앉히고, 심장 박동을 체크하기 위해 데려간다. 왜 나를 휠체어에 앉히는지 도무지 알 수 없다. 그저 따뜻한 도움의 손길들이 나를 깨끗하고 하얀 둥지에서 들어올린 후, 발에 슬리퍼까지 신겨준다. 걸을 수 있는데, 왜 이걸 타고 가야 하는 걸까? 친절과 보살핌은 오히려 나를 울고 싶게 만든다. 하지만 될 수 있는 한 이곳에 오래 머물고 싶다. 조금만 더 있다보면, 아빠가 리모콘 버튼을 누르듯 호출 버튼을 누르고는 "조각 과일 좀 더 갖다 주세요."라고 거들먹거리며 말하게 될 날이 올지도 모르겠다.

그들은 내 휠체어를 심장내과 병동으로 밀고 가더니, 간호사들이 주사바늘과 온도계를 들고 바쁘게 움직이는 방 앞에 세운다. 그 거대하고 탁 트인 방에는 러닝머신과 혈압계, 심전도 기계, 전선들, 그리고 심장 소리를 듣기 위한 온갖 기계

들이 있다.

　간호사가 낯익은 하얀 패드를 내 가슴에 붙이고 전선을 기계에 연결한다. 그리고 내 팔목을 잡고 손을 당겨 내가 휠체어에서 일어나 러닝머신 위로 올라가도록 돕는다. 쓰러질 때를 대비하여 손목 위에 벨트 하나가 감기고, 그 한쪽 끝이 러닝머신에 연결된다. 채 1분도 지나지 않아, 나는 꽁꽁 묶인다. 그러나 나는 나날이 건강해지고 있다. 하루가 다르게, 더 빨리 더 오래 걷고 있다. 간호사들은 아주 기뻐하며 어쩌면 생각보다 빨리 집으로 돌아갈 수 있을 거라고 말한다. 그럼 정말 좋겠지?

　바로 그때, 나는 쓰러졌다. 내 다리가 내 의지대로 움직이는 한, 나는 머물러야만 했다. 이 친절한 도움의 손길들과 한 무더기의 책들과 그리고 느리게 잊혀가는 엄마에 대한 기억들과 함께.

　물론, 엄마는 면회시간이 시작되어서부터 끝날 때까지, 항상 병원에 있다. 하지만 엄마는 내 곁에 머무르지 않는다. 늘 다른 환자들을 기웃거리거나, 간호사실에서 뭔가를 상의한다. 밤에 가방을 가지러 내 방에 들를 때면, 엄마는 그날 만난 아이들, 암에 걸린 아이들, 검사 중인 아이들, 수술 받은 아이들의 방 번호가 적힌 종이 조각을 내게 내민다.

"여기, 씨씨, 저기 위 수술 병동에 올라가서 612호에 한번 가보렴. 네 또래의 정말 귀여운 여자애가 있는데, 이번 금요일에 뇌종양 수술을 받는다는구나. 살 수 있을지 없을지도 잘 모른대. 얘야, 네가 가서 위로해주면 정말 좋지 않겠니?"

병원 안이라면 엄마가 가라는 곳 어디든 갈 것이다. 그곳이 집만 아니라면 말이다. 우리 가족은 하늘에 떠다니는 솜털구름처럼 멀리 떨어져 있고, 나는 사그락거리는 리넨 시트 속에 누워 있다. 내 기본적인 욕구를 충족시키기 위해 교대로 근무하며 나를 보살피는 사람들에 둘러싸인, 나는 마치 지금 읽고 있는 더글러스 애덤스의 책에 나오는 위대한 신 오딘과도 같다. 달콤한 영아기로의 귀환. 내게 필요한 것은 오직 내 책과 내 시트, 그리고 맛있는 음식들로 채워진 식판뿐이다.

엄마가 차트를 읽으며 방으로 들어서다가, 혹시 의사를 만날 수 있을까 주변을 두리번거린다.

나는 엄마가 떠나주길 바라며, 책 속에 얼굴을 묻는다.

"말 잘 듣고 있는 거지, 씨씨?"

"네에."

"음, 우리가 마이클 같은 심장 전문의를 만나서 여기까지 올 수 있었던 건 정말 행운이야. 이건 검사란 검사를 모조리 받을 수 있는, 정말 평생에 한 번 올까 말까한 기회야. 그러니까 최고의 치료를 받기 위해서는 적당히 요령을 부릴 줄도 알아야 해. 알아듣겠니, 쥴리? 제발, 다 된 판 좀 깨지 말라는 말이야. 그냥 저 사람들이 하자는 대로 가만히 있어. 이번엔 정말 끝까지 가봐야지."

내가 두려워하는 시간은 어떤 의사가 흰 가운을 입고 청진기를 목에 건 남자들을 한 무리나 몰고 불쑥 내 방으로 들이닥치는 때였다. 그 의사 지망생들이 내 침대를 에워싸고 좀처럼 보기 힘든 열세 살의 어린 환자를 관찰하는 동안, 의사는 능숙하게 이곳 저곳을 짚어보며 중얼거린다.

그는 부드럽고 무심한 손길을 내 목 뒤로 가져가더니, 환자복을 벗긴다. 보송하고 얇은 면이 부드럽게 가슴 아래로 흘러내린다. 그는 손가락 끝으로 내 몸을 이리저리 만지며, 학생들에게 설명을 한다. 굵은 눈물방울이 내 눈에 맺히고, 하나씩 하나씩 눈 가장자리에서 떨어져 내리기 시작한다. 눈물방울이 너무 무거워 쇄골이 간지럽다. '제발 다 된 판 좀 깨지 말라구. 저 사람들이 하자는 대로 가만히 있어.'

그는 학생들에게 직접 느껴보라고 말했고, 차갑고 낯선 손가락들이 나를 향해 다가오더니, 마치 유령들처럼 내 가슴 주위를 만지고 누른다. 손들이 내 심장 박동을 느끼기 위해 다가온다. 그들은 별로 있지도 않은, 이제 겨우 봉긋하게 솟아오르기 시작한 내 가슴을 뚫어져라 바라본다. 허약한 건강 상태를 뚫고 겨우 자라기 시작한 그 가상한 노력은 마치 바위산에 핀 꽃봉오리 같았다. 그들은 갈비뼈 사이를 눌러보다가, 희미하게 팔딱이는 심장 소리를 잡아보려고 한 번도 낯선 손길이 닿은 적 없는 젖꼭지로 손을 뻗는다. 눈물방울이 더욱 세차게 떨어져 내린다.

그들은 일말의 동요 없이, 서로 이야기를 주고받으며 나를 만진다. 나는 그냥 어떤 여자아이, 남자들이 묻지도 않고 만져도 되는 여자아이, 흐르는 눈물을 괘념치 않고 옷을 벗겨도 좋은 여자아이이다. 그들은 다시 한 떼의 물고기처럼 우르르 무리를 지어 방을 빠져나갔다. 그 절도 있는 흰 가운 군단은 나의 온몸에 낯선 손가락의 낙인을 남겨놓았다.

입원기간이 거의 끝나간다. 결국 집으로 돌아가게 될 것이다. 눈물도 흘릴 만큼 흘렸다. 다시 한번 심장 모니터를 차기도 했고, 심전도 검사도 여러 번 했으며, 러닝머신에서 힘겹게 뛰기도 했다. 그리고 612호에 있는 소녀도 찾아가 보았다.

간호사가 내 상태를 확인하기 위해 방으로 걸어 들어온다. 그리고 침대 옆 탁자에서 사용하지 않은 구토 용기를 집어든다.

"그래, 기분이 좀 어떠니?" 그녀가 세면대로 걸어간다.

"괜찮아요."

"식사는 맘에 들어?" 그녀는 수돗물을 틀어서 튜브에 물을 채우기 시작한다.

"네, 맛있어요."

"집에 갈 준비는 됐어?"

"그런 거 같아요."

"와, 벌써부터 가족이 참 그립겠구나, 그렇지?"

그녀가 내 침대 옆에 걸터앉더니, 흰 간호사복 주머니에서 면도기를 꺼낸다. 나는 휘둥그레 눈을 뜨고 벌떡 일어난다.

"이제 면도를 시켜줄게."

"면도라뇨?" 내 가슴에는 더 이상 있으려야 있을 털도 없다.

"여기 아래 말이야." 그녀는 병원 담요에 덮여 있는 내 은밀한 부분을 살짝 짚는다.

"뭐라고요? 됐어요. 전 집에 갈 거예요! 여기 아랜 아무것도 없어요!" 나는 양 무릎을 꼭 모은다. "전 심장 때문에 여기 온 거라구요!"

"글쎄, 얘야, 거기 털이 하나라도 있으면, 의사 선생님이 수술하시는 데 방해가 되거든. 거기다 메스를 대야 하니까 말이야."

"메스가 뭔데요?"

"의사 선생님들이 쓰시는 칼 말이야."

내 눈이 더 커진다.

"네 심장에 도관을 꽂으려면 말이야."

나는 그녀의 인내력을 시험하고 있다. 왜 내가 간호사에게 이런 걸 꼬치꼬치 캐물어야 하지? 엄마가 매일같이 병원에서 살다시피 하는데 말이다.

"그래서 네가 일주일 동안 여기에 입원해 있었던 거란다. 네 심장 판막에 이상이 있는지를 알아보려고 말이야. 내일 의사 선생님들이 네 팔과 허벅지의 동맥을 조금 절개하고, 판막 속으로 어떤 선 같은 걸 집어넣을 거야. 그럼 심장이 움직이는 걸 모니터로 볼 수 있단다. 자기 심장을 직접 보면, 참 신기하겠지?"

뭔가 잘못된 거다. 아마 엄마가 차트를 건네주면서 내 것이 다른 사람의 것과 바뀐 모양이다. 분명 그런 것이다. 내 눈이 침대 커버 위를 두리번거리는 동안, 내 머리는 최대한 빠르게 생각을 정리하려 노력한다. 어떻게 이런 일이 있을 수 있단 말인가? 내 몸을 가르겠다니. 숨이 가빠오고, 눈동자가 공포에 질린다.

"아무도 내 몸에 칼을 댈 순 없어요." 목소리가 저절로 갈라진다. "그렇겐 절대 못해요." 소리가 점점 커진다. "이건 다 엄마가 꾸며낸 일이라구요!"

내 입 밖으로 이런 말이 튀어나오다니, 도저히 믿을 수가 없다. 내가 어떻게 그런 말을 내뱉었는지 알 수가 없다. 나는 침대 한쪽 귀퉁이로 몸을 던지고, 한 손으로 이불을 목까지 끌어 올리면서, 다른 손을 몸 뒤쪽으로 밀어넣어 머리맡에 모아놓은 커튼을 꽉 움켜쥔다.

간호사가 나를 심각하게 바라본다. 그녀의 얼굴에는 나를 믿지 못하겠다는 표정이 드러나 있다. 어쩌면 나조차도 나 자신을, 그리고 내가 조금 전에 내뱉은 말을 믿지 못하는지도 모른다. 정말 말도 안 되는 소리다. 엄마는 나를 사랑한다. 나한테는 분명 이상이 있다. 그렇지 않다면, 왜 여기까지 왔겠는가. 왜 늘 기운이 없겠는가. 만약 아프지 않다면, 의사들이 뭐 하러 나를 여기 두고 보겠는가.

그러나 여전히 우리는 서로에게서 눈을 떼지 않는다. 간호사와 나의 눈길은 완전히 얼어붙어 있다. 그녀는 마치 우리에 갇힌 동물을 보듯, 내 안을 엿보며, 내가 무슨 작정을 하고 있는지 알아내려고 노력한다. 나는 단 1초라도 그녀에게서 눈을 떼게 될까 두려워하며 마주 쏘아본다. 그녀는 내 얼굴을 훑어보고 내 눈물의 의미를 탐지하며, "하하, 속았죠?"라고 말하는 장난기나 그도 아니면 가느다란 미소의 기미라도 찾아보려고, 그래서 우리 둘 다 안도의 웃음을 터뜨릴 수 있는 어떤 신호를 발견해내려고 애쓴다.

그러나 아무것도 찾지 못한다.

"금방 돌아올게." 간호사는 조용히 물이 담긴 용기를 내려놓는다. "어떻게 된 건지 알아보도록 하마." 그리고 사라진다.

살았다. 물론, 이제 곧 그들이 상황을 알게 될 테지. 그리고 나에게 몰려올 테지. 엄마는 화가 머리꼭대기까지 치솟아 펄펄 뛰겠지. 상관없다. 도망가면 되니까. 그리고 혼자서 직업을 구할 것이다. 새 가족도 만들 테다. 그 심장 전문의 선생님이랑 함께 살아도 좋겠다.

나는 엄마와 함께 진찰실에 앉아 있던 시간들을 떠올린다. 아무 이상도 못 찾겠다고 했을 때 엄마가 얼마나 불같이 화를 냈는지, 나를 병원에 입원시키겠다고 했을 때 엄마가 얼마나 신나했는지. 그런 엄마의 모습은 내가 엄마에게 "그것 보세요. 뭔가 이상이 있다는 걸 우린 진작부터 알고 있었잖아요."라고 말하는 동안에도 머릿속을 떠나지 않았다. 내 병에 대한 해답이 나올지 모른다는 기대감은 우리를 들뜨게 했다. 나는 마침내 의사들이 엄마를 믿었다는 사실에 안도했다.

한편으로는 마음 한 구석에는 엄마가 무서워서, 혹은 내가 학교에서 낙제생이어서, 아니면 바보같이 침을 흘리고 다니기 때문에, 마냥 엄마에게 끌려 다닌 것은 아닌가 하는 생각이 들지 않았던가? 집으로 돌아오는 길에 엄마가 내 머리를 차창에 마구 짓찧을 것이 두려워, 의사들 앞에서 더 아픈 척한 것은 아닌가 하는 생각이 들지 않았던가? 나는 솔직하게 생각해보려고 노력한다. 그러나 말도 안 된다. 내가 정신이 나갔나보다. 엄마는 현명한 어른이다. 엄마는 늘 내 곁에서 나를 지켜본 사람이다.

복도의 적막을 깨고 간호사의 다급한 발걸음 소리가 들려온다.

내 담당 간호사가 주름이 잡힌 종이컵을 건넨다.

"이걸 마셔라. 금방 끝낼 테니, 걱정 말고."

그녀는 매트리스 뒤로 끼워놓은 커튼을 휙 잡아당기더니 망설임 없이 침대 주위로 둘러친다. 나는 양손으로 머리를 감싸고 비명을 지른다. 가슴이 아기처럼 콩닥거리고, 눈물이 온 얼굴을 뒤덮는다. 저 여자가 내 털을 밀어낼 모양이다. 알약의 효과가 밀물처럼 느리게 덮쳐온다. 나는 침대 속으로 가라 않고, 저 멀리서 들리는 "괜찮니? 맙소사, 나야, 마가렛." 하는 소리가 내 등을 찌른다. 나는 팔을 얼굴 위로 내던지고 손바닥의 살점을 입으로 마구 뜯으며, 간호사가 환자복을 들추어 내리는 동안 비통하게 흐느낀다. 따뜻하게 감싸여 있던 맨살에 차가운 바람이 몰아치고, 간호사는 거품을 바르기 시작한다. 그 누구도 건드리지 못하게 하겠다고 스스로 다짐했던 그곳에. 그녀는 내 무릎을 벌리고 면도기를 들이댄다. 나는 울부짖는다. 나는 혈관까지 자국이 남고 피가 나도록 팔을 물어뜯는다. 그녀의 손을 견딜 수가 없다. 내 젖은 피부, 아빠의 면도크림 냄새도 너무나 혐오스럽다.

"됐다. 거 봐. 그렇게 나쁘지 않지, 그렇지?"

다음 날 아침 그들은 잠의 품 안에 안겨 있는 나를 거칠게 끌어낸다. 고양 놈의 가늘고 긴 꼬리가 내 팔을 툭툭 친다. 나는 몽롱하게 고개를 돌려 녀석을 바라본다. 아니, 잠깐, 팔을 건드린 건 누군가의 손가락이다. 똑, 똑, 정맥 주사액이 떨어지고, 그것은 멍 자국 속으로 흘러 들어가, 혈관을 타고 따뜻하게 퍼진다. 나는 다시 머리를 돌리고, 주사액은 내 목에 퍼진 모세 혈관 하나하나를 간질이며, 몸속을 흐르는 셀 수 없이 많은 실개천들을 만들어낸다.

194

두 남자가 시트를 들어서 나를 이동식 침대로 옮긴다. 내 몸 어딘가에, 아주 먼 어딘가에서 딱딱하고 차가운 느낌이 몽롱하게 들어온다. 벌집이라도 밟은 건가? 아니면 수영장에서 물을 뚝뚝 흘리며 기어나와 잔디밭을 가로지르다 전기 울타리를 건드려서 발이 풀밭에 붙어버린 걸까? 아니다, 이건 그저 이불 아래로 삐져나온 발가락이 차가운 철제 침대 살에 닿은 것이다. 난 잠을 자도 괜찮을 거다. 그들이 그랬다, 병원은 언제나 안전하다고. 철컥, 이동 침대의 안전대가 올라간다. 이제 내 몸은 중력을 벗어나 아무것도 없는 세계에 매달려 있다. 나는 늘 원했던 대로, 하얗고 텅 빈 천장에서 살 것이다.

우리는 복도로 내려간다. 나는 할머니 집 손님방의 깨끗하게 정리된 침대 시트 사이에 기어 들어간 것처럼, 따뜻하게 감싸인 채, 아무것도 없는 세계를 가로질러 실려간다. 두 다리를 넓게 휘저으면 풀려날 수 있겠지만, 뭐 하러 굳이 그러겠는가?

복도에는, 얼룩진 햇살 속을 떠다니는 먼지가 따뜻해진 콜라처럼 쉭쉭 소리를 내고, 검사가 금요일이라며 화를 내는 소리가 공기를 가르며 떠돈다. 나는 심장 병동으로 미끄러져 들어간다. '햇살 아래에서 한숨만 자게 해준다면, 내가 가진 모든 돈을, 점심 사먹을 돈까지도 탈탈 털어줄 텐데. 머리를 따뜻한 유리창 쪽에 눕히고, 정수리를 부드럽게 감싸는 천사의 숨결을 느낄 수만 있다면.' 모퉁이를 돌자, 침대 바퀴가 왁스를 먹인 흰 타일 바닥 위로 굴러간다. '나를 데려가줘. 나를 잠들게 해줘.' 눈꺼풀은 더 이상 무게를 견딜 수 없다.

"얘, 줄리, 줄리." 나를 굽어보는 엄마의 모습이 약에 취한 내 눈 속으로 환하게 들어온다. 엄마는 언제나 나를 위해 기도한다. 엄마는 나를 좋은 사람들에게 맡겨놓았다. 엄마는 여행에서 돌아온 딸을 맞이하듯 손을 흔든다.

아빠는 사람 모양으로 구운 생강 과자처럼 팔을 양옆에 뻣뻣하게 붙이고 가슴을 쑥 내밀고 꼿꼿이 서서 씩 웃는다. "씨씨, 기운을 내렴. 우린 너를 사랑한단다." 아빠의 아래 눈꺼풀에 눈물이 맺히면서 가늘게 떨린다. 아빠의 이마에는 두터운 수직 주름들이 잡혀 있다. 나는 무거운 손가락을 힘겹게 들어올려 주름을 만져본다. 마치 4학년 때 공부했던 지구본 속의 입체산맥 같다. 그때 나는 손바닥 안에 온 세상을 쥐고 있었다. 아빠의 이마 위를 가로지르고 있는 산맥들도 만져보고 싶다. 손을 뻗어보지만, 곧 맥없이 떨어지고 만다.

그들은 나를 수술실에 데려다놓고, 주위를 떠들썩하게 에워싼다.

"깊이 숨을 들이쉬렴, 줄리."

목소리가 위에서 내려오더니 내 코와 입을 덮는다.

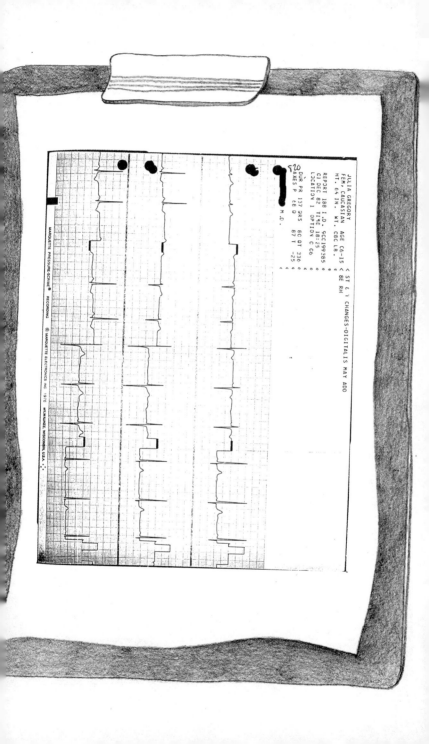

THE OHIO STATE UNIVERSITY
UNIVERSITY HOSPITALS
PREOPERATIVE CHECKLIST

Date ___12|3|82___

Procedure ___Cath___

EVENING BEFORE SURGERY

Ward Clerk Responsibilities:
- Voucher Card Packet on chart   yes (✓)
- Initial Postop order sheets
  in front of chart   yes (✓)
- All order sheets in back of
  chart   yes (✓)
- Disposition form signed   yes { } n/a (✓)
- Type and crossmatch drawn   yes { } n/a (✓)
- Chest x-rays done   yes (✓)
- Additional x-rays done   yes { } n/a (✓)
- EKG done   yes (✓)
- Consent signed and witnessed   yes (✓)

_____ 12/2/82
Ward Clerk Signature   Date

MORNING OF SURGERY

- Embosser plate on chart   yes (✓)
- Preop urinalysis and blood
  results on chart   yes (✓)
- Preop x-rays report on chart   yes (✓)
- EKG strip on chart   yes (✓)

_____ _____
Ward Clerk Signature   Date

Comments: _____
_____
_____
_____

_____ _____
Ward Clerk Signature   Date

Pharmacy Technician:
- Preop medications administered

Date _____ Time _____

_____
Pharmacy Technician Signature

1/81

MORNING OF SURGERY

Professional Nurse Responsibilities:
- Temperature 98° Pulse 90
- Respiration 50 Blood Pressure 138/70
- Weight 90#
- Allergies IVP DYE
  Specify _____ yes() no()
- ID Band on Patient   yes()
- Consent signed and
  witnessed   yes() not consent
- Isolation precautions   yes() no()
  If yes, type
- Danger List patient   yes() not()
- Voided yes() time 6:00
- Wearing hospital gown
  only   yes() no)
  If no, explain
- Elastic stockings   yes() n/a()
- Wig removed   yes() n/a()
- Glasses removed   yes() n/a()
- Contact lenses removed   yes() n/a()
- Hearing aid removed   yes() n/a()
- Prosthetic device
  removed   yes() n/a()
- Dentures removed   yes() n/a()
- All cosmetics removed   yes() n/a()
- All jewelry removed   yes() n/a()
- All items removed from
  hair   yes() n/a()
- All nail polish removed   yes() n/a()

Comments: _____

Specific Patient Considerations:
Pt very Emotional & Fearful
of test.

Directions: All responsibilities
must be completed prior
to signature of RN/GN
and before patient
departure to OR.

_____ 12-3-82
RN/GN Signature   Date

1982년 12월 3일 작성된 심장 도관 수술 전 준비 상태에
관한 기록. 환자가 검사를 극도로 두려워했다는 기록이
보인다.

나는 그들이 말한 대로 숨을 쉬면서 저 아래 깊은 곳으로 미끄러져 내려간다. 우리 집 베란다에서 검둥이가 뭉툭한 꼬리로 나를 툭툭 때린다. 고얀 놈이 낚시 바늘을 입술에 걸고 이를 훤히 드러낸 채 웃고 있다. 검둥이가 내 손바닥 아래로 코를 들이밀고, 들썩들썩 들어올린다. "알았어, 내가 머리 쓰다듬어줄게." 검둥이의 혀가 내 손을 쓱쓱 핥는다. 그래, 요 강아지야, 나도 너를 사랑해. 아니, 그게 아니라, 이건 또 다른 정맥 주사 바늘인가 보다. 손바닥 아래를 파고들던 것도 검둥이의 코가 아니라, 낯선 이의 손이다. 움직이지 못하도록 내 손을 붙잡는 낯선 손.

나는 턱이 두 개가 되도록 머리를 아래로 끌어당기며, 무슨 일이 일어나는지 보려고 애쓴다. 그들이 내 오른팔을 당겨서 뒤집는다. 그리고 메스로 깔끔하게 팔목 윗부분을 긋자, 닭의 가슴처럼 살이 열린다. 피가 흐르지 않는다. 전선줄이 혈관 속으로 꿈틀거리며 들어간다. 위로, 위로 밀려 올라가더니 내 어깨 아래까지, 그리고 심장 속까지 들어간다. 약간 따끔거리는 것 말고는 아무 느낌이 없다. 드디어 연결되었다. 의사들이 나에게 스크린을 가리키고, 나는 모니터를 통해 내 심장이 뛰는 것을 본다. '숨 쉴 때 가슴이 찌르는 것처럼 아프다고 의

사 선생님께 꼭 말씀드려야 해.'

눈을 깜빡인다. 모니터에 모습을 드러낸 심장 덩어리는 한 번에 두 군데서 펌프질을 하며 뛰고 있다. 쿵-쾅, 쿵-쾅. 이건 절대 내 몸일 리가 없다. 나의 일부일 리가 없다.

"무슨 드라마 같아요." 내가 힘겹게 중얼거린다. 의사와 간호사들이 껄껄 웃고, 나는 그 틈바구니 속에서 나보다 나이 많은 사람들을 웃게 만들었다는 사실에 기분이 좋아진다.

의사가 수술대 발치에 서서 희고 얇은 시트 사이로 내 골반뼈를 쿡쿡 찌른다. 그리고 메스가 잔뜩 놓여 있는 쟁반을 가만히 들여다본다.

'어젯밤에 내가 뭐라고 했지?' 그가 칼을 고른다. '제발, 줄리, 좋은 환자가 되어야지. 다 된 판을 깨면 안 돼.' 그는 시트 아래에서 축 늘어진 내 오른 다리를 끌어내더니, 바깥 쪽으로 비틀어 최대한 휘어지게 만든다. 마치 거대한 게의 다리를 뜯으려고 하는 듯이. 나는 가만히 바라본다.

그는 바이올린 줄처럼 팽팽한 근육을 가로질러 칼집을 넣는다. '제발 저한테 이러지 마세요.' 내 몸의 봉인이 열리고 있다. 그 틈 사이로 피가 콸콸 흘러나와 차고 하얀 시트 위로 비명을 지르며 스며든다. '다 엄마가 꾸며낸 일이에요.' 나는 머리를 양옆으로 흔들며 헐떡인다. '제발 저한테 이러지 마세요.' 아래를 내려다본다. 피가 내 몸 밖으로 흘러넘쳐 흰 들판을 붉게 물들이고 있다. 이게 나란 말인가? 내 다리? 내 피? 의사가 내 허벅지를 절개한 자리를 실로 꿰맨다. '다 엄마가 꾸며낸 일이라구요.' 내 다리가 움찔하며 뒤틀린다. '바늘 저리 치워요, 날 제발 좀 내버려둬요!', '너 대체 어떻게 된 거냐? 넌 정말 착한 환자였잖니.' 나는 축 늘어진 팔꿈치와 씨름을 하고 있다. 양 팔꿈치는 마치 싸구려 카드처럼 힘없이 접혀 있다. 팔에 감긴 줄이 몸과 함께 들썩인다. 나는 내 허벅지가 벌어진 틈을 봐야 한다. 그 속으로 전선이 들어가는 것을 봐야 한다. 이것이 정말 현실인지를 알아야만 한다. 나는 진통을 겪는 임산부처럼 헐떡인다. '내가 어디 있는 거지?' 나는 느린 동작으로 고개를 옆으로 돌려, 내가 착한 환자가 된 것에 만족하며 나를 내리누르지 않는 얼굴들을 훑어본다.

의사가 전선을 멈추고 마스크 너머로 내 눈을 조용히 쳐다본다. "빨리 진정제 투여해. 자칫하다 검사 망치겠어." 그의 입술이 움직이는 것은 볼 수 없지만, 말소리는 들을 수 있다. 그들은 종종걸음으로 호흡 튜브를 가져와 내 코에 끼우더니 목구멍까지 밀어넣는다. 내 남은 한 팔을 묶고, 아직 무너지지 않는 혈관을 찾는다.

바늘 끼우고, 주사, 진정제, 평온. 지난 12년처럼, 앞으로

12년 동안도 나를 진정시키기에 충분한 양이었다.

학교로 돌아간 첫날, 모든 것이 엉망이다. 나의 새로운 친구들은 내가 병원에서 퇴원했다는 사실에 온통 흥분한다. 같은 이유로 나는 의기소침한다. 점심시간에 내가 미시와 함께 식당으로 들어가자 너무나 놀랍게도 트윙키, 킹돈, 스위스 롤 같은 과자와 빵 그리고 피자가 차려진 환영 파티가 눈앞에 펼쳐진다. 나는 미소를 지으며, 털어놓고 싶은 말들을 삼키고, 또 삼킨다. 눈물을 참고 또 참는다. 하지만 자기들이 준비한 파티에서 눈물을 보인다며 친구들이 하나둘씩 토라져 나가버리자, 결국은 폭발하고 만다.

유일하게 내 곁에 남은 미시는 팔로 나를 감싸 안고 영문을 알아내려 애쓴다.

"왜 그러니? 심장에 무슨 문제가 있는 거니? 너, 죽게 되는 거니?"

우리는 노란색과 오렌지색 사물함이 끝없이 늘어선 복도로 천천히 걸어 들어간다. 나는 훌쩍거리며 내가 겪고 있는 혼란을 털어놓는다. 미시는 말이 없다. 종이 울린다. 나중에 쪽지 쓰겠다고, 미시가 말한다. 그리고 사물함 사이를 이리저리 빠져나가, 내 시야에서 사라진다.

그날 내내 친구들은 나를 냉정하게 대한다. 5교시 역사시간에 내게 쪽지 한 장이 건네진다. 쪽지를 펼치자, 미시의 통통한 글씨가 모습을 드러낸다.

"우린 네가 거짓말을 하는 걸 알고 있어. 우리의 동정을 사려고 그러는 것도 다 알아. 하지만 소용없어. 세상에 어떤 엄마가 그런 짓을 하겠니? 우리는 거짓말을 하는 네가 정말 싫어. 넌 정말 구제불능 쓰레기야. 우리는 다신 너랑 어울리고 싶지 않아."

그리고 밑에는 내 열 명의 여자친구들 이름이 빼곡히 쓰여 있다.

심장 수술, 요오드 주사, 튜브 삽입, 피부 절개, 출혈. 이런 것들은 한 아이를 바꾼다. 세포 하나까지. 면도를 당하고 칼로 그어지기 이전의 자신에 대해서는 아무것도 기억하지 못한다. 그저 어서 그들이 문제를 찾아내어 이 모든 걸 밝혀줄 날을, 그래서 이유도 모르고 삼켜야 하는 온갖 약과 검사로부터 해방될 날만을 바라보게 된다.

부엌 찬장 한 칸이 깨끗하게 치워졌다. 식료품이 쌓여 있던 곳에 이제는 줄리의 음식들, 온갖 약과 체중을 불리기 위한 와퍼, 초콜릿 엔슈어 플러스(액체형 식사 대용품_역주) 여섯 팩, 영양공급을 위해서 병원에서 준 캔 음료들로 가득 채워진다.

엄마는 내가 일반적으로 먹는 모든 음식에 알레르기가 있을지 모른다고 했지만, 엔슈어 플러스만큼은 원하는 대로 마음껏 마시게 해준다. 작은 캔 하나가 하루 세 끼 식사나 똑같다고, 아무런, 전혀 아무런 차이가 없다고 엄마는 말한다.

나는 낚싯바늘에다 낚싯줄까지, 주는 대로 다 삼킨다.

나와 엄마, 그리고 나의 심장 전문의가 오하이오 주립 병원의 복도에 서 있다. 가끔씩 십대들은 이유 없이 피곤해하고 기력이 떨어지기도 한다고, 의사가 말한다. 나에게는 심장 잡음이 발견되지 않았다고 한다. 그리고 나를 위해 더 할 수 있는 일도 없다고 말한다.

그러나 엄마는 마치 동료의사라도 되는 듯 확신에 찬 목소리로 부드럽게 말한다. 전에 그랬던 것처럼, 몸을 기울여 가까이 다가간다. 이번에 나온 실망스런 결과에 대해, 엄마는 의사와 함께 고민한다.

"으음, 글쎄요, 마이클, 그럼 다시 함께 계획을 세워보도록 하죠. 이렇게 아무런 성과가 없는 결과를 마주하고 보니, 이제는 정말 심장을 열어서 수술을 할 수밖에 없다는 생각이 드는군요. 원인을 찾아내기 위해서는, 결국 마지막 방법을 쓸 수밖에 없겠군요."

의사가 엄마를 빤히 쳐다본다.

"그레고리 부인, 줄리는 심장 수술을 받을 필요가 없습니다. 이 얘기를 들으면 기뻐하실 줄 알았는데요."

그가 목청을 가다듬는다.

"여러 가지 검사 결과, 줄리에게는 그런 극단적인 절차를 밟아야 할 만한 이유가 전혀 없는 걸로 나왔습니다. 어쩌면 시간이 지나면서, 줄리의 심장 상태가 우리가 진단할 수 있을 만큼 뚜렷한 증상을 드러낼지도 모르죠. 아니면, 나름대로의 방식을 찾아가며 성장할 거구요. 우리가 할 수 있는 일이라곤, 승모판 탈출증(판막의 모양이 변형되어 좌심실 수축기에 좌심방 쪽으로 일부 빠지는 것. 간헐적으로 피로, 두통, 현기증 등의 증세가 있다._역주)의 가능성이 있다는 것을 염두에 두는 정도뿐입니다."

"지금 절 놀리시는 거죠?"

"아니오, 아닙니다. 우리의 검사 결과, 줄리는 정상 범위 안에 있는 걸로 나타났습니다."

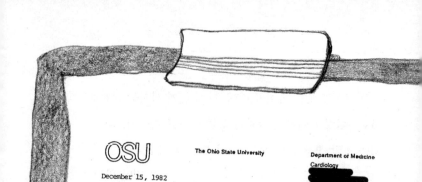

OSU   The Ohio State University   Department of Medicine
                                        Cardiology

December 15, 1982

███   M.D.
██████████

RE: Julia Gregory

Dear Dr. ███

As mentioned to you on the telephone, we had the pleasure of having Ms.
Julia Gregory on our Cardiology Service between December 1, 1982 and her
discharge on the evening of December 6, 1982. We were most impressed with
her history of periodic rapid heart action, and we reviewed carefully
her previously completed Holter Monitor showing a number of episodes
of supraventricular tachycardia with periods of "warm-up" and "slow
down" plus secondary T-wave changes.

Her physical examination was remarkable in terms of her asthenic habitus,
joint laxity, and general Marfanoid appearance. More remarkable than that
was her postural tachycardia, many occasions consisting of supine heart
rates of 70 rising to as high as 140 upon standing. She variously had a subtle
mid systolic click, but never a murmur and not a distinctive examination
for mitral valve prolapse. We recognised her previously negative echo
in terms of prolapse.

Her electrocardiogram was of special interest in terms of her borderline
short PR interval, and the suggestion that she had Delta waves in
anterior precordial leads.

We did complete electrophysiologic testing and found her totally normal
without evidence of Wolff-Parkinson-White or other forms of pre-excitation.
She had no underlying, no induceable dysrhythmia either supraventricular
or ventricular in nature.

We completed an exercise nuclear angiographic study demonstrating no
provocable dysrhythmia and excellent exercise tolerance as well as
normal ventricular contractility. We demonstrated normal thyroid function
tests, normal VMA in a 24 hour urine specimen, normal 5-HIAA, also
in a 24 hour urine specimen, and a normal response to ACTH testing.
We also measured her plasma volume and found it to be normal, (41cc's/kgm),
this excluding volume depletion as the cause of her postural tachycardia.

As mentioned to you on the telephone, we therefore felt we had defined the
syndrome of dysautonomia most often responsible for the postural tachycardia
syndrome and usually seen in prolapse patients. In my own mind, I think
she has "pre-prolapse", and by this I mean that by the time she is 18 or so,
this will be manifest as a more distinctive auscultitory exam, etc.

RE: Julia Gregory

For the time being, she certainly doesn't need endocarditis prophylaxis, and I believe her treatment should include the following:

1. No activity restriction.
2. Salt liberalization.
3. Periodic Atenolol in low doses, (25 to 50mg., per day), this designed to blunt the effect of hyperactive beta receptors. The latter of course is a presumptive diagnosis, but I believe the most appropriate one in her regard at this time.

She will have sought suture removal in your office, and she expects to return here for follow-up as you requested in January of 1983. I will be very pleased to continue to follow this patient, and I discussed this in considerable detail with both the patient and both parents.

Thank you very much for allowing us to see this most fascinating patient. A copy of the electrophysiologic study will be forwarded to you upon its completion, as will a copy of the hospital discharge summary when typed.

Please call at any time if there should be further developments.

Sincerely,

███████   M.D.
Department of Cardiology

cc: ███████████ M.D.
    █████████ M.D.
    chart

1982년 12월 15일에 오하이오 주립 병원 심장 내과에서 줄리의 진료를 의뢰한 의사에게 보낸 소견서. 줄리 그레고리가 1982년 12월 1일에 입원해서 심장 검진을 받고 1982년 12월 6일 퇴원했으며, 그 동안의 관찰과 검사 결과를 종합해보면 심박수 변화폭이 크고 승모판 탈출증으로 발전될 가능성이 다소 보이기는 하지만 심각한 이상을 발견할 수 없었으므로 장기적으로 지켜보자는 내용이다. 이런 소견에 따라 의사는 환자의 신체 활동이나 소금 섭취량에 제한을 두지 말 것과 최소치의 아테놀롤을 복용할 것을 권하고 있으며, 병에 관한 모든 세부사항을 줄리 그레고리의 부모와 논의하였음을 밝히고 있다.

"믿을 수 없어요! 도저히 믿을 수 없어요. 심장을 열어서 수술해보지도 않고, 여기서 그만두겠다구요? 끝까지 함께 노력하기로 뜻을 모았다고 생각했는데요. 마이클, 당신은 이 문제를 자기 일처럼 맡아주겠다고 하지 않으셨나요?"

"저는 정말 제 일처럼 줄리의 병을 찾아보았습니다. 그레고리 부인, 하지만 줄리는 심장 수술을 받아야 할 이유가 없습니다. 보통의 부모님들은 이런 말씀을 드리면 기뻐하시……."

"오, 그런 거예요? 고작 이게 당신의 속셈인가요? 나를 헌신짝처럼 내던져 버리려는 거? 정말 분통이 터지는군. 왜 나는 다른 엄마들처럼 보통 아이를 자식으로 갖지 못한 거지? 난 정말 좋은 엄마가 되려고 노력했는데, 4-H에도 가입시키고, 말도 사주고, 수영장도 장만해주고, 캠핑에도 보냈는데. 자식을 위해 하고 또 했다구. 근데 당신은 내가 무슨 이상한 엄마라도 되는 듯 몰아붙이는군요. 내가 왜 이런 대접을 받아야 하는 거죠?" 엄마는 거칠게 팔을 뻗어 나를 가리킨다.

엄마의 왼편에 서서, 나는 의사에게 눈을 떼지 않고 간절하게 SOS를 보낸다. '저를 보내지 마세요. 엄마가 저를 데려가지 못하도록 해주세요.'

"그레고리 부인, 당신이 좋은 엄마가 아니라는 말씀을 드리는 것이 아닙니다. 그러나 여기서 제가 더 할 수 있는 일은 없습니다. 이제 심장 문제는 접어두십시오. 적어도 당분간은 말입니다." 그리고 그는 돌아선다.

"그럼, 두고 봅시다. 분명 후회할 날이 올 테니."

엄마는 찢어지는 목소리로 외친다.

"얘가 죽고 나면 땅을 치며 후회하게 될걸. 당신 같은 무능력한 의사는 고소를 당해서 쓴맛을 봐야 해. 열세 살짜리 아이의 병도 하나 못 찾아내다니! 미친 놈 같으니라구! 얘는 지금 아프단 말이야, 알아들어? 아프다구!"

"안녕하세요? 스트롱 박사님 진찰실입니다."

"안녕하세요? 제가 지금 심장 전문의 선생님을 찾고 있는 중인데요. 우리 딸아이 때문에요. 얘한테 승모판 탈출증이 있는데, 증상이 점점 더 심해져서 너무 걱정이 됩니다."

오하이오 시골의 여름은 사람들의 상상력을 초월할 만큼 싱그럽고 매력적이다. 여름이 되면, 어떤 소녀든 비키니 탑과 짧은 반바지를 입고 어슬렁거리며 돌아다니고 싶어진다. 녹음이 무섭도록 짙어지고, 넝쿨이 여기저기 우거지고, 통통하게 물오른 가지마다 나무열매가 한가득 영글어간다. 교미를 못한 황소개구리는 밤마다 연못에 앉아 심장을 펄떡이며 요란한 울음소리로 밤공기를 뒤흔들다, 다시 죽음과 같은 침묵 속으로 가라앉곤 한다. 모든 것이 아름답다.

뒷 베란다의 공기는 뜨겁고, 마치 남자아이가 쳐다볼 때 돌아보지 않으려 애쓰면서 혹시 저 애가 나를 좋아하는 게 아닐까 하는 흥분으로 어지럼증을 느낄 때처럼 사람을 안절부절 못하게 만든다. 나는 뒷 베란다에 앉아 안절부절못하고 지루 해하며, 고양 놈과 검둥이의 몸에서 진드기를 떼어내고 있다. 그러나 죽이지는 않는다. 종이 접시에 모아놓은 큼직한 녀석 들은 이미 개들이 가려움을 못 참고 마구 부벼대는 통에 털과 껍질이 떨어져나간 상태이다. 접시에 네다섯 마리쯤 모이면, 그래서 녀석들의 다리가 허공을 향해 버둥거릴 무렵이 되면, 나는 부드러운 풀밭을 가로질러 걸어가서 숲 한쪽의 덤불에 다 놓아준다. 녀석들은 그저 살아보겠다고 버둥거린다. 그런 데 굳이 발로 밟아서 피를 터뜨리거나, 성냥으로 불태워야 하 는가? 그들이 왜 여기 있는지는 알 수 없으나, 그래도 분명 이 땅의 생명체가 아닌가. 좀더 작은 진드기들은 그냥 풀밭 위로 던진다. 그중에는 괴력을 발휘하여 되돌아오는 놈도 있을 테 지만, 그래봤자 그건 또 다른 무료한 밤에 내가 할 일을 만들 어주는 것일 뿐.

내 십대의 무더운 여름밤은 진드기를 잡으며 이렇게 간다. 내 또래의 다른 아이들이 차 안에서 서로의 몸을 쓰다듬거나, 정해진 귀가시간 직전에 겨우 키스 한번 해보겠다고 몇 시간 씩 마음에도 없는 이야기를 주고받거나, 아니면 친한 친구나 그들의 오빠와 어울려 영화를 보고 카마로(시보레사의 스포츠카

_역주)를 타고 도로를 질주하며 고래고래 소리를 지르고 있을 동안, 나는 이곳 흙먼지 길의 막다른 골목에 앉아, 농장에서 기르는 개 두 마리에게서 진드기나 떼어내고 있다.

이제 나는 중학교 3학년이 되었고, 스트롱 박사는 늘 멍하니 벌어져 있는 내 입 좀 제발 어떻게 해달라는 엄마의 애원에 승모판 탈출증에 먹는 약을 처방해주었다.

"줄리, 그러면 꼭 검둥이들 같아. 제발 숨 쉴 때 입 좀 다물어라!"

그 해 겨울, 우리는 콜럼버스에 있는 안과, 이비인후과 전문의들을 찾아다녔다. 내 심장에 관을 꽂으려면 엄마 자신도 매일같이 대학 병원을 들락거려야 했으므로, 엄마는 차라리 시내에서 다른 방향의 조사를 해보기로 결정한 것이다. 이만큼이나 왔으니, 이번에는 어쩌면 문제가 풀릴지도 모른다.

엄마와 의사는 코의 통로에 문제가 있으면 공기 흡입이 순조롭지 않아서 심장 박동이 불규칙해지기도 하고, 뇌에 산소가 원활하게 공급되지 않아 각종 건강상의 문제를 일으킨다는 이야기를 나누었다.

검사대에 앉아 있는 나를 향해, 의사의 얼굴이 가까이 다가

온다. 뜨뜻한 숨결이 내 아랫입술에 느껴진다. 후. 후. 그가 내 턱을 들어올리더니, 콧구멍 안으로 불을 비추고, 손가락으로 코를 주물럭거린다. 그리고 "음.", "그래." 등의 소리를 낸다.

의사는 내가 입을 다물고 정상적으로 숨을 쉴 수 있도록 비강의 연골을 조금 깎아주겠다며, 그날로 시술을 하겠단다. 그는 나에게 코 가운데 뼈가 비틀어진 비중격 만곡증이 있다고 한다.

수술에 대한 설명이 이루어지고 있는 진찰실에는 셔닐(벨벳처럼 광택이 나면서 표면에 골조직이 있는 직물_역주) 소재의 푹신하고 안락한 의자가 놓여 있다. 한쪽 벽에는 비틀어진 비강을 수술하기 전과 후의 모습을 담은 환자들의 사진이 빼곡히 걸려 있다. 엄마와 의사가 대화를 나누는 동안, 나는 사진을 가까이 들여다보며, 이 의사의 손길이 닿고 나면 코 모양이 변해버린다는 사실을 눈치 챈 사람이 있을까 궁금해한다. 그리고 물어봐야겠다고 생각하지만, 엄마와 의사는 서로 눈을 맞추고 이야기에 열중해 있다. 의사는 마호가니 책상을 짚으며 엄마 쪽으로 몸을 기울이고, 엄마는 셔닐 의자에 앉아 의사 쪽으로 몸을 기울인다. 그들 사이에는 연골로 촘촘한 내 코의 엑스레이 사진이 놓여 있다. 엄마는 마술봉처럼 손가락을 움직인다.

"그럼 혹시 여기 이 튀어나온 곳도 매끈하게 깎아주실 수 있나요?"

의사는 몸을 뒤로 기대며 미소를 짓는다.

"원하는 건 뭐든 다 해드립니다, 샌디."

엄마는 이 수술은 의료비 지원을 못 받으니까, 이걸 내 크리스마스 선물로 생각하라고 말한다. 그리고 그럴 만한 가치가 있는 일이라고 말한다. 이번 의사는 내가 정상적으로 숨을 쉴 수 있게 해줄 뿐 아니라, 더 예쁘게 보이도록 만들어줄 거란다. 코란 원래 깁스를 하도록 만들어진 신체 부위가 아니다. 그러나 그들은 내 코에 석고를 바르고, 그것이 떨어져 나가지 않도록 하얀 반창고로 단단히 감아놓는다. 통증이 이루 말로 표현할 수 없다. 연골이 깎이고, 코끝이 갈려 나갔다. 처음 이틀 동안은 주위가 검푸르게 부어올라 눈을 뜰 수가 없고, 머리를 아주, 꼿꼿하게 세우고 있어야 했다. 피와 점액이 코 속에 가득 뭉쳐 있어서, 숨을 쉴 때마다 콧물방울이 생긴다.

2주 동안은 외출을 할 수가 없기 때문에, 학교를 쉬고 집에 머무르며 건초 더미를 가져다 말에게 먹이고, 양동이로 석탄을 나르고, 장작을 팼다. 코뼈를 나무망치로 산산조각 내놓은 듯한 느낌 때문에, 될 수 있는 한 천천히 움직이려 애쓴다. 마치 도자기 조각이나 새의 부러진 연약한 날개 뼈처럼, 내 얼굴에는 끊임없이 무언가가 부스러지는 느낌과 통증이 사라지지 않는다.

의사는 6주 동안 선글라스를 쓰지 말라고 했다. 지금은 코가 몹시 연약해져 있기 때문에, 가벼운 무게만으로도 모양이 변형될 수 있다는 것이다. 내 모든 신경은 얼굴의 통증에 집중되어 있다. 통증이 없었던 시간이 기억나지 않고, 통증으로부터 자유로워질 시간도 상상되지 않는다. 눈 앞에는 통증의 바다 위를 떠다니며 간신히 통나무 조각을 붙잡고 가라앉지 않으려 안간힘을 쓰는 내 모습밖에 보이지 않는다. 이제 그들이 무슨 짓을 하든 그냥 내버려둘 것이다. 어떻게 해도 내 건강이 결코 좋아지지 않으리라는 것을, 난 마음 깊은 곳에서 깨닫는다.

"너를 만진 적이 있니? 그러니까, 거기 은밀한 데를 말이야?"

엄마가 또 이야기 좀 하자며, 나를 침실에 붙잡는다.

"아뇨."

사실이다. 나는 아빠를 사랑한다. 아빠는 한번도 나에게 나쁜 일을 한 적이 없다. 이젠 아빠 앞에서 수영복을 입고 돌아다니는 일이 창피해지긴 했지만, 아빠는 절대로 한번도 내게 나쁜 짓을 한 적이 없다.

"음, 페니는 너희 아빠가 자기한테 그런 짓을 했다고 말하고 다닌다지 뭐냐. 다들 그 말을 믿겠지. 빌어먹을 놈의 웬수 같은 인간, 내 그럴 줄 알았지. 누가 총으로 그 인간 머리통을 확 날려버렸으면 소원이 없겠다. 하여간, 사회복지사가 페니를 데려가려고 올지도 모르고, 어쩌면 너한테 질문을 할지도 몰라. 그럼 아니라고 대답하는 거야, 알았지?"

"네."

"아빠는 절대 그런 짓을 한 적이 없다고 말해야 해."

다음 날 밖에서 돌아와보니, 엄마가 맨 처음 우리 집에 온 위탁 아동들 중의 하나인 페니를 거실에 붙잡아놓고 있었다. 엄마의 손에는 페니의 아름다운 금발 머리가 둘둘 감겨 있었다.

"머리에 피도 안 마른 것이, 어디서 그런 말을 꾸며대? 내가 너한테 엄마 노릇을 얼마나 잘해줬는데, 응? 말도 타게 해주고, 4-H에도 가입시켜주고, 옷도 사주고, 박람회도 데려가고……."

나는 내 방으로 슬며시 들어갔지만, 페니가 울먹이며 꾸며낸 말이 아니라고 하는 소리를 들을 수 있었다. 그 시간, 아빠는 차고에서 잡지책을 읽고 있었다. 페니는 다른 사람에게 말을 하려 했던 건 아니었다고, 잘못했다고 빌기 시작했다. 페

216

니의 머리가 소파에, 벽에, 탁자에 처박히면서, 목소리가 들렸다 안 들렸다 했다.

나는 문틈에 귀를 바싹 갖다댔다. 심장이 몹시 뛰었다.

"이 망할 년, 정말 구역질이 난다. 어디 나가서 강간이나 실컷 당해봐라. 그럼 정말로 그게 뭔지 알게 될 테니."

다음 날, 페니는 사라졌다.

위탁 아동들이 처음 오면, 나는 그들을 때려야 했다. 처음에는 그런 내가 무슨 대단하고 특별한 엘리트 그룹에 속해 있는 느낌이었다. 그들은 아웃사이더였다. 나는 소중한 진짜 아이이고, 그들은 가짜 아이이며 유령 같은 존재일 따름이었다. 그들은 우리가 자라는 데 필요한 돈을 대주기 위해 우리 집으로 온 것뿐이었다.

그들은 우리 집으로 왔고, 우리는 그저 자동적으로 형제자매가 되었다. 그들 대부분은 소리를 지르고 발길질을 하며, 진짜 엄마가 자기를 찾기만 하면 금방 데려갈 거라고 울부짖었다.

그들은 우리 지붕 아래에서 노인들보다 더한 이방인이었다. 적어도 참전 노인들은 자기들만을 위한 공간을 따로 갖고 있었다. 참전 군인과 위탁 아동을 함께 돌보는 것은 법에 저촉되는 일이었기 때문에, 엄마는 노인네들을 한쪽으로 몰아놓고 그곳으로 통하는 문을 잠가놓았다. 사회복지사가 점검

차 들를 때면, 아빠는 노인네들을 차에 가득 싣고 한동안 밖에 나가 있었다. 재향군인회에서 찾아오면, 마찬가지로 아이들을 데리고 나갔다.

우리는 같은 지붕 아래 노인들이 산다는 사실조차 잊은 채 살았다. 그들은 거의 없는 존재들이었다. 그러나 위탁 아이들과는 우리의 공간, 우리의 벽장, 우리의 장난감, 우리의 옷, 우리의 이층 침대, 우리의 엄마 아빠를 나누어야 했다.

엄마는 파리채를 내 손에 쥐어주며 직접 시범을 보여준다. "이렇게 손목을 꼭 잡고 야들야들한 손바닥에다 플라스틱 손잡이를 세게 내리치는 거야." 엄마는 내가 비명소리가 날 만큼 심하게 아이들을 때릴 때까지 방문 앞에 서 있다. 그들 중 몇몇 아이는 겨우 나보다 한 살 남짓 어릴 뿐이다.

엄마와 나는 둘도 없는 마음의 친구였다. 병원에 들렀다가 쇼핑을 하러 갈 때면, 우린 위탁 아이들을 차 안에 내버려두고 둘이서만 갔다. 나는 엄마의 제일 친한 친구였으므로, 엄마가 아기 때 병을 앓아 구부정해진 로이드의 다리와 말더듬는 버릇을 두고 농담을 하면, 난 지체 없이 웃음을 터뜨렸다. 엄마가 뚱뚱한 페니와 허리가 긴 리키를 손가락질하며 놀리면, 난 또 웃음을 터뜨렸다. 우리는 어린 여학생들처럼 낄낄거렸다.

엄마는 그 모든 것을 오직 나하고만 나눴다. 엄마의 농담을 공유하는 것은, 아무도 보지 않는 틈을 타 수영장에 오줌을 누는 것과 같은 따뜻한 느낌이었다. 나는 엄마를 위해 아이들을 때렸다. 나는 여전히 엄마의 어린 도우미니까. 엄마의 사랑스런 딸이니까.

어느 날 아침, 로이드는 빨리 자기 방을 정리하지 않아서 매를 벌었다. 엄마는 파리채를 들고 와서 내 손에 쥐어주었다.

"씨씨, 너한테 맡기마. 혹시 반항하면 소리를 질러라."

나는 군인처럼 문간에 버티고 서서, 그 아이를 쏘아보았다. 뻣뻣하게 굳은 안짱다리로 서서, 들고 있던 장난감을 최대한 소리 나지 않게 떨어뜨리려 애쓰는 그 아이의 모습은 파란 지구본 같았다. 나는 따끔한 맛을 보여줄 작정이었다. 나는 녀석에게 달려들어 작은 손바닥을 낚아채고는, 파리채로 힘껏 내리치기 시작했다. 잠시 동안 반응이 없었다. 그리고 얼마후, 그 아이의 비명이 공기를 갈랐다. 그것은 목구멍 저 밑바닥에서 뿜어져 나오는, 마치 영혼이 스스로를 방어하기 위해 내어놓는 울음소리 같았다. 그 소리를 듣자 속이 울렁거렸다. 내가 한 짓은 고문이었고, 나는 고문관이었다.

로이드를 놓아주고, 몇 걸음 뒤로 물러났다. 그 아이는 아랫입술을 말아넣으며 숨을 고르려고 애썼다. 손바닥에는 매 자국이 벌겋게 부풀어 있었다. 그 아이는 내게서 눈을 떼지 않았다. 나도 그 아이에게서 눈을 뗄 수가 없었다. 우리는 그렇게 1미터쯤 떨어진 채 서로를 바라보며 숨을 헐떡였다. 갑자기 엄마가 부엌에서 고함을 지르자, 우리는 소스라치게 놀라서 펄쩍 뛰었다. 우리의 시선은 여전히 떨어질 줄 몰랐고, 나는 파리채를 들어 내 손바닥을 때리기 시작했다. 로이드는 큰 소리로 울음을 터뜨렸다. 그것은 엄마를 위한 일이었다. 그리고 우리를 위한 일이었다.

그 일이 있은 뒤, 의식할 여지 없이, 위탁 아이들과 나 사이에는 너무나 자연스럽게도 매우 발달된 의사소통 시스템이 갖추어졌다. 그저 단 한번 힐끗 스쳐가는 눈빛이나 아주 약간 강조해서 말하는 단어 하나, 혹은 식탁 위를 쓰다듬는 손짓 하나에도 긴 문장이나 잠재적 위험에 대한 경고를 충분히 담을 수 있었다.

이런 메시지들은 엄마가 어디에 있는지, 기분이 어떤지와 같은, 우리가 필요로 하는 모든 것을 말해주었다. 우리는 초자연적인 존재였고, 양철 트레일러에 몸을 숨긴 포로들이었다. 우리는 서로서로를 돌보기 시작했다. 예전에는 비명소리만 들어도 온몸이 얼어붙었으나, 이제는 서로를 구하기 위해

220

영웅적인 용기로 떨쳐 일어났다. 이제 그것은 그저 '어떤 애가 맞나보다.'는 식의 남의 문제가 아니라, 내 형제자매의 일이었다. 이렇게 우리의 의지대로 판단하고 행동하다 보니, 그것이 어떤 면에서는 오히려 수동적으로 있는 것보다 훨씬 편안하게 느껴졌다.

나이도 제일 많았고, 의사들에게 얼마나 아픈지를 잘 보여주지 못하는 일을 거듭 겪으며 엄마의 기분을 맞추는 방법을 가장 잘 알고 있었기 때문에, 내 기술이 가장 노련하고 교묘했다. 나는 혼자 힘으로도 거의 죽을 위기에 처한 아이들을 충분히 구해낼 수 있었다.

나는 엄마의 말에서 미세하게 흔들리는 이상한 뉘앙스나 무심히 지나갈 때 벌어지는 틈 하나하나를 감지해냈다. 안테나를 세우고 엄마가 바깥세상으로 내던지는 불만의 징후들을 모조리 잡아냈다. 그리고 굳건하게 서서 엄마의 마음에서 일어나는 혼돈을 관찰해가며, 충격을 완화시키고 말썽을 줄이는 방향으로 문제를 조정했다.

로이드의 목구멍 깊은 곳에서 흘러나오는 울음소리가 트레일러 안을 울리면, 나는 거실로 달려 들어가 말한다. "엄마, 제가 잘못했어요. 제가 거짓말을 한 거예요. 로이드한테 청소는 내가 할 테니 걱정 말고 TV보라고 말해놓고, 잊어버렸

어요. 제 잘못이에요. 죄송해요." 이렇게 가장 직접적이면서
완벽하게 쉽게 이해하고 받아들일 수 있도록, 모든 상황을 함
축적으로 정리한 정보를 전달한다. 가끔은 엄마가 화살을 내
게로 돌리지만, 그래도 어쨌든 갈색 머리를 한 말더듬이 안짱
다리 꼬마 로이드는 슬그머니 물러나서 소파를 돌아나가 자
기 방으로 숨는 데 성공한다.

얼마 지나지 않아, 나와 마리아는 둘도 없는 새로운 마음의
친구가 되었다. 우리는 우리 눈에 비친 엄마의 모습을 은밀한
웃음거리로 삼았다. 이를테면 4-H클럽 행사에서 엄마 머리
가 나뭇가지에 걸려 머리 장식을 잃어버린 일 같은 것들을 두
고 말이다.

그리고 몇 달 지나지 않아, 엄마가 거실에서 마리아를 마구
두들겨 패는 것을 보고, 나는 얼른 달려 들어가 엄마의 매서
운 손바닥 아래에 내 머리를 대신 들이댔다. 딱딱한 머리에
손바닥이 아파진 엄마가 더욱 매섭게 팔을 휘둘렀다. 할 만큼
하고 난 후 엄마가 가버리고, 나는 사서 한 번도 쓰지 않은 물
건들이 잔뜩 쌓여 있는 뒷방으로 휘청거리며 들어갔다.

마리아는 발꿈치를 들고 뒷방으로 통하는 세탁실로 들어오
더니, 혹시 엄마가 따라오지는 않는지 어깨 너머로 슬쩍 확인
했다. 그리고 온갖 잡동사니가 쌓여 있는 틈을 헤집으며 나를

향해 기어왔다. 마리아는 한쪽 구석에서 마치 벽 속으로 들어가기라도 하듯 웅크리고 있는 나를 발견하고는, 가녀린 팔을 내게 두르고 다시는 놓지 않으려는 듯 매달렸다.

"사랑해요, 엄마." 마리아가 말했다.

"나도 사랑해, 마리아."

내가 '미성년 독립'에 대해 처음 들은 것은 고등학교 1학년 때였다. 혼자 살면서, 일을 해서 생활비를 벌고, 부모들로부터 자유로워진 아이들! 학교 상담 교사에게 이야기를 하고, 몇 가지 서류에 서명만 하면, 학교에서 그렇게 살도록 도와준단다. 나는 그렇게 하기로 결심했다. 마리아도 데리고 나갈 작정이었다.

학교에서 시간제 상담 교사로 일하는 막스 선생님과 약속을 잡았다. 나는 조용하고 이성적으로 필요한 것을 설명한 후, 한 손에 볼펜을 들고 서류에 서명할 준비가 되었다고 말했다.

"왜 집을 떠나고 싶니?"

그 질문에는 대답할 준비가 되어 있지 않았다. 떠나고 싶은 이유까지 말해야 한다고는 생각지 못했다. 내가 용기를 내어 몇 가지 이유를 말하자, 그가 눈썹을 올렸다.

　그는 생각을 해보겠으며, 나중에 자기 사무실에서 전화를 하겠다고 말했다. 그러나 그가 전화를 건 사람은 내가 아니라 엄마와 아빠였다.

　그날 밤 부엌에서 엄마는 내 머리채를 잡고 몸을 바닥에 패대기쳤다. 아빠는 균형을 유지하기 위해 양손으로 싱크대를 붙들고 발을 들어 금속장식이 달린 부츠의 앞코로 내 배를 마구 짓눌렀다.

　2학년이 끝날 때까지, 막스 선생님은 매주 미술시간마다 나를 불러내서 과대망상증 치료를 위한 상담을 하곤 했다.

　엄마와 나는 또 다른 병원의 장내시경 검사실에 앉아 있다. 간호사 두 사람이 내게 바륨을 먹이기 위해 칸막이를 준비한다. 다른 간호사는 싱크대 앞에서 내 장을 가볍게 해줄 걸쭉한 액체를 섞고 있다.

　"어디서 오셨어요? 여기 랭카스터에 사세요?"

　"아니, 저희가 사는 곳은요, 여기서 남서쪽으로 조금만 가면 돼요. 페어필드 호킹 라인을 타면 한 40분쯤 걸리죠."

　"줄리, 어떤 맛으로 만들어줄까? 네가 선택할 수 있어. 오렌지? 초콜릿? 딸기?"

간호사가 엄마 쪽으로 돌아선다.

"그럼, 저희 집하고 별로 멀지 않겠군요. 저는 저 아래 파타스카라 근처에 살아요. 브리지 게임 좋아하세요?"

"오, 그럼요. 아주 좋아하죠. 줄리, 얼른 대답을 해야지. 어떤 맛으로 할래?"

"어떤 맛이 제일 좋은가요?"

"글쎄. 다들 꽤나 고약하지만. 꼭 하나를 골라야 된다면, 난 오렌지로 하겠어. 오렌지 주스 같은 맛이 나거든."

그거라면 괜찮겠다.

간호사가 병 속에 향료를 넣는다. "저희 동네엔 주말마다 모여서 브리지를 하는 모임이 있거든요." 그리고 싱크대에서 몸을 돌려 엄마에게 윙크를 보낸다. "남자들 빼고요, 그냥 여자들끼리만요."

"그래요? 그럼 저희 집에 오셔서 브리지 게임을 하세요. 간호사분들이랑 모두 같이 오셔도 좋아요. 아니면, 뭐, 그냥 귀찮은 남자들 다 떼어버리고." 엄마가 꿈틀거리기 시작한다. "어쨌든 꼭 저희 농장에 놀러오세요. 저희 집 주변에는 아름다운 숲과 목초지가 2만 평이나 펼쳐져 있답니다. 정말 아름답죠."

"아, 정말 그렇겠군요. 글쎄요, 언젠가 그런 기회가 오면 좋겠네요. 자, 그레고리 부인, 이제 줄리와 함께 이 방에 계시면서, 줄리가 이걸 다 마시는지 확인해주세요. 그래야 소장 엑스레이를 찍을 수 있으니까요."

간호사는 우리에게 미소를 보내며, 컵을 내게 건네고, 문 밖으로 사라진다.

엄마는 그녀가 나간 쪽으로 몸을 기울인다. "정말 고마워요. 나중에 검사 끝나고 꼭 전화번호 좀 남겨주세요." 그리고 내 쪽을 돌아본다. "좋아, 시작하자, 씨씨. 어서 이걸 말끔히 비우거라."

나는 걸쭉한 바륨이 든 철제 용기를 입으로 가져간다. 꼭 철가루에다 기름을 섞고 오렌지색 분필을 갈아넣은 것 같다. 한 입 꿀꺽 삼켜본다. 바륨에 대한 가장 자연스런 인체 반응은 가능한 한 몸 밖으로 멀리 토해내려는 것이다.

금속성 기억이 몰려온다. 이게 뭐더라, 내 혀에서 녹던 빨간 성냥 알갱이의 맛? 왜 나는 아직도 병원을 전전해야 하는 거지? 이 사람들은 도대체 뭘 찾는 거지? 대체 위장이 어떻게 된 거지? 나는 엄마를 쳐다본다. 도와주세요, 제발, 도와주세요. 눈물이 얼굴을 타고 흐른다. 바륨이 명치에 턱 걸렸다가, 시큼하고 걸쭉하게 도로 밀려 올라온다. 씨씨, 그냥 한번에

ROENTGEN FINDINGS

Upper GI series with small bowel study. With ingestion of the
barium, it flows freely through the esophagus into the stomach.
No hiatal hernia is demonstrated. The gastric mucosa is normal.
The duodenal bulb and loop are normal.

With ingestion of a secondglass of barium, serial films of the
small bowel were taken. These demonstrate an entirely normal
small bowel mucosal pattern, as well as a normal appearing terminal
ileum. No evidence of any separation of dilatation of loops is
seen.

Impression. 1. Normal Upper GI series.
             2. Normal small bowel study.

X - RAY REPORT

COLUMBUS, OHIO

상부 위장관과 소장을 검사한 결과,
아무 이상이 없다는 내용.

끝내자. 목이 젖혀지고 목구멍이 강제로 벌어졌다 다물어진다. 제발, 살려주세요. 엄마, 이걸 먹이지 마세요.

그러나 엄마는 가만히 허공을 응시할 뿐이다. 엄마의 얼굴은 내 쪽을 향해 있지만, 상상 속에서 대화를 나누는 듯 혼자서 입을 실룩거린다. 턱의 근육이 이리저리 움직이고, 생기 어린 눈이 바로 앞에 펼쳐진 광경을 응시하듯 흔들린다. 엄마 앞에는 오직 내 얼굴밖에 없지만, 엄마가 보고 있는 것은 눈물을 쏟으며 바륨을 삼킨 내가 아니다. 엄마가 앉아 있는 곳은 의료 센터의 검사실이 아니다. 엄마는 밤늦게까지 우리 집 창가의 손님용 식탁에 둘러앉아 감자칩을 우물거리며 브리지 게임을 하고, 남편 흉을 보며, 깔깔거리는 한 무리의 간호사들을 향해 미소 짓고 있다.

내가 4-H 활동에서 맡은 과제는 '스킵스터스 바'라는 이름의 혈통 좋은 말을 돌보는 일이었다. 바는 어깨뼈 사이가 족히 열다섯 뼘은 되는 당당한 몸집의 말이었다. 갈색 털에서는 윤기가 흘렀고, 근육에서는 빛이 났으며, 네 발은 하얗다. 바는 원래 경주마로 길러졌으며, 통을 놓고 달리는 장애물 경주에 참가할 수 있을 만큼의 기록을 보유한 말이었

다. 통 장애물 경주는 예전에 엄마가 나를 참가시키고 싶어
하던 시합이기도 했다. 그러나 나중에 보니 바는 나만큼이나
게으른 성격이더라고, 엄마는 말했다.

말 잘 안 듣는 말을 갖게 된 것은 내게는 오히려 비밀스런
위안이었다. 반환점을 돌며 내달리는 아드레날린이 치솟는
경주마를 타는 일은 생각만 해도 속이 울렁거렸다. 그런데 이
제 적어도 변명거리가 생긴 셈이다. 그러나 대신, 우리는 콘
크리트 블록이 가득 실린 상자를 끌거나, 경마 훈련에 쓰이는
장비들을 들판에 갖다 놓는 일을 해야 했다. 게다가 엄마는
가끔 바를 끌고 나와서, 왕년의 재주를 내게 보여주려 했다.
엄마는 "이이~"하고 고함을 지르며 안장에 올라타서, 거의
나동그라질 정도로 속력을 높일 때까지 내 아름다운 말의 엉
덩이에 마구 채찍질을 하고 갈비뼈를 걷어찼다.

엄마와 바가 내 앞에 겨우 멈춰 설 때면, 바의 콧구멍에서는
콧물이 흘러나왔고 부드러운 두 눈에는 공포의 빛이 역력히
서려 있었다.

그러나 엄마가 옷장을 들여다보느라 바쁠 때나 기분이 좋
은 여름날이면, 나는 엄마에게 바를 위쪽 들판으로 데려가서
달리기 연습을 시키고 싶다고 부탁하곤 했다. 그리고 엄마의
마음이 바뀌기 전에 최대한 농장을 빨리 빠져나가려고, 바가

총총걸음을 걸을 정도로만 옆구리를 툭툭 찼다. 일단 엄마의
시야에서 벗어나면, 나는 녀석의 고삐를 늦추어 숲 속에 세웠
다. 그리고 안장과 덮개, 굴레, 내 우스꽝스런 카우보이 부츠
따위를 한 구석에 몰래 숨긴 다음, 나무 그루터기를 밟고 녀
석의 맨등에 올라탔다.

　맨발을 약간만 갖다대면 바는 다시 몸을 움직였다. 바는 햇
빛을 받으며 고개를 툭 떨구고 터벅터벅 게으른 발걸음을 옮
겼고, 나는 바지와 웃옷을 벗었다.

　나는 옷을 녀석의 어깨 위에 걸쳐놓고, 고삐를 집게손가락
에 느슨하게 감았다. 바는 자기가 가고 싶은 대로 걸어갔다.
사람이라고는 단 한 명도 볼 수 없는 숲 속으로, 그리고 저 위
들판으로. 나는 녀석을 믿었다. 속옷만 입은 채로 녀석의 토
실토실한 옆구리에 비쩍 마른 두 다리를 대롱대롱 얹어놓고,
발끝을 쭉 뻗어 발레리나 같은 자세를 취했다. 녀석의 단단한
허벅지 근육이 한 발씩 앞을 디딜 때마다, 나의 엉덩이뼈가
앞뒤로 흔들렸고, 내 다리 안쪽은 털과 기름기로 얼룩졌다.
그리고 상체도 함께 흔들리다보면, 어느덧 나는 구부정하게
앉아서 원하는 만큼 입을 한껏 벌리는 편안한 사치를 누릴 수
있었다. 말을 할 필요도 없었고, 생각할 필요조차 없었다.

　이따금씩 바는 텅 빈 들판에 우뚝 멈춰 서곤 했다. 녀석은

한쪽 발굽을 구부려 올리고 나머지 다리에 무게 중심을 실었다. 그러면 나는 몸을 숙여 녀석의 목을 잡고 다리를 녀석의 엉덩이 쪽으로 보내, 모래처럼 따뜻한 말 등 위에 몸을 곧게 뻗었다. 팔로 녀석의 목을 감고 머리를 녀석의 어깨 위로 떨어뜨렸다. 그리고 우리는 오랫동안, 조용히, 따뜻한 햇살이 들어왔다 사라지는 것을 느끼며, 그렇게 있었다. 다시 움직이고 싶어지면, 바는 발굽을 아래로 내려 자세를 바로잡고, 내게도 적응할 시간을 주려고 조심스럽게 걸음을 내딛었다.

나는 몸을 일으키고, 다리를 내리고, 그리고 앞으로 몸을 숙여 녀석의 목을 한두 번 쓸어주었다. 바는 다시 편안하고 느리게 나를 싣고 앞으로, 앞으로, 은신처 농장으로부터 멀리, 멀리 나아갔다.

내 코가 회복된 어느 여름날, 엄마는 나를 자갈길 위에 세워두고 한 손으로 뒷머리를 쓸어 올리는 자세를 취하게 한 다음, 트레일러의 베니어판 벽을 배경으로 폴라로이드 사진을 찍었다. 엄마는 내게 패드가 들어간 브래지어와 꽉 끼는 랭글러 청바지를 입히고, 분홍색 셔츠의 깃을 세우게 하고, 카우보이 모자를 씌웠다 벗기기도 했다. 엄마는 이 사진들을 뉴욕 시에 있는 포드 모델 에이전시에 보내놓고 연락을 기다렸다. 그리고 그중 한 장은 지갑 속에 넣어두었다. 언제 어디서 내게 관심을 기울일 만한 착실하고 나이 든 남자와 마주치게 될지 모를 일이었으니까.

나는 이런 사진들, 내 젊은 시절을 엿볼 수 있는 마지막 증거들을 잔뜩 가지고 있다. 사진 속 유령처럼 검푸른 눈자위는 굳이 말하지 않아도 내 삶이 어떤 것이었는지를 보여준다. 얼굴의 나머지 부분들도 역시, 아침으로 인간을 잡아서 우적우적 씹어 먹었다는 듯한 표정을 하고 있다.

열여섯 살이 되자마자, 엄마는 내가 임신을 하지 못하도록 피임약을 먹이기 시작한다. 나는 이제 데이트를 할 만큼 나이가 들었고, 엄마는 내 상대로 몇몇 남자들을 점찍어놓는다. 그중 첫 번째가 데비 밀러의 아들이다. 그는 내가 말을 타는 것을 보았고, 나의 엄마와 데비는 우리의 만남을 주선한다. 그의 이름은 던이다. 처음 만나는 날, 코를 찌르는 폴로 향수 냄새와 함께 나타난 그는 덥수룩한 검은 수염을 자랑했다. 그는 서른한 살이다.

첫 번째 데이트는 보호자로 따라온 데비와 함께 그의 보트 위에서 이루어졌다. 데비는 담배에 불을 붙인다. 배가 흔들릴 때마다 그녀의 파마머리 끝이 가죽처럼 태양에 그을린 어깨 위에 닿는다. 던이 호수 한가운데로 나가서 모터를 끄자, 우리는 게으른 햇살이 내리쬐는 수면 위를 둥둥 떠다닌다. 데비가 햄 샐러드를 넣은 샌드위치를 꺼낸다. 그리고 한 조각을 아들에게 건네며 윙크를 한다. 뭔가를 말하고 싶은 듯 보이지만, 그게 뭔지는 모르겠다. 엄마와 아들 사이에 앉아서, 나의 위장은 텅 비어간다. 허기져 죽을 지경이지만, 롤빵 가장자리를 한두 번 뜯어먹는 것 이상은 하면 안 될 것 같은 분위기다.

데비가 몸을 이리저리 뻗으며 스트레칭을 하는 척하더니, 던과 나를 갑판에 남겨두고 보트 한쪽 끝의 벤치로 올라가 낮잠을 잔다. 던은 손을 뻗어 손가락 끝으로 내 비키니 탑의 줄을 부드럽게 쓰다듬는다. 그리고 나더러 혼자 자기 아파트로 놀러오라고 한다. 나에게 보여주고 싶은 것이 있단다. 그는 자신의 두꺼운 피부를 망아지의 아랫배만큼이나 부드러운 내 피부에 비비며, 키스를 하려 한다. 나는 몇 센티 뒤로 후닥닥 몸을 피하며, 아빠의 낡은 차에 대해 빠르게 주워섬긴다. 제발 데비가 일어나서 소리쳐 주었으면. "던, 맙소사, 너 지금 뭐하고 있는 거냐? 당장 그만두지 못해?" 데비가 그를 매섭게 꾸짖고, 죄책감과 수치심으로 그를 못 견디게 해주었으면 좋겠다. 하지만 그녀는 자기 아들의 프라이버시를 지켜주고, 나는 그냥 그 자리에 있다. 그들은 나를 야외로 데리고 나와 점심도 주고, 아주 친절하게 대해주었다. 난 누구도 실망시키고 싶지 않다. 데비가 일어나자, 나는 너무나 반가운 나머지 그녀의 팔로 뛰어든다. 그리고 그녀도 나도 당황한다.

던이 엔진의 레버를 세게 잡아당기자, 보트가 하얗게 부서지는 파도를 가르며 빠르게 달린다. 마치 〈마이애미 바이스〉(1984년에 NBC에서 방영되었던 경찰 드라마_역주)의 한 장면처럼, 던은 저물어가는 태양을 등지고 서 있고, 나는 그의 어머니에게 떠밀려 그의 보호가 필요한 사람처럼 옆에 붙어서 있다. 배가 항구로 천천히 들어오고, 나는 주차장에서 기다리는 엄마를 발견하고 너무나 반가운 나머지 갑판에서 뛰어내려 달려간다. 엄마는 차창 밖으로 몸을 내밀고, 데비와 던을 향해 반갑게 손을 흔든다.

우리는 막다른 골목에 봉착했다. 의사들은 내게서 아무런 문제를 찾아내지 못한다. 나는 성분과 복용법을 약간씩 바꿔가며 심장약을 먹고 있다. 그러나 절호의 기회, 정말 끝까지 가볼 수 있는 절호의 기회를 우리는 놓쳐버렸다.

한때, 우리에게는 심장 수술을 받고 어떤 확고한 답을 얻을 수 있는 기회가 있었다. 그러나 그 의사는 나 같은 특별한 케이스를 다루기에는 너무 젊고 경험이 없었다. 엄마는 병약한 자식을 위해 유능한 의료의 손길을 찾느라 온 인생을 바쳤는데, 이제 모든 게 허사로 돌아가려 한다. 나는 여전히 아프고, 아빠는 작년 내 생일에 직장을 잃는 바람에 더 이상 의료비 지원도 받을 수가 없게 되었다.

우리는 여전히 가끔씩 교회에 나가고, 그럴 때면 엄마는 사람들에게 내가 점점 나아지고 있으며 나를 위해 기도해줘서 고맙다는 말을 한다. 그러나 내가 스무 살까지만 살아도 엄마는 놀랄 것이다. 우리가 바랄 수 있는 최선은 안정적인 치료를 받는 것이다. 그러나 내 심장은 여전히 심하게 헐떡거리고, 나는 여전히 가쁜 숨을 몰아쉬며 입을 벌린 채 걸어 다닌다. 그리고 여전히 초콜릿이 가득 든 엔슈어 플러스를 벌컥벌컥 마시고 체중을 늘려주는 와퍼를 우물거린다. 다만 이제는 그것들이 별로 소용이 없다는 것을 깨달은 채.

아빠가 마음을 툭 터놓고 나와 할 얘기가 있단다. 저기 저안의, 비어 있는 침실 하나를 가리킨다. 아빠가 침실로 걸어 들어가고 나는 불안해하며 따라 들어간다. 아빠가 침대 가장자리에 앉더니, 자기 무릎을 두드리며 내가 아직 어린아이인양 그 위에 앉으라고 한다. 하지만 나는 더 이상 어린아이가 아니다. 벌써 열여섯이고, 아빠의 무릎에 앉고 싶지 않다. 나는 한쪽 다리를 아빠의 무릎뼈 위에 살짝 걸치고, 대부분의 체중을 가능한 한 멀리 뻗어놓은 반대편 다리에 싣는다.

아빠가 한 손을 내 등에 댄다.

"난 네가 구조원으로 일하는 걸 허락할 수가 없구나."

"하지만 아빠! 그건 제가 여름방학 때 해보고 싶다고 처음으로 부탁드린 일이잖아요. 저는 수영도 할 수 있고, 또⋯⋯."

"네가 어렸을 때 사람들이 너를 쳐다보며 비웃었던 일 기억하니?"

나는 고개를 끄덕인다. 뜨거운 눈물이 쏟아져 내린다.

"음, 얘야, 난 내 어린 딸이 수영복을 입고 바깥에 나가서 그렇게 비웃음을 사는 게 싫다. 씨씨, 넌 가슴도 없고, 엉덩이도 없어. 수영복을 입으면 끔찍할 거야. 얘야, 아이들이 얼마나 잔인한지 잘 알잖니. 다들 너를 웃음거리로 만들 거야. 하지만 걱정 마라. 네가 할 수 있는 다른 일을 찾아줄게. 엄마가 병원에서 한번 자리를 찾아보겠다는구나."

한 건의 진찰 예약도 없이, 방향도 경계도 잃은 채, 여름날이 흘러간다. 시골에는 고요한 시간을 깨뜨릴 만한 혹은 바쁜 세상의 현실감을 유지시켜줄 만한 아무런 외부적 충격이 없다. 어슬렁거릴 만한 쇼핑몰도 없고, 가까운 식당도 없고, 블록버스터 비디오도 없다. 시간은 한없이 늘어져서, 하루가 나흘만큼이나 길어지기도 한다.

아빠는 대부분의 저녁시간을 차고에서 혼자 기계를 만지며 보낸다. 아빠가 엄마와 함께 있을 때면, 두 사람은 늘 서로에게 고함을 지른다. 둘은 아빠가 직장을 잃은 일로 싸운다. 아빠가 돈을 잃은 일로 싸운다. 그리고 할 형편도 못 되는 이혼 이야기로 싸운다.

우리 모두는 휴식도 없고, 재미도 없고, 스트레스만이 가득한 농장에 항상 붙어 있다. 엄마의 구두는 먼지가 쌓인 채 벽장 안에 놓여 있다. 그러고도 엄마가 더 많은 옷, 더 많은 신발, 복도에 줄지어 세워놓을 더 많은 콘크리트 동물을 사들이는 동안, 대니와 나, 그리고 위탁 아이들은 스테이션 왜건 뒷좌석에서 더위를 먹은 채로 앉아 있어야 했다.

우리는 트레일러가 허락하는 모든 공간을 빼곡히 채웠다. 우리에게는 침실 여섯 개, 거실 두 개, 냉장고가 있는 방 하나, 세탁실, 서재, 손님용 식당, 발코니 세 곳, 그리고 아이들과 나무 거미가 몸을 숨기곤 하는 뒤쪽 창고방 하나가 있다.

통나무집 한쪽에는 건초를 쌓아두는 헛간과 차고, 그리고 아빠의 낡은 자동차부품을 들여놓은 창고, 또 신문 광고를 보고 구입해서 아직 한번도 쓴 적이 없는 보트를 쌓아두는 방까지 만들었다. 느리게 자라는 버드나무와 과실수도 심었다. 그리고 매년 덤프트럭 한 대 분량의 자갈을 사다가 한 삽씩 떠서 차가 들어오는 길에 까느라, 내 손에 박힌 못은 지워질 날이 없었다.

수영장이 완성되었다. 울타리의 철사 줄도 팽팽하다. 말도 열 마리나 생겼다. 마구간에는 번쩍거리는 장식이 박힌 안장과 굴레와 깔개, 고삐들이 가득 쌓여 있다. 대니와 나는 헛간 선반을 줄지어 장식할 만큼 많은 노란색, 분홍색, 보라색의 폴리에스테르 리본을 상으로 받았고, 나는 피커웨이 카운티 축제에서 말의 여왕 2위에 뽑히기도 했다.

엄마가 팔짱을 끼고 한쪽 다리에 무게를 실은 채, 나무를 때는 난로 옆에 뻣뻣하게 서 있다. 엄마가 말한다.

"그래서 뭘 어떻게 할 건데, 응? 이 빌어먹을 인간아, 이 바보 멍청이 자식아."

엄마가 한마디 한마디 내뱉을 때마다, 치밀어 오르는 분노로 아빠의 얼굴색은 점점 시뻘겋게 변해간다. 아빠의 화를 돋우는 것은 엄마이지만, 아빠의 비겁함은 파이프라인처럼 용

238

암을 내게로 흘려보낸다.

"내가 어떻게 할 건지 보여주지. 어떤 버릇없는 계집애도 더러운 크리넥스 따위로 나를 병들게 만들지는 못해."

아빠와 나 사이에는 커피 테이블만이 놓여 있을 뿐이다. 그는 아드레날린으로 흠뻑 젖은 손바닥으로 세균이 우글거리는 크리넥스 휴지를 움켜쥐고 광분하고 있다.

엄마는 내가 일부러 휴지를 떨어뜨려서 아빠가 줍게 만들었다고 말했다. 교묘한 수법으로 아빠를 병에 걸리게 하려는 계획범죄라고 했다.

어쨌든 아빠는 크리넥스를 집었고, 흥분한 목소리에 점점 가속이 붙자, 엄마는 슬그머니 뒤로 빠진다. 마치 릴레이 경주처럼, 엄마가 바통을 넘겼으니, 이제 아빠가 달리고 엄마는 물러나도 된다는 듯이 말이다. 도저히 상황을 이해할 수 없는 내 눈은 커다랗게 얼어붙어 있다. 나는 아빠에게 그 휴지는 베크 씨의 것이라고 말한다. 그가 화장실에서 급하게 옷을 입다가 흘린 것이라고, 그리고 그는 약 때문에 워낙 행동이 어눌하고 굼떠서 어쩔 수 없었을 것이라고 말한다.

엄마는 눈을 굴린다. 내 입에서 나온 말 중 가장 말도 안 되는 변명이라고 몰아붙인다. 아빠는 내 말이 거짓이라는 엄마의 암시에 즉각 반응하고, 엄마의 의도대로 움직인다. 제발 엄마가 아빠를 내버려두었으면, 제발 그대로 내버려두었으면, 그냥 원래 모습대로, 자기만의 세계로 돌아가도록 내버려두었으면!

아, 이제 나는 아빠를 거짓말쟁이라고 부르고 있다. 내가 아빠의 권위에 도전을 하고 있다. 감히 아빠를 거짓말쟁이라고 부르다니.

아빠는 내 머리를 움켜쥐고, 커피 테이블의 뾰족한 모서리에 내 두개골을 마구 내리친다. 고통이 얼굴을 타고 새로 만들어진 코를 쪼개듯 스며들더니 머리털 하나하나로 번져나간다. 마치 온 하늘을 쪼개어놓는 번개처럼, 이 미친 악마 놀음으로 내 얼굴은 온통 깨어져 금이 간다.

울음이 나지 않는다. 난 죽을 것이다. 살 희망이 없는데, 울 이유가 있겠는가. 나는 화석화된 나무다, 엄마와 내가 차 안에서 함께 불렀던 노래에 나오는 카우리가처럼, 한쪽 구석에서 팔짱을 끼고 서 있는 내 엄마처럼. 그 순간 아빠가 내 머리를 들어올린다. 사과를 건지려다 차가운 철제 통 속에 빠진 사람처럼 온통 머리카락이 엉겨붙은 나의 얼굴을 들어올린다. 마치 나를 구해내기라도 할듯, 엄청난 완력으로 내 머리를 끌어당긴다.

이제 아빠는 크리넥스를 들고 있고, 나는 울고 있다. 안 돼,

안 돼, 안 돼. 아빠는 내게 무덤까지 가져갈 교훈을 가르쳐주기라도 할 태세다. 이 근처에 다시는 휴지를 떨어뜨리지 마라, 그리고 아빠는 내 손에 휴지를 우겨넣는다. 그리고 내가 입 속에 휴지를 집어넣고 삼키는 것을 보겠다고 한다. 아주 짧은 순간, 내가 그렇게 하지 않을 거라는 생각, 그리고 내가 그렇게 하게끔 만드는 아빠의 능력이 시험당하고 있다는 생각, 딸한테 바보취급을 당하는 아빠가 되느냐 마느냐가 여기에 달려 있다는 생각이 아빠를 스쳐갔을 것이다. 아빠의 눈에 그런 생각들이 보인다. 아빠를 움직이는 것, 아빠에게 모욕감을 주는 것, 그리고 구석으로 몰아서 깨뜨리는 것, 그리고 다시 먼 길을 돌아 원래의 자리로 데려오는 것이 엄마의 목소리임을 나는 안다. 내 키는 이미 170센티미터가 넘는다. 나는 엄마에게 도움을 간청하는 눈길을 보낸다.

"아, 제발!" 비명을 지른다. "도와주세요, 엄마. 아빠가 나를 죽일 거예요!"

엄마는 3분 전 서 있던 곳에 그대로 서 있다. 3분 전에 내 인생은 달랐다. 3분 전이라면 여기에서 무사히 빠져나갈 수 있었을 테지만, 그러나 지금은…….

이제 나의 엄마는 온몸의 긴장을 풀고 편안하게 서서 팔짱을 낀 채 고양이처럼 히죽히죽 웃으며 나를 똑바로 쳐다본다.

그리고 내가 이리저리 처박히는 와중에도 여전히 내 눈길을 놓치지 않는다.

나는, 아빠의 맨손에 목 졸려 죽을지도 모르고, 어쩌면 주먹에 맞아 죽을지도 모르며, 아니면 110킬로그램이 넘는 이 성난 황소에게 깔려 죽을지도 모른다는 생각에, 몸을 일으킨다. 그리고 스위스 콜로니 카탈로그에 나오는 길쭉한 과자 조각을 먹듯 크리넥스를 아주 느리고 우아하게 입 속으로 넣는다. 그리고 이 종이 섬유가 스르르 침 속에 녹아서 몸 안으로 스며들어 주기를 기도한다. 제발, 매지 할머니의 가방 밑에서 나오던 꼬깃꼬깃 뭉쳐진 솜사탕처럼, 내 혀에 닿자마자 부드럽게 녹아서 사라져주렴.

두 눈을 이글거리며, 이마 가득 깊은 주름을 잡으며, 낚아챈 내 머리카락을 놓지 않으며, 아빠가 고함을 지른다. 이번에는 옴짝달싹 못하도록 내 뒷목까지 움켜잡는다. 나는 휴지의 바짝 마른 섬유가 입 속을 채우고, 어금니로 내려앉고, 침에 젖어가고, 잇몸과 뺨 아래에서 녹아 작고 하얀 조각으로 흩어지는 것을 느끼며, 부드럽게 휴지를 씹는다. 아빠는 빨리 씹어서 삼키라고, 2초 안에 다 못 삼키면 죽여버리겠다고 위협한다, 그리고…….

"세상에, 댄, 정말 걔한테 휴지를 삼키게 할 거야? 대체 어떤 정신 나간 작자가 자기 딸한테 그런 짓을 한단 말이야?"

아빠는 멈춘다. 드디어 엄마의 허락을 받았으니까. '빌어먹을 인간'의 갈고리에서 풀려나 위엄 있는 가장이 되는 법을 아는 남자로 인정받은 이상, '정신 나간 작자' 쯤은 그냥 참고 넘길 수 있다. 이제 자식들은 아버지의 말에 복종할 것이다. 젠장, 안 그러면 죽여버릴 테니까.

내 나이 열여섯이던 고등학교 2학년 여름에 나를 구해준 사람, 아니 우리를 구해준 사람은 예전의 그 할리 하비 인형 같던 사회복지사였다. 모든 것은 아주 사소한 일에서 시작되었다.

내가 구조요원으로 일하는 것을 포기하자, 엄마는 랭카스터 페어필드 카운티 병원에 간호사 보조원 자리를 구해주었다. 환자로서 대기실에 앉아 몇 시간이고 기다려야 했던 그 병원으로, 나는 돈을 벌러 들어갔다.

내가 일하는 프로그램은 지방 정부가 고등학교 학생들을 위해 운영하는 것이었다. 그 때문에, 아직 보살핌의 손길을 필요로 하는 학생들이 환자들과 접촉하며 스트레스를 받는 일을 예방하기 위해, 참가자는 반드시 일주일에 한 번씩 상담사와 만나도록 정해져 있었다.

엄마는 여전히 위탁 아이들을 태우고 시내로 나와서, 시에서 보조해주는 이런저런 치료를 받으러 다녔다. 엄마는 될 수 있는 한 많은 상담사를 만나기 위해, 아이들을 각기 다른 곳으로 보냈다. 그리고 차를 타고 돌아오는 길에 어떤 상담사는 엉터리 지식만 늘어놓는다느니 어떤 이는 너무 무례하다느니 평을 늘어놓으며, 우리 집에서 나가려고 무슨 짓을 해도 아무도 믿어주지 않을 거라는 사실을 아이들에게 주입시켰다.

상담사를 만나고 돌아오는 길, 뒷좌석에서 마리아가 쪽지 하나를 펼치더니 노래를 흥얼거리기 시작한다. 그것은 자기가 엄마를 너무나 사랑하지만 늘 엄마를 화나게 하기 때문에 떠나야 할 것 같다는, 그래도 자기는 엄마를 영원히 사랑할 것이고, 엄마는 평생 자신의 엄마일 거라는 내용이다. 엄마는 갑자기 차를 세운다. 그리고 뒷좌석으로 몸을 돌리더니 웅크리고 피하려는 마리아를 향해 주먹질을 해댄다.

"너, 똑똑히 들어, 이 못된 년아, 넌 아무 데도 못 가. 정 나가고 싶으면, 내가 널 휠체어에 앉아 있는 네 알코올 중독자 아버지한테 다시 데려다주지. 그럼 넌 또 그 놈팽이 앞에서 바지를 벗어야 할걸. 그렇게 만들어줄까? 그걸 원해?"

나는 일이 어떠냐고 묻는 병원 상담사 앞에 무너졌다. "일은 좋아요, 하지만 집은 지옥이에요." 나는 아무한테도 말하지 말아달라고 애걸했다. 하지만 알고도 가만히 있으면 자기가 감옥으로 가게 법으로 정해져 있단다. 그녀는 할리 하비에게 전화를 했고, 모든 것이 드러났다.

진짜 이름이 멜리사인 그 할리 하비 복지사가 우리 집으로 왔다. 세상으로부터 우리를 은폐시켜온 검은 터널을 지나, 황량한 집 앞 길에 차를 세웠다. 엄마는 주머니에 총을 꽂고 뒷유리창으로 밖을 내다봤다. 지금껏 전화도 없이 사회복지사가 찾아온 일은 한번도 없었다.

멜리사는 위탁 아이들과 입양 문제에 대해 상의해보려고 예고 없이 들렀다고 설명했다. 그리고 아이들하고만 조용히 이야기를 나누고 싶다고 했다. 우리들 중 누군가와 조용히 이야기를 나누겠다고 한 사람은 처음이었다. 이건 심상치 않은 일이었다. 두려운 일이었다. 분명 뭔가 문제가 생겼다. 그리고 그것이 어떤 문제든, 아주 큰일임에 틀림이 없었다.

멜리사는 아이들을 길 저 아래쪽으로 데려가서, 지금 줄리가 시내에 있으며 모든 것을 다 털어놓았다고 말했다. 이 말에 어느 정도 확신을 얻은 마리아와 로이드와 리키가 입을 열었다. 멜리사는 아이들을 집 앞으로 데려와서 곧장 자신의 스테이션 왜건 뒷자리에 태우고, 그들의 옷가지를 챙기러 집으로 들어갔다. 그날로 엄마와 아빠는 위탁 아동을 받을 자격을 잃었다. 멜리사는 우리 집 한쪽 복도에서 베크 씨와도 마주쳤다. 그리고 우리는 그도 잃었다.

랭카스터로 돌아온 멜리사는 병원으로 찾아와서 내가 입을 열었다는 사실을 엄마 아빠에게 절대로 말하지 말라고 했다. 아무리 그들이 현장을 본 것처럼 의심을 하고, 다 이해한다고 설득해도 말이다. 그리고 내게 비상 연락처를 주며, 만약 엄마 아빠가 눈치를 챈 것 같으면 즉시 전화를 하라고 했다. 멜리사는 내가 무사할 수 있을지 두려워했다.

나는 아무 일도 없었던 것처럼, 병원에서 맡은 일을 하며 그날 하루를 보냈다. 그러나 내 몸속은 환하게 달아올라 있었다. 나에게는 비밀이 있다. 나는 가장 하고 싶었던 일, 마리아를 구해내는 일을 간단하게 성공시켰다. 그리고 나머지 아이들도 구해냈다. 그들이 어디로 갈 것인지는 알 수 없지만, 다시 사회복지사가 관리하는 아이들의 바다 속으로 흘러들어가 괜찮은 위탁 가정을 찾는 힘겨운 과정을 겪어야 할 테지만, 그래도 그들은 우리 집을 벗어났다. 그게 정말 중요한 일 아니겠는가.

나는 집 앞에 차를 세운 후, 몇 번이고 되뇌었다. '침착해야 해, 얼굴에 드러내면 안 돼, 그냥 평상시처럼 행동하는 거야, 깜짝 놀라며 화를 내는 거야.' 엄마는 집 앞에서 나를 기다리고 있었다. "네가 그랬니? 화내지 않을 테니, 그냥 말해보렴. 네가 그런 거 맞지?" 엄마의 목소리는 축 늘어져 있었다. "너 같이 빌어먹을 어미 아비도 모르는……."

내 연기는 완벽하다. 나는 당황하고 충격을 받은 듯 행동한다. 그리고 식탁에 앉아서 엄마와 함께 운다. 엄마는 큰 소리로 중얼거린다. "내가 페니의 코피를 터뜨리는 걸 애나벨이 본 걸까? 아니면 4-H 클럽 행사에서 로이드의 배를 걷어찰 때 짐이 옆에 있었나?" 구역질이 난다. 그러나 어떤 감정도 드러내지 않는다.

그로부터 나흘 후, 집으로 돌아온 나를 향해 엄마가 미소를 지었다. 엄마는 소파 한 구석에 앉아서 나를 향해 작은 쪽지를 흔들었다.

"드디어 누가 그랬는지 알아냈단다. 이걸 좀 보렴."

그건 내가 비상 연락처를 깨알만한 글씨로 적어서 속옷 서랍장의 양말 속에 숨겨놓은 쪽지였다. 엄마는 그 번호로 전화를 했고, 아동 보호 센터라는 응답을 듣고는 조용히 수화기를 내려놓았다.

"아빠가 곧 도착하실 거야. 넌 이제 죽었어. 아빠가 널 죽여 버릴 거야. 내 말 들리니? 넌 죽었어. 이런 짓을 하고도 살아남을 줄 알았니? 내가 감옥에서 평생 썩게 되는 한이 있어도 너 같은 건 살려둘 수 없지. 조금만 기다리렴." 엄마는 기대감으로 전율했다. "자, 이제 그 엉덩이 치우고 아빠가 오실 때까지 집안일을 하거라."

나는 쓰레기가 가득 담긴 종이봉투 몇 개를 들고 집 앞 자갈길에 세워둔 차를 지나 길 옆 쓰레기 소각장으로 갔다. 그리고 다시 나머지 봉투를 가지러 집 안으로 들어와서는, 내 서랍장에 쓰레기를 쏟아 붓고 옷가지들을 채운 후 종이 몇 장을 그 위에 덮었다. 그리고 자갈길을 걸어가면서 종이봉투를 스테이션 왜건 뒷좌석에 던져넣었다. 이렇게 해서 옷가지를 웬만큼 챙긴 후, 내 작은 강아지 P. J.를 안아서 앞자리에 태우고, 제발 아빠와 마주치지 않기를 빌며 차를 몰았다. 나에게는 이제 비상 연락처도 없다. 데비 밀러의 아들 집밖에는 아무 데도 갈 곳이 없다. 엄마의 성화에 나는 그의 전화번호를 달달 외우고 있었다. 던은 폴로 향수 냄새가 진동하는 그 아파트에서 나를 기다리고 있을 것이다. 내가 홀로 찾아가자, 그는 좋아서 어쩔 줄을 몰랐다. 그는 내게 보여줄 것이 있다고 했다. 그리고 나는 그가 하는 대로 내버려둬야 한다는 것을 알고 있었다. 엄마는 나를 잘 훈련시켜놓았다.

다음 날, 내가 병원에서 일을 하는 동안 아빠가 주차장에 세워둔 차를 가져갔다. 내 옷도, 내 작은 강아지도 모두 그 안에 있다. 내게는 병원 유니폼 말고는 걸칠 것이 아무것도 없다. 멜리사에게 전화를 하는 것 말고는 다른 방법이 없다.

멜리사는 나를 가출하거나 비행을 저지른 십대들이 모여 있는 임시 보호소로 데려간다. 이제 나는 위탁 아동이 되어버렸다. 멜리사는 내가 머무를 좋은 집과 가족을 약속했지만, 당장은 찾을 수가 없었다.

위탁 아동들이 내 나이쯤 되면, 대부분 거칠고 비열해진다. 임신도 하고, 절도도 한다. 엄마와 아빠라는 개념은 이빨 요정이나 산타 할아버지 같은 것이 되고 만다. 사회복지사가 십대를 위탁 가정으로 데려가기 위해 청소년 보

250

호소를 찾아오는 일은 거의 없다. 그들은 버려진다. 한번 위탁 가정을 떠나 보호기관의 손으로 들어온 십대를 거들떠보는 사람은 없다. 온 세상이 지켜보는 가운데, 그들은 따돌림을 당한다. 아무리 자기는 착한 아이라고 항변해도, 그리고 실제로 정말 그렇다 하더라도, 결과는 마찬가지다. 가정을 찾을 수 있는 아이라면, 벌써 찾았을 터였다. 간단한 이치였다.

설사 새로운 가정을 찾더라도, 이 나이쯤이면 위탁 가정에서는 그들에게 온갖 규칙과 벌칙을 정해놓고 강요하게 마련이다. 그리고 그 법칙은 두 종류로 나뉜다. 자기 진짜 자식들을 위한 것과 그들을 위한 것. 환경이 어떠하건, 대부분의 수양부모들은 십대 위탁 아동을 돌보기에는 너무 지쳐 있다. 과중한 업무와 쥐꼬리만한 봉급에 시달리는 사회복지사들이 틈만 나면 자기 업무를 수양부모에게 전가시켜보려고 벼르고 있기 때문이다. 낡히고 손상된 중고품처럼, 위탁 아동들에게도 품질 보증기간이라는 게 있다. 그리고 아동 보호 센터의 복지사들은 차츰 무너져 내리는 집을 감언이설로 팔아치우고 미국의 치부에 신선한 레몬향을 뿌리는 양심 없는 장사꾼 같은 일을 해야만 한다.

그러나 나는 닳고 닳은 문제아가 아닌, 그저 생명의 위협을 피해 이곳으로 온 아이일 뿐이다. 멜리사는 내 경우는 다르며

나는 문제아가 아니라는 점을 이해시키려 노력했으나, 임시
보호소를 운영하는 여자에게 그런 말은 수십 번 듣는 지겨운
이야기일 뿐이었다. 나는 다른 비행 청소년들과 똑같이 귀가
시간을 지키고 수시로 수색을 당해야 했다. 문제아들은 나를
우리라고 부른다. 나는 문제아들과 함께 살고 있다. 자기 부
모를 아동 학대자로 고발하고, 여기 이렇게 비행 청소년들 틈
에 들어와 있다.

　여름 내내, 나는 계속 병원에서 일했다. 멜리사는 아침에
랭카스터에서 차를 몰고 로건에 있는 임시 보호소까지 나를
데리러 왔고, 일이 끝난 다음에는 다시 데려다주었다. 그녀는
나를 위해 해줄 수 있는 일이 이것밖에 없다며, 그렇게 하겠
다고 끝까지 우겼다. 가끔 나는 그녀가 운전을 하며 흘리는
조용한 눈물, 태양 빛에 반사되는 그녀의 젖은 얼굴을 보았
다. 나는 그것이 페니의 믿지 못할 행동과 무슨 상관이 있을
거라고 생각했다.

　"제발, 누나, 제발 집으로 돌아와. 제발 그 사람들
한테 지어낸 이야기라고 하고, 엄마 아빠의 혐의를 벗겨줘.
제발, 난 누나가 그리워, 누나아아!!!!"

엄마 아빠는 시동을 걸어놓은 채 주차장에서 기다리고 있다. 그들은 매주 한 번씩 대니를 병원으로 들여보낸다. 그리고 온 복도를 돌아다니며 나를 찾아내서 집으로 돌아오도록 애걸하게 만들고 있다. 대니는 이제 겨우 열 살이다.

　"나도 네가 그리워, 대니. 하지만 그렇게 할 순 없어. 멜리사는 내가 엄마 아빠의 혐의를 입증해줄 거라고 믿고 있어. 멜리사는 나만 믿고 있다구. 그리고 내가 집으로 돌아가면, 엄마 아빠가 나를 죽이려들 거야."

　"엄마가 모든 걸 다 용서한댔어. 더 이상 아무 문제도 없을 거야. 누나, 엄마는 이제 누나를 미워하지 않아. 그냥 지금 집으로 가서, 다 잊고 살자. 엄마가 용서해줄 거야."

　"대니, 나도 너랑 함께 있고 싶지만, 도저히 그럴 수가 없어. 난 여기서 일하고 로건에서 살아야만 해. 안 그러면 멜리사가 아주 화를 낼 거야. 우리 또 금방 보자. 약속할게."

　대니는 병원 매점을 터덜터덜 걸어나와, 양손을 꼭 모아쥐고 제발 마음을 바꾸어달라고 간청하며 문을 나선다. 나는 눈물을 닦으며, 탁자 위에 엎드린다. 대니가 애원하는 모습을 보기가 괴롭다.

　매주, 대니는 병원 구석구석을 헤매며 나를 찾아다니지만, 난 아무에게도 말할 수가 없었다. 무슨 일이 있어도 대니를 임시 보호소로 보내는 일은 없어야 하니까.

　내 사건이 법정으로까지 진행될 무렵, 모든 것이 점점 더 혼
란스러워졌다. 멜리사가 나에게 시간을 쓰는 일에 점점 지쳐
가고 있음을 느낄 수 있었다. 랭카스터에서 로건까지는 편도
로만 40분 거리였으며, 멜리사는 출근 전과 퇴근 후 시간을
겨우 짜내야 했다. 엄마는 멜리사에게 전화를 걸어, 나와 함
께 상담을 받으며 문제를 풀어보고 싶다고 이야기했다. 멜리
사는 상담 요청을 수락했다. 나는 엄마와 아빠가 상담사 앞에
앉아서 내게 집으로 돌아와달라고 애원하는 장면을 상상했
다. 그들이 용서를 구하며 고개를 숙인다면, 나도 겸허하고
진지하게 받아들일 준비가 되어 있었다.
　그러나 엄마와 아빠는 아동 보호 센터와는 전혀 상관이 없고
내가 왜 임시 보호소에 있는지도 모르는 상담사를 찾아냈다.
　엄마와 아빠가 상담실에 앉아서, 내가 어떻게 차를 훔쳐서
달아났으며 자신들이 얼마나 놀랐는지, 또 창문으로 몰래 빠
져나가 길거리에서 남자아이들을 만나고 다니던 걸 붙잡아
오느라 그간 얼마나 힘들었는지를 떠벌리는 동안, 나는 그들
틈에 끼어서 잠자코 듣고 있어야 했다.
　상담사는 덩치가 크고 행동이 굼뜬, 불과 1년 전에 맥도널

드 자동차 주문 도로에서 우리 차를 향해 다가오며 총을 뽑아들었던, 그런 흑인의 모습을 하고 있었다. 그러나 지금 아빠는 그에게 "예, 선생님.", "아니오, 선생님." 하고 굽실거리며, 내가 지금 비행 청소년 수용소에 있으며 나를 상대로 고소를 해놓고 재판 날짜를 기다리고 있는 상태라고 말한다. 그리고 내가 말할 차례가 돌아오기가 무섭게, '하지만'이나 '잠깐' 같은 말로 수십 번도 더 나를 막아선다.

상담사가 내 쪽으로 몸을 돌렸다.

"줄리, 네가 차를 가지고 달아났니? 그냥 '예', '아니오'로만 대답해."

"예, 하지만 저는……."

"그럼, 엄마 아빠가 얼마나 걱정하실지 생각 못 해봤니? 차를 훔치기 전에 다른 가족의 감정은 한번도 고려해보지 않았어? 그리고 그날 밤 어디로 갔었지? 너보다 나이가 한참 많은 남자한테? 함께 밤을 보내려고? 그렇지, 줄리?"

그리고 거기서 모든 것은 거꾸로 곤두박질쳤다.

상담이 끝난 후, 거기서 나온 기록들은 마치 카드의 으뜸 패처럼 아빠의 겨드랑이 밑에 끼워져서 법정으로 갔다. 엄마는 모두가 볼 수 있도록 큰 글씨가 쓰인 옅은 황갈색 봉투를 가슴 앞에 끌어안고 있었다.

'줄리 그레고리 고소 건에 대한 증거.'

그것은 나를 무기력하게 만들기에 충분한 공식적인 자료였다.

오전 8시, 로건의 작은 중심가에서 나에 관한 청문회가 열렸다. 멜리사는 아직 도착하지 않았다. 나는 임시 보호소에서 시골 법정까지 몇 블록을 걸어갔다. 아빠가 법정이 있는 2층으로 통하는 널찍한 나선형 계단에 앉아서, 나를 바라보고 있었다.

"씨씨, 잠깐 밖에서 나 좀 볼래? 꼭 할 말이 있어."

우리는 여름의 따가운 아침 햇살을 받으며 법정 앞 계단에 앉았다. 아빠가 내 손을 가져가서 자신의 무릎 위에 얹었다. 아빠의 눈에 물기가 어리는가 싶더니, 울기 시작했다. 아빠는 나 때문에, 임시 보호소까지 가도록 나를 내몬 일 때문에, 상처자국을 안 남기려고 나를 교묘하게 고무호스로 때린 일 때문에, 눈물을 흘렸다.

왜 내가 이 이른 시간에 법정에 있는 거지? 내가 바보인가? 오늘 사건은 내가 그들을 고소한 것이 아니라, 그들이 내가 말을 듣지 않는다고 고소한 것 아닌가?

"얘야, 그 사람들이 너를 속여서 여기로 데려온 거야. 우리가 너를 통제 불능이라고 고소하도록 만들기 위해서 말이야. 너의 엄마와 나는 그 모든 증거를 갖고 있단다. 생각해보렴. 씨씨, 왜 그 여자가 너를 비행 청소년 보호소에 넣었겠니? 만약 네가 착한 아이라고 생각했다면, 다른 가정으로 보내야 하지 않았을까? 그리고 만약 그 여자가 정말 네 편이라면, 왜 아직 코빼기도 안 보이겠니?"

나는 주위를 둘러보았다. 어디에도 멜리사는 보이지 않는다. 이제 곧 청문회가 시작될 텐데. 하지만 나는 벌써 위탁 아이를 받을 의향이 있는 어떤 가족이랑 면담도 해봤다. 멜리사는 시간이 좀 걸릴 거라고 했다. 난 한번도 문제를 일으킨 적이 없지 않은가? 나는 이 법정이 아동 보호 센터에서 엄마와 아빠를 아동 학대 혐의로 고소한 것으로 알았지, 엄마와 아빠가 나를 고소한 것인지는 몰랐다. 왜 멜리사는 아직 안 오는 걸까? 그들이 정말 날 속인 것일까?

"내가 장담하건대, 줄리, 우리한테 씌워진 혐의는 벌써 기각됐어. 만약 우리가 아직 아동 학대 혐의를 받고 있는 거라면, 왜 다른 애들이 증언하러 오지 않겠니? 애야, 정말 네가 걱정스러워서 하는 말인데, 만약 네가 여기서 아동 학대니 하는 터무니없는 말을 떠벌린다면, 저 사람들은 단박에 네 마음을 읽어버릴 거야. 그래서 너를 데려가려면, 씨씨, 난 널 꺼내

줄 능력이 없단다. 그냥 너는 스물한 살이 될 때까지 거기서 썩어야 해. 줄리, 그런 일이 일어나는 걸 난 정말이지 보고 싶지 않구나."

아빠는 나를 징이 박힌 가죽띠나 주먹으로 때릴 수 있다. 아빠는 금속 장식이 붙은 부츠로 내 배를 차서 죽고 싶은 생각이 들게 만들 수도 있다. 아빠는 내 얼굴에 매 자국을 남길 수도 있고, 내 머리를 커피 테이블 모서리에 찍을 수도 있고, 내 머리채를 휘어잡고 얼굴을 자동차 계기판에 문지를 수도 있다. 그러나 낯선 누군가가 나를 때리도록 내버려둘 수는 없는 일이다. 굳이 고무호스가 아니라 하더라도 말이다.

멜리사가 숨을 헐떡이며 복도로 뛰어 들어오자, 아빠는 아무렇지도 않은 듯 일어나서 법정으로 들어오는 그녀를 막아섰다. 그리고 귀에 대고 몇 마디를 속삭이자, 멜리사의 얼굴색이 벌겋게 변해갔다. 나는 법정 안에 앉아 있다가 그녀의 모습을 보았고, 심장이 요동치기 시작하는 걸 느꼈다. 그녀는 나를 발견하고는 서둘러 아빠의 곁을 떠났다.

"줄리, 댄이 네가 증언을 하지 않을 거라고, 법정에서 아무 말도 하지 않을 거라고 하더구나. 얘야, 우리는 네가 필요해. 난 네가 필요해. 여기서 학대에 대해 말을 해줘야 해. 난 네가 옳은 일을 해주기를 바란다!"

나는 딱딱한 나무 의자에 힘없이 앉아 있다. 난 이미 옳은 일을 하지 않았던가? 난 아이들을 구했다. 나더러 또 어떻게 낯선 사람들 앞에 서서 내 엄마와 아빠가 한 일을 말하란 말인가? 엄마와 아빠와 대니가 바로 앞에 앉아 보고 있는 상황에서? 판사가, 또 그 흑인 상담사가 나를 믿어줄지 어떻게 알고? 게다가 멜리사는 내가 어디 딴 곳으로 갈 수 있는지조차 제대로 대답을 못해주고 있지 않는가? 옳은 일을 하고 난 후에, 나를 기다리는 어떤 보상도 없고, 어떤 가족도 없는데. 오직 나 혼자뿐인데.

멜리사는 대답을 기다리며, 나를 바라본다. 나는 울고 싶었다. 나는 그녀가 팔을 뻗어, 그 길고 안전한 팔로 나를 안고 마냥 울 수 있게 해주기를 바랐다.

'만약 저를 안아주신다면요, 멜리사, 그 팔로 나를 꼭 안아주신다면요, 당신을 위해 옳은 일을 할게요.'

그러나 그녀는 그렇게 하지 않았다. 그리고 나는 오로지 돈 때문에 그 일을 하는 멍청한 관리인이 있는 쓸쓸한 보호소의 이층 침대로 돌아가고 싶지 않았다.

'이렇게 하면, 적어도 대니랑 함께 있을 수는 있겠지.'

법원의 허가 없이 멜리사가 나를 임시 보호소에 둘 수 없고,

법원은 내 학대 사실을 뒷받침하는 아무런 증거나 증언을 멜리사에게 얻지 못했기 때문에, 그들은 나를 집으로 돌려보냈다.

나는 안도했다. 그리고 스스로에게 속삭였다.

'이건 다 내가 청소년기의 힘든 시간을 적응해나가느라 벌어진 일일 거야. 아니면 1학년 때 엄마와 상담 선생님이 말씀하셨듯이, 나한테 과대 망상증세가 있는 것일지도 모르지.'

그리고 내가 집으로 돌아왔을 때, 우리 가족의 모습은 완전히 달라져 있었다. 엄마와 아빠는 싸우지 않았다. 총도 멀리 치워져 있었다. 밤에 침실 방문이 삐걱거리는 일도 없었다. 아빠가 폭발하기 일보 직전에 내곤 하는 깊은 한숨소리가 들리면, 엄마는 손을 뻗어서 아빠의 손을 잡았다.

우리는 쇠고기 찜을 저녁으로 먹고, 잠자리에 들기 전에는 서로 끌어안고 인사를 했다. TV도 함께 봤다. 대니는 집안일을 도왔고, 아빠는 무거운 물건들을 날라주었다. 내가 지금껏 경험하지 못한 축복받은 시간들이었다. 아무도 결코 내가 엄마 아빠를 배신한 일이나 유일한 수입원을 앗아가서 가족을 파산 지경에 몰아넣은 일에 대해 말을 꺼내지 않았다.

우리는 그저 보통 가족처럼 행동했다. 그리고 나는 더 이상 아프지 않았다. 집을 나오면서 약을 가져오지 않는 바람에, 임시 보호소에 있는 내내 나는 심장약을 한 알도 먹지 않았다. 병원에 왔다 갔다 하는 대신, 나는 수영장의 다이빙대에서 뛰어내리거나 병원 아르바이트로 받은 돈으로 옷을 사러 다니며 여가시간을 보냈다. 심장 전문의를 본 지도 여섯 달이 넘었으며, 심지어 엄마는 더 이상 엔슈어 플러스도 사주지 않았다.

집으로 돌아오고 몇 주 후, 2학년 가을 학기가 시작되었고, 나는 새롭게 시작될 삶에 몹시 들떠 있었다.

'렉스 로스트 비프 레스토랑에서 방과 후에 아르바이트를 하기로 했으니까, 이제 내가 벌어서 급식비도 내고 렉스에서 직원 할인 가격으로 저녁도 해결할 수 있겠지. 더구나 일을 하러 가려면 차를 가지고 다녀야 하니까, 학교 가는 길에 잠깐 어디 들러서 아침도 사먹을 수 있을 거야. 이제부터는 공부도 열심히 하고, 친구도 사귀고, 애들한테 인기도 얻고, 테니스나 트레킹도 해봐야지.'

내가 새 옷을 입고 새로 산 노트를 가슴에 끌어안은 채 고개를 치켜들고 복도를 걸어 들어가자, 등 뒤로 수군거리는 소리가 점점 높아져갔다. 나는 그것이 감탄의 소리라고 생각했다.

그러나 그날 하루가 다 가도록 아무도 내게 말을 걸어오지 않았다. 내 유일한 친구, 내가 모두에게서 따돌림을 당한 후에도 여전히 나를 받아준 카르멘을 제외하고는. 인사를 건네보아도, 다들 야릇한 웃음을 지으며 내 곁을 서둘러 지나가버렸다.

학교가 거의 끝날 무렵, 내 사물함 앞으로 미시 모리슨이 어슬렁거리며 다가와서 퉁명스럽게 물었다.

"너 정말 이번 여름에 임시 보호소에 있었니?"

얼굴이 붉게 달아올랐다. 솟아오르는 눈물을 감추기 위해 라커 안으로 고개를 밀어넣었다.

"아니." 나는 아무렇지도 않은 듯 침착하게 말했다.

"세상에! 어디서 그런 말을 들었니?"

"글쎄, 모두들 그렇게 알고 있던데."

모두들 알고 있단다. 모두들 내가 불량 청소년들이나 드나드는 임시 보호소에 있었다는 걸 알고 있다. 모두들 내가 중학교 1학년 때 초록색 머리를 하고 다닌 괴짜라는 걸 알고 있다. 모두들 내가 중학교 2학년 때 엄마 아빠에 대해 이상한 말을 해서 친구를 잃었다는 걸 알고 있다. 그리고 모두들 내가 수학이며 불어며 심지어 지난 학기에 가장 쉬운 과목이었던 체육에서조차 낙제를 했다는 걸 알고 있다.

9월 하순의 어느 날, 엄마는 내게 친구네 집에서 하룻밤 자고 올 수 있는지 물었다. 엄마는 대니와 캠프에 가서 하룻밤을 자고 올 생각이었고, 같은 날 아빠는 물물 교환 시장에 볼일이 있어서 시내로 가야 한다는 것이었다. 그래서 나 혼자 집에 남는 것보다는 카르멘의 집에서 자고 오면 어떨까 생각을 했단다.

"씨씨, 너도 이제 많이 컸으니까, 이제는 너를 믿어도 될 것 같구나."

그 달콤한 자유의 밤, 카르멘과 나는 자정이 지나도록 잠들지 못했다. 우리는 카르멘의 침대로 뛰어 올라가, 몇 시간이나 이리저리 걸쳐보고 쌓아두었던 옷더미 위로 벌러덩 몸을 뉘였다. 그리고 소낙비 속을 뚫고 더운 숨처럼 습기 찬 공기를 가르며, 따뜻한 자갈길을 맨발로 달렸다. 우리는 냉동 피자 빵을 사들고 와서, 카르멘의 침대에서 이불을 덮고 낄낄거리며 먹었다. "공예 수업 같이 듣는 마틴 로버츠 말이야, 귀엽지 않니? 네 생각에 브루스 델론이 날 좋아하는 것 같니? 서머스 선생님, 게이 같지 않니?" 하고 조잘거렸다. 그리고 서로의 입에 빵 조각을 밀어 넣어주다 잠이 들었다.

17년 동안, 엄마는 나와 연결되어 있었다. 우리는 하나의 긴 숨을 나누어 쉬어왔다. 그리고 내가 빠져나가면 아빠는 나를 광견병에 걸린 들개처럼 끌고 왔고, 같은 학교에 다니는 어떤 남자아이가 우리 집 앞에 차를 세우고 내게 인사를 하고 갈라치면, 차고를 마구 두들겨 부쉈다. 마상쇼와 캠핑과 수영장에서 보낸 시간, 그리고 베란다에서 고양 놈과 검둥이의 진드기를 잡던 시간, 거기다 내 강아지 P.J.와 뒹굴며 보낸 시간을 모두 합쳐도, 카르멘과 보낸 하룻밤만큼 재미있지는 못했다. 그것은 이제 내가 하룻밤을 밖에서 보내도 된다는 엄마 아빠의 허락과 믿음을 얻었기 때문이었다. 그것은 아주 깊은 곳에서는 엄마와 아빠도 내가 한 일이 하나님의 눈으로 봤을 때 옳은 것이며, 그 덕분에 자신들이 변화했음을 인정하고 있다는 의미였다. 그래서 드디어 나를 존중하기 시작한 것이었다. 그것은 몹시 설레고 흥분된 느낌이었다.

다음 날 아침, 우리 집으로 통하는 길을 덮은 나무 터널을 빠져나오자, 침실 여섯 개짜리 널따란 트레일러 맨션이 펼쳐져 있어야 할 자리에 휘어진 철근과 흙더미 사이로 아직도 연기가 솟아오르는 폐허가 모습을 드러냈다.

나는 가속페달에서 발을 떼고, 차가 천천히 집 앞으로 굴러가도록 내버려두었다. 그러나 머릿속은 마구 요동치기 시작했다. "오, 세상에. 내가 머리 마는 기계를 켜두고 나와서 집에 불이 났나보다!"

큰일 났다. 오, 맙소사! 식구들이 집에 있었으면 어떡하지? 죽었을지도 몰라. 공포가 엄습해왔고, 나는 속력을 높여서 집 앞까지 남은 몇백 미터 거리를 내달렸다. 차가 자갈 위를 굴러가는 소리를 듣고, 엄마가 통나무집에서 고개를 내밀었다.

"아, 엄마, 죄송해요, 정말 죄송해요." 차 밖으로 달려나갔다. "제가 켜두고 간 거예요? 제가 그런 거예요?"

"네가 뭘 어쨌는데, 줄리?"

"머리 마는 기계 말이에요, 엄마, 내가 그걸 켜두고 가서 집이 타버린 거 아니에요?"

"맙소사, 줄리, 이건 번개 때문이야. 아빠가 오늘 아침 일찍 돌아와보니, 그냥, 모든 게 벌써 이렇게 되고 난 후였어. 누가 어떻게 해볼 수 있는 일이 아니었어."

엄마의 말에 의하면, 아빠가 집에 와보니 소방관들이 벌써 와 있었단다. 이웃집에서 나무꼭대기 위로 뭉게뭉게 솟아나는 연기를 보고 신고를 했기 때문이었다. 소방관은 우리 TV 안테나가 원인이었을 거라고 추정했다. 번개가 안테나를 때린 다음, 전선을 타고 흘러 내려와서, 방마다 하나씩 있는 TV들을 폭파시켰을 테니, 아마 순식간에 온 벽에 불이 옮겨 붙었을 거라고, 그냥 훅 하는 불꽃 하나가 온 집안을 엄청난 화염에 휩싸이게 만들었을 거라고 했다.

그때 우리가 집에 있었다면, 살아남을 확률은 전혀 없었을 거라고도 했다.

"절대 빠져나올 수 없었을 거야." 엄마가 말했다.

"그저 무사한 것을 하나님께 감사드리자."

나는 시커멓게 그을리고 휘어진 알루미늄 덩어리에서 여전히 솟아오르는 연기를 바라보았다. 마치 학교에서 토네이도 대피 훈련을 하고 나서처럼, 아드레날린이 몸속에서 솟구쳐 올라왔다. 위험은 지나갔고, 우리는 모두 살아남았으며, 비록 집을 잃어버리기는 했지만, 모든 일이 다 잘될 것이다. 그리고 나는 낚싯바늘에서 놓여났다.

나는 트레일러가 서 있던 검은 잿더미 가장자리를 따라 걷기 시작했다. 두 번 다시 볼 수 없을 물건들이 하나하나 마음속으로 들어왔다. 내 신발, 아, 내가 너무나 좋아했던 그 예쁜 하늘색 신발, 그리고 분홍색 캐시미어 코트, 그리고…… 오, 맙소사 P.J.는 어딨지? 토할 것 같은 두려움이 내 위장을 뒤집었다.

나는 뒤돌아 뛰어가며 소리쳤다.

"엄마! P.J.는 어디 있어요? 내 P.J. 말이에요. P.J.를 찾을 수가 없어요!"

"줄리." 엄마가 말을 더듬었다.

"그게 말이야. P.J.는 불이 났을 때 집 안에 있었단다. 그냥 받아들이자. 지난밤에 아빠가 구해내려고 애를 썼지만, 그 놈은 원래 천둥만 치면 침대 밑에 숨어버리는 거 너도 잘 알잖니?"

"지난밤에 아빠가 구해내려고 했다뇨? 아빠는 물물 교환 시장에 있었잖아요?"

"맙소사, 내 말은 집을 나서기 전에 말이야. 집을 나서기 전에 그 녀석을 집 밖으로 끄집어내려고 애를 썼다더구나. 우리에 넣으려고 말이야. 이제, 그 얘기로 엄마 좀 그만 괴롭히렴."

아니, 아니, 나는 P.J.를 잃었다는 사실을 받아들일 수가 없다. 내 옷과 신발, 리모콘과 분리 가능한 스피커가 딸린 스테레오는 가져가도 좋지만, 오랫동안 모아온 도자기 인형들이나 내 책들, 심지어 내 아기 때 사진까지 몽땅 가져가도 괜찮지만, 그러나 아, P.J.만은…… 얼마나 무섭고, 얼마나 외로웠을까…… 안 돼요, 하나님, 제발 P.J.만은 데려가지 마세요, 왜? 왜 이러시는 거예요, 하나님?

나는 하나님께 나를 들어올려 아래를 내려다보게 해달라고

기도했다. 얼마나 비극적인 광경이 펼쳐져 있는지, P.J.가 그렇게 까맣게 타버려야 할 이유가 대체 어디에 있는지, 도대체 하나님이 나를 위해 갖고 계신 원대한 계획이 무엇인지 보게 해달라고 빌었다. 나로서는, 작고 연약한 인간일 뿐인 나로서는 도저히 이해할 수가 없었다. 나는 내 잃어버린 강아지를 위해 그리고 엄마와 아빠를 위해 기도했고, 부디, 하나님, 내 앞에 하나님께서 놓으신 길들을 보여주셔서, 왜 내게 이런 일이 일어나는지를 이해하게 해달라고 기도했다. 제발, 하나님, 제게 빛을 보여주세요.

아빠는 캠핑용 트레일러의 2층 침대 윗칸에 짧은 청반바지를 입고 앉아 있다. 아빠는 고개를 떨구고 눈물 몇 방울을 짜내어 먼지투성이 얼굴에 줄무늬를 남기며 내려 보내고 있다. 나는 좁은 통로를 따라 기어 올라가서, 아빠의 발 아래 가만히 앉는다.

아빠는 머리를 들고, 나는 일어나서 아빠를 안는다. 아빠, 나의 아빠는 내가 필요하다. 그리고 나는 강하다. 우리 가족이 이 상황을 이겨내도록 내가 도울 것이다. 아빠가 흐느끼기 시작하자, 나도 따라 운다. 아빠는 가느다란 목소리로 중얼거린다. 왜 이런 일이 일어나는 거지, 왜 이런 일이? 아빠는 작고 연약하지만, 나는 크고 강하며 모든 답을 가지고 있다.

"아빠, 하나님은 우리를 위해 위대한 계획을 가지고 계세요. 이제 아빠는 늘 원하던 일을 하실 수 있게 되었잖아요. 이제 엄마와 이혼할 수 있는 돈이 생길 거잖아요."

그때 나는 그렇게 믿고 있었다. P.J.를 희생시키면서까지 하나님이 보내신 불은 엄마와 아빠가 서로로부터 자유로워지는 데 필요한 돈을 주시기 위함이었다고. 서로가 과거에 저질렀던 모든 일로부터 자유롭게 해주시기 위함이었다고. 만약 우리가 모든 옷과 사진과 어린 시절 추억의 물건들을 잃어야 한다면, 꼭 그래야만 한다면, 그건 원래 하나님이 그렇게 되라고 정해놓으신 때문일 것이다. 나는 이 상황을 이런 고결한 방법으로 볼 수 있다는 것이 자랑스러웠다. 그래서 페이지 모서리마다에 빛나는 황금 잎사귀가 그려져 있는 일요학교 성경책보다 더더욱 강하게 이 생각에 집착했다.

백 달러였다. 우리 가족은 그 돈을 쓸 수 있고, 나는 영웅이 될 것이다. 보험금이 나오기 전까지, 바로 내가 우리 가족을 굶주림으로부터 구할 수 있을 터였다.

집이 잿더미가 된 첫날, 엄마와 대니는 캠프에서 알게 된 길 위쪽에 사는 아저씨네 집에 머물렀고, 아빠는 같이 기계 부속을 주물럭거리는 친구들과 콜럼버스로 갔고, 나는 알아서 어디든 있어야 했다. 우리에게는 사실상 가정이라는 것이 없었기 때문에, 그냥 흩어지기가 한결 수월했다.

다음 날 나는 랭카스터에 갔다가 렉스에서 일하다 알게 된 남자아이들 몇 명과 마주쳤다. 지금쯤 트리컨트리 지역의 사람들은 우리 집이 불탔다는 소식까지 모조리 들었을 것이다. 그러나 랭카스터에 있으면 좋은 점은, 여기서는 아무도 내가 청소년 임시 보호소에 있었다는 사실을 모른다는 것이었다. 그 아이들은 자동차로 단거리 경주를 하고 돌아가는 길이었고, 나는 아르바이트를 끝낸 참이어서, 별로 할 일 없는 시간을 같이 보내는 것도 나쁠 것 같지 않았다. 나는 알록달록 덧칠을 한 파이어버드(폰티악사의 스포츠카_역주) 뒷좌석에 올라탔고, 아이들은 속력을 높여 고속도로를 달렸다.

우리는 콜럼버스 자동차 경기장으로 들어갔다. 그리고 소녀들이 다닥다닥 모여 있는 잔디밭 사이로 겨우 자리를 비집고 들어가 차를 세웠다. '이상하네. 자동차 경기장에 웬 여자아이들이 이렇게 모여 있담.' 차 뒷자리에서 몸을 일으켜 똑바로 일어난 뒤에야 나는 무대 앞을 에워싼 남자들의 바다를 발견했다. 그들도 나를 보았다.

"어이, 예쁜 아가씨, 너무너무 보고 싶었어어어. 이야야
아!"

그곳에는 젖은 티셔츠 콘테스트가 열리고 있었고, 무대 위
의 아나운서는 탁탁 소리가 나는 마이크에 침을 튀기고 있었
다. 행운의 아가씨 여섯 명에게 백 달러씩 돌아가게 되며, 결
정은 남자들이 보내는 반응으로 한다고 했다.

"바로 제시간에 딱 맞춰서…… 무대 앞으로 곧장 차를 몰고
돌진한, 일곱 번째 어여쁜 아가씨를 모셔봅시다."

어여쁜 아가씨. 누구도 나를 이렇게 불러준 적이 없다. 남
자들이 환호성을 지르며 일제히 일어선다. 나는 한번도 이런
대접을 받은 적이 없다. 침팬지들처럼 일제히 나를 반기며 환
호성을 지르는 이 엄청난 인파.

나는 그들의 얼굴을 바라보았다. 어떤 남자들은 멜빵바지
를 입고 있었다. 어떤 남자들은 금방 집에서 빠져나온 듯 머
리카락이 삐죽삐죽 뻗쳐 있었다. 모두들 모자를 벗어서 허공
에 돌리며 환호하고 있었다. 그들은 내 모습을 고대하며, 앞
으로 몸을 기울이고, 두 손을 모으고, 이렇게 말하는 듯했다.

'제발 저기 다른 여자들 틈에 끼어서, 이 아저씨들의 인생
에 약간의 즐거움을 베풀어주렴, 그렇게 해줄 수 있지?'

우리 가족이 쓸 수 있는 돈이 나오는 일이었다. 여기에 나

를 아는 사람은 아무도 없다. 이 남자들은 내가 이기기를 원하고 있다. 한번쯤 시도라도 해볼까. 아빠에게 돈을 가져다줄 수 있는 기횐데, 한번 해보는 것도 괜찮겠지? 내가 바스락거리는 백 달러짜리 수표를 건네줄 때 아빠가 기쁨의 눈물을 흘리는 장면을 상상해보았다. 기껏해야 내 몸에 물을 쏟아 붓도록 내버려두면 되는 건데, 뭐.

　나는 무대를 향해 걸어갔다. 남자들의 소리가 한층 높아졌다. 나는 어젯밤에 입었던 옷을 그대로 줄 맨 끝에 서서, 지금껏 오랜 시간 병원 진찰실에서 그랬던 것처럼 바깥세상을 무기력하게 바라보았다. 그러나 이번에는 생각이 꼬리에 꼬리를 물고 이어졌다. '백 달러 상금은 아빠를 위한 거야.' 그들이 내 가슴 쪽으로 물통을 갖다 댄다. '이 백 달러가 우리 가족을 다시 사랑 속에 하나로 묶을 수 있어. 내 옆에 있던 여자가 웃옷을 벗어던지자, 관중들이 날뛰기 시작한다. 같은 참가자로서 나도 똑같이 따라한다. '백 달러면 대니가 학교에서 놀림 받지 않도록 새 옷을 사줄 수도 있어.' 옆의 여자가 반바지를 벗는다. '우리 가족을 구하는 일이 내게 달려 있어. 내 생각만 할 수는 없잖아.' 나도 아래로 미끄러져 내려간 청바지를 걷어낸다. 남자들이 무대 주위로 몰려들며 촉수처럼 문신을 새긴 팔을 흔들어댄다. 나는 공기를 조금 들이마신다.

이 모든 일을 하는 동안에도, 나는 고르게 숨을 쉬고 있었다.

환호와 야유가 무대 위의 여자들을 하나씩 골라내기 시작했고, 결국 무대 위에는 긴 금발 머리를 묶은 여자와 나만이 남게 되었다. 화장을 하지 않은 평범한 얼굴의 나는 허벅지 위쪽까지 깊게 파인 보라색 밸류 시티 팬티를 걸치고 있었다. 호리호리하면서도 길고 매끈하고 탄력 있는 다리는 원래 살이 찌지 않은 체질에다 그동안 식품 보조제 깡통을 달고 살았던 습관이 합쳐진 결과였다.

'전에도 이걸 해본 적이 있어.' 라는 자신감이 얼굴에 새겨져 있는 금발 아가씨는 이를 반쯤 드러내고 웃더니, 승부를 끝내기로 작정을 하고 뒤로 돌아서서 관중들의 천박한 찬사를 얻기 위해 엉덩이를 흔들기 시작했다. 그리고는 아주 천천히 팬티가 벗겨지면서 마치 아래로 내려가는 엘리베이터처럼, 무릎 뒤를 지나, 종아리를 지나, 발목까지 미끄러져서 실크 밧줄처럼 발목 위에 걸렸다.

군중들은 광란에 휩싸이고, 금발 아가씨는 팬티를 발목에 건 채 고개를 젖히고 이렇게 말하는 듯 나를 쳐다보며 미소를 짓는다. "자, 네가 졌어."

남자들은 모자를 벗어던지고, 서로의 몸을 마구 두드리며, 눈물을 닦아냈다. 나는 내 특유의 웃음을 활짝 웃었다. 돈이 아주, 아주 절실하게 필요하지만, 금발 아가씨가 간 데까지 갈 생각은 없었다. 나는 고개를 숙여 내 옷을 집어들어 탁탁 턴 다음, 삐걱거리는 무대 계단을 우아하게 내려왔다.

그날 저녁, 나는 아빠와 같이 기계를 주물럭거리는 친구인 빅 에디 아저씨와 마주쳤다. 나를 발견하자마자, 아저씨의 얼굴이 밝게 빛났다. "보라색 팬티, 보라색 팬티." 그가 눈을 가늘게 뜨고 뒷골목 깡패만큼이나 비열한 목소리로 이렇게 말하자, 내 눈은 공포로 가득 찼다. "날 못 믿겠니? 너희 아빠한테 가보렴. 너희 아빠는 즉석 사진도 찍어뒀단다."

대니와 나는 치아에 누리끼리한 때를 두껍게 덮은 채로 돌아다녔고, 마당에서 소변을 봤다. 잠자리에 들기 전에 사탕을 한 바구니씩 먹었고, 아침이 되면 주머니 속에 잔뜩 집어넣고 학교로 갔다. 아침으로 버터 핑거, 점심으로 스니커즈, 간식으로 스마티즈 초콜릿, 그리고 저녁으로는 커다란 그릇에다 럭키 참즈 시리얼 반 상자를 넣고 우유를 부어서 먹었다. 심지어 이제는 더 이상 설탕 그릇을 사용하지도 않았다. 그냥 2킬로그램짜리 봉지에서 바로 시리얼 그릇으로 하얀 설탕을 몇 센티는 족히 쌓일 만큼 쏟아 부었다.

엄마와 아빠가 우리를 떠나가기 전까지, 우리는 길 위쪽에 사는 남자가 빌려준 자그마한 캠핑용 트레일러에 모여 살았다. 우리는 옛 집의 그을린 잔해 옆 잔디밭에 트레일러를 갖다놓고 콘크리트 블록으로 괴어놓았다. 모두들 끼어 앉아 저녁을 먹는 손바닥만한 식탁을 중앙으로 밀어넣고 베니어판 의자 위에 얼룩덜룩한 덮개를 씌우면, 대니와 나를 위한 침대가 만들어졌다. 엄마와 아빠는 우리와는 겨우 싱크대와 60센티미터짜리 조리대를 사이에 두고 2층 침대에 발포 매트리스를 깔고 잤다. 트레일러 안에는 변기조차 없었기 때문에, 차고 한쪽에 19리터짜리 양동이를 놓아두고 그걸 변기로 썼다.

그렇게 우리는 보험금을 기다리며 버텼다. 보험금을 타기 전까지, 우리는 침실 여섯 개짜리 은신처에 들어 있던 마지막 물건 하나까지 모두 기억해내려고 애를 썼다. 엄마의 신발 수백 켤레, 사서 한번도 쓰지 않고 뒷방 천장까지 가득 쌓아두었던 잡동사니, 옷장이 닫히지 않을 만큼 가득 쑤셔 넣어둔 옷가지들, 방마다 가득했던 가구와 장난감, 오랫동안 수집한 미니자동차와 도자기 인형들.

우리는 빈 노트에다 이런 물건의 목록을 가득 휘갈겨 적어넣었으며, 가끔은 학교나 시내에서 우리가 소유했지만 까맣게 잊고 있었던 물건을 발견하고 다시 써넣기도 했다. 잃어버린 물건들에 대한 기억은 수년 동안 나를 따라다녔다. 어떤 소녀가 땡땡이 무늬 셔츠를 입고 있는 것을 보고, 불이 나기 전에 나도 비슷한 걸 갖고 있었는데 미처 생각을 못했다는 식의 아주 사소한 것들이었다. 우리는 그 물건들을 살 때의 가격과 어린 마음으로 계산할 수 있는 나름대로의 감가상각을 적용한 가격까지 써서 제출했다. 그리고 거기서 나오는 돈으로 새 물건들을 구입할 기대에 들떠 있었다.

엄마는 사야 할 물건의 목록을 끊임없이 적어 나갔다. 그러고도 더 사야 할 물건들의 목록을 따로 만들어 나갔다. 우리는 계속 물었다. "언제 돈이 나와요?" 날이 11월을 향해가며 점점 추워지더니, 하늘이 무거워지고, 나뭇잎이 붉게 변하고, 햇빛은 다섯 시만 되면 어둠으로 바뀌기 시작했다. 우리는 아무것도 살 돈이 없었고, 나는 집이 불타던 날 입던 옷을 여전히 입고 있었다. 다행히도 엄마와 대니는 그날 옷가지를 잔뜩 싸서 캠핑을 갔다. 그러나 나에게는 불이 나던 날 입었던 옷과 방과 후 아르바이트를 계속 할 수 있도록 렉스 로스트 비프 식당에서 준 아주 짧은 폴리에스테르 반바지밖에 없었다.

어느 날 학교 버스에서 내린 우리는 새로 배달된 세탁기와 건조기가 들어갈 집이 없어서 박스 포장 그대로 우물가에 놓

276

여 있는 것을 보고 보험금이 나왔음을 알았다. 길 건너편에는 망아지 두 마리가 사료 양동이에 코를 박고 있었고, 번쩍거리는 픽업트럭과 그 뒤에 붙은 작은 트레일러가 보였다. 다음 날, 우리의 작은 캠핑용 트레일러에 거대한 위성 접시가 모습을 드러냈다. 엄마는 지갑에서 백 달러씩을 꺼내서 대니와 나에게 주고, 밸류 시티에서 쓰라고 했다. 우리는 부자가 된 기분이었다.

그러곤 엄마가 사라졌다.

엄마는 우리에게 캠핑용 트레일러를 빌려준, 길 위쪽에 사는 남자와 멕시코로 달아났다. 그는 예전에 마상쇼를 했으며, 철사 가시 울타리를 아주 팽팽하게 매는 재주가 있어서 철사 가시 밥이라고 불리던 사내였다. 아빠는 한동안 우리들과 함께 있었지만, 11월이 되자 스타우츠빌에 있는 차고로 이사를 가서, 포로와 실종자를 기리는 검은색 군대 깃발에다 '모두 죽여버릴 테다. 천벌이 내릴 것이다.'라고 써서 창문에 걸어 놓았다.

누군가는 남아서 말들과 특히 길 건너편 잔디밭에 속수무책으로 서 있는 엄마의 새 망아지들을 돌봐야 했기 때문에, 우리는 아빠와 함께 갈 수 없었다. 아빠는 새로 산 픽업트럭, 세탁기, 건조기를 가져갔다. 대니와 나, 그리고 남겨진 새 물건이라곤 우리의 19리터짜리 양동이, 시리얼 그릇, 트레일러 밖으로 우뚝 솟은 거대한 위성 접시뿐이었다. TV가 없는 것이 매우 유감이었다.

우리는 본래의 스타일과 이미지를 그대로 유지하기로 결심한 채, 자물쇠를 단단히 잠그고 그 밤과 낮들을 살아냈다. 할 수만 있다면 학교의 그 누구도 우리에 대해 모르게 하고 싶었다. 우리는 철저하게 버려졌고, 나는 이제 진짜로 대니의 엄마가 되었다. 집이 워낙 외딴 곳에 있었기 때문에, 우리는 새벽 6시쯤 제일 먼저 통학버스를 탔고, 내릴 때도 가장 나중에 내렸다. 우리는 버스 기사가 이런 루트를 매일 그대로 지켜주어서, 버스가 우리 집 앞을 돌아나갈 때 아무도 차창 밖을 내다보지 않을 수 있기를 간절히 바랐다. 그리고 거짓 자신감 뒤에 숨어서 콧대 높은 상류층 아이들인 양 세상을 돌아다녔다. 우리는 그 누구도 아동 보호 센터에 전화를 걸기를 바라지 않았다.

엄마와 철사 가시 밥은 크리스마스를 얼마 앞두고 다시 돌아와서, 검게 그을린 터 위에 예전 트레일러의 절반쯤 되는 중고 트레일러를 들여왔다. 나는 아르바이트 자리를 두 개나 얻어서, 일단 학교로 가고 나면 가능한 한 밖에 오래 머무르려고 노력했다. 내 고등학교 졸업식장에는 엄마도, 아빠도, 대니도, 아무도 오지 않았다. 두 달 후, 엄마는 나를 스테이션 왜건에 태우더니, 크로거 할인점 앞 주차장에 내려놓았다.

그 여름 내내, 엄마는 나와 결혼하기를 원하는 나이 많은 남자와 전화통화를 해댔다. 그 남자는 군부대에서 일했고, 날개를 펼친 거대한 새 스티커를 후드에 붙인 흰색 파이어버드를 갖고 있었으며, 언청이였다. 그는 매주 엄마에게 전화를 해서 죽음이 우리를 갈라놓을 때까지 나를 얼마나 잘 보살펴줄 것인지에 대해 늘어놓았다.

"이것 봐, 줄리, 대체 어떤 사람이 너같이 비실비실한 애를 데려갈 것 같니? 이 남자는 군부대에 다녀. 번듯한 직업이 있단 말이야. 이 남자한테 가서 의지하고 살아."

엄마는 만약 나를 달랑 옷가지 몇 벌을 담은 종이봉투만 쥐어서 주차장에 내버려두면, 무서워서 그 남자한테 데려가달라고 전화를 걸 거라는 결론을 내렸다.

그러나 엄마의 차가 떠나자마자, 나는 죽을힘을 다해 도망쳤다. 나는 차를 얻어 타고 콜럼버스로 가서, 신문광고를 보고 환경 여론 조사 기관에 일자리를 구했다. 그리고 낡은 컨버터블과 도망쳐야 할 때면 언제든 차 안에 싣고 다니며 생활할 수 있을 만큼의 물건만 사들였다. 3년 동안 나는 계속 도망다녔다. 주소나 이름을 절대 남기지 않은 채, 3개 주에 걸쳐 10개 지역을 옮겨 다녔다. 한번은, 아직도 전화를 해서 나에 대해 묻는다는 그 남자가 선물한 싸구려 동물 인형과 금도금 발찌를 소포로 받으려고 엄마에게 주소를 알려주는 실수를 하기도 했다.

대부분의 나날을 나는 엄마와 주 하나를 사이에 두고 떨어

280

져 살았지만, 어떤 여름 주말, 동생이 너무나 그립고 가족이 없어서 쓸쓸하다는 생각이 들면, 랭카스터 밸류 시티 같은 예전에 많이 찾던 장소들을 돌아다니곤 했다. 그리고 가끔씩은 우거진 외딴 숲의 끄트머리까지 들어가서 자갈길 앞에 차를 세우고, 밖으로 나가 새들의 노래, 잠자리의 날갯짓, 메뚜기의 울음소리 등이 어우러지는 야외 콘서트를 감상하기도 했다. 대니는 강아지처럼 집 앞 길로 뛰어나와, 예전에 아빠를 안듯 팔을 두르고 나를 껴안았다.

나는 아직 엄마와 살고 있는 대니의 열두 살 적 사진을 가지고 있다. 그 아이는 이제 지붕이 없는 내 낡은 컨버터블을 운전하며, 우리가 함께 다니던 흙길과 들판을 누비고 다닌다. 나는 창문 밖으로 기어 올라가 차 후드 위에 드러누워서, 한 팔을 안테나에 걸고 한쪽 발목을 앰블렘 근처에 둔 채 사진을 꺼내곤 했다. 도로를 질주하며 뒤로 젖힌 대니의 얼굴에는 고통으로 가득한 양동이에서 떨어진 한 방울의 웃음, 그 짧은 순간의 기쁨이 환하게 피어 올라 있었다.

내가 찾아갈 때마다, 철사 가시 밥은 늘 야외 데크나 임시 침실을 새로 짓고 있었다. 그리고 엄마는 콘크리트 동물 모형과 옷과 신발들을 다시 모으고 있었다.

어느 날은 대니가 아직 학교에서 돌아오지 않아서 엄마와 단 둘이 오후를 보내기도 했다. 우리는 밖으로 나가 말을 탔고, 파란 플라스틱 풀 안에 들어가서 반짝이는 초록색 나무개구리를 쓰다듬으며 놀았다. 우리는 한번도 과거에 대해서, 그리고 내 건강 상태에 대해서 이야기를 나누지 않았다. 그렇게 하루를 보낸 후 함께 식탁에 앉아 있을 때, 엄마는 아빠가 얼마나 아무짝에도 쓸모없는 인간인지를 늘어놓기 시작했고, 나는 "알아요, 엄마, 알아요."라며 마냥 고개를 끄덕이고 앉아 있었다.

엄마와 나는 작은 트럭에 앉아 있다. 랭카스터에서 열리는 자선 바자회를 찾아왔는데, 비가 차창을 때리기 시작하자, 엄마는 나를 붙들고 아빠에 대한 온갖 독설을 쏟아놓기 시작한다. 나는 어떻게 해야 하는지 안다.

"응, 알아요."

오늘따라 엄마는 특히나 더 아빠가 얼마나 아둔하고 고집만 센지, 엄마 몫의 보험금을 빌려가서 이자까지 쳐서 갚기로 해놓고 이제 와서 이걸로 비긴 셈이니까 갚을 필요 없다는 말을 한다는 둥의 이야기를 떠들어댄다.

나는 기회를 놓치지 않고, 다시 한번 엄마에게 하나님의 큰 뜻에 대해, 그 분이 성스럽고 위대한 힘으로 그날 밤 우리 모두가 집을 비우게 하고 우리 집을 잿더미로 만들어 엄마 아빠가 이혼할 수 있는 돈을 마련해주신 그 큰 뜻에 대해 설명을 한다.

"그 일은 정말 적절한 시기에 딱 맞춰서 일어났잖아요." 나는 손바닥을 하늘로 들어올린다. "다 하나님이 하신 일이죠."

엄마는 세상에서 이런 멍청이는 처음 본다는 얼굴로 나를 바라본다. 그리고 눈을 굴리며 입을 연다.

"아니, 세상에, 넌 대체 어떻게 된 애니, 너 바보니? 넌 아직도 하나님이 우리 집을 불태웠다고 생각하니? 그건 너희 아빠 짓이야. 너희 아빠는 전기 기술자니까 그렇게 할 수 있단다, 줄리."

엄마가 무릎을 친다. "맙소사." 그리고 차창 밖을 바라보며 목청을 가다듬는다. "너 같은 바보도 참 세상에 없을 거야. 너는 정말 우리가 우연히 '집을 떠나' 있었다고 생각하니? 그럼 대체 어떻게 사진들이 모두 통나무집에 있었을 거 같니? 사진이 문을 열고 걸어갔을까? 응?"

엄마는 아랫입술 가운데에 하얀 거품을 물고 침을 튀기며 말한다.

내 눈은 창틀을 때리는 빗방울에 고정되어 있지만, 내 마음은 마구 비틀거린다. 그래서 그날 엄마가 통나무집에 있었구

나. 아빠가 쌓아둔 물건들을 살펴보고 있었던 거였어. 그래서 엄마가 아직도 나와 대니의 출생증명서를 가지고 있는 거였어. 그래서 그들에게는 아직까지도 입고 있는 좋은 옷들이 남아 있는 거였어. 마치 내가 한번도 존재하는 줄조차 몰랐던 커튼을 엄마가 막 걷어 올린 것처럼, 모든 것이 한꺼번에 천천히 몰려온다.

"하지만……." 머리가 아파온다.

"그럼 P.J.는 어떻게 된 거죠?"

"응, 그거? 너희 잘난 아빠가 그 녀석을 그냥 남겨뒀지."

이해할 수가 없다. 누군들 어떻게 그 곱슬곱슬한 털의 작고 부드러운 시추 강아지를 집 안에 남겨두고 불을 지를 수 있을까? 대체 누가 오랫동안 키우면서 새끼들을 팔아 돈을 벌고서는 산 채로 불 태울 수 있을까? 차창 밖의 빗물처럼, 눈물이 내 얼굴을 타고 흘러내린다.

"오, 맙소사, 그 개는 늘 집 안을 엉망으로 만들었잖아. 난 정말 그 녀석이 싫었어. 근데, 너희 아빠가 그냥 안에 놔두더라구. 이제 알겠지? 너희 아빠가 얼마나 지독한 인간인지를 말이야?"

힐끗 바라보니, 엄마의 입술에 맺힌 침방울이, 내가 평생 동안 침묵 속에서 바라보기만 했던 그 희끄무레한 거품이 내 눈에 들어온다. 내 안에서 분노가 천천히 끓어오르기 시작한다. 손을 뻗어 그 침방울을 엄마의 얼굴 위로 문질러버리고 싶다. 손톱을 세워서 뺨을 할퀴고, 냄새나는 입을 찢어버리고 싶다. 난 얼어붙은 듯 앉아 있다. 그동안 줄곧, 나는 아빠라는 사람이 전기 쥐덫으로 교묘하게 저지른 짓인 줄도 모르고, 그저 그것이 우리를 지옥에서 구해내려는 신의 뜻이라고 믿었다. 그날 밤 우리를 멀리 보낸 것은 엄마와 아빠였다. 그들은 내가 임시 보호소에서 돌아온 직후, 파산을 당하게 되어 그 일을 저지른 것이다. 그래서 그 3주 동안 우리를 그렇게 친절하게 대했던 것이다. 그것도 다 계획 속에 있었던 것이다. 그리고 그 보험금으로 둘은 갈라선 것이다. 아이들에게는 모든 소유물을 잃어버린 대가로 고작 백 달러짜리 한 장을 쥐어주었던 것이다. 그리고 우리는 천진난만하게 엄마의 너그러움에 고마워했던 것이다. 그리고 엄마가 철사 가시 밥과 함께 멕시코를 어슬렁거리는 동안, 대니와 나는 양동이를 변기 삼아 지냈던 것이다. 그리고 아빠는 자식들이 오줌을 눌 요강조차 없는데도, 좁아터진 캠핑용 트레일러에 위성 접시를 달고 세탁기와 건조기를 배달시켰던 것이다.

그 순간, 나는 신에 대한 믿음을 잃었다. 신의 뜻에 대한 내 믿음, 온갖 무의미 속에서 내게 유일하게 의미를 가져다준 것이 가슴속에서 산산이 흩어지고, 지워지고, 벗겨졌다. 그런 일이 있으리라고는 꿈에서조차 생각해보지 못한 내가 얼마나 어리석었는지, 그 생각만이 나를 가득 채웠다.

피곤하다. 눈꺼풀이 너무나 무겁다. 그냥 트럭에 기대어 자고 싶은 생각뿐이다. 내 잠긴 목에서 나지막한 목소리가 들릴 듯 말 듯 흘러나온다.

"가게 문이 닫히기 전에 들어가 봐야죠."

엄마가 말했다.

"세상에, 줄리. 난 네가 알고 있는 줄 알았어. 너무나 뻔한 일이잖아."

"아뇨, 전 몰랐어요."

나는 울고 있었다. 나는 P.J.를 위해 울고 있었다. 도저히 있을 수 없는 일들로 가득 찬 세상 때문에 울고 있었다.

스물한 살이 되던 해, 나는 오하이오로 돌아갔다. 계획했던 일은 아니었고, 그저 계속 돌아다닐 기운을 잃었을 따름이었다. 주말이면 가끔 그랬던 것처럼, 그날 오후도 그냥 잠시 들렀다 갈 생각으로 엄마가 준 열쇠를 따고 아무도 없는 집으로 들어갔다. 그리고 편안하게 걸칠 반바지를 찾아 엄마의 옷장을 뒤적거렸다. 그때, 맨 밑 서랍장의 파스텔색 반바지 더미 아래서 '줄리 그레고리 고소 건에 대한 증거'라고 쓰인 옅은 갈색 봉투를 발견했다.

나는 물침대 가장자리에 걸터앉아 봉투를 뜯었다. 학창 시절에 친구들끼리 주고받던 쪽지처럼, 스프링 노트를 찢어서 줄이 그어진 종이 위에 손으로 글씨를 쓴 편지들이 쏟아져 나왔다.

그중 두 장은 미시와 카르멘이 쓴 진짜였다. 그러나 나머지는 도저히 어린 학생들이 쓴 것으로는 보이지 않는 편지들이었다. 그 속에는 내가 집에서 도망쳐 나와 이웃에 사는 나이든 남자에게 가려고 세운 계획들이 낱낱이 밝혀져 있었다. 편지를 재빨리 훑어나가며, 나는 풀어진 혀로 이런 글들을 읽었다. "빌어먹을, 엄마는 무슨 엄마. 그 젠장맞을 년……." 혹은 "50달러만 주면, 해줄 수 있어요……." 따위의 글. 그리고 얼굴을 붉히게 하는 모욕적인 탈선행위. 내 것과 비슷한 커다랗고 꼬불꼬불한 글씨와 내 이름으로 된 서명들. 거기에는 심지어 친구들의 증언을 담은 서류도 있었다. 자세히 들여다보니, 거기에 쓰인 내 글씨와 서명들은 모두 내 것이 아니었다. 비전문가의 눈으로도 얼마든지 식별할 만큼 엄마가 쓴 조심스럽게 흔들리는 필기체의 흔적이 역력했다.

편지를 보고 난 후, 내게는 차를 몰고 콜럼버스로 돌아갈 만한 힘이 남아 있지 않았다. 일요 신문을 펼쳐서 눈에 띄는 가장 싼 아파트를 찾았다. 더 이상 도망칠 용기도 없었다. 사실 이유를 모르긴 하지만, 어쨌든 난 심장이 아프지 않은가. 다시 어린 시절의 증세들이 돌아오기 시작했고, 나는 스물다섯 살이 되기 전에 죽을 거라는 생각에 사로잡혔다.

그로부터 몇 년의 시간이 흐른 후에도, 나는 여전히 하루하루 배고픔에 시달리며 떠돌다가 허기진 배를 안고 침대 위로 무너지곤 했다. 엄마가 제대로 먹여주지 않은 열세 살의 깡마르고 병든 소녀는 자라서 스스로 제대로 먹지 않는 스물 세살의 깡마르고 굶주린 여자가 되었다. 환상으로 촘촘하게 짜나가며 겨우겨우 곤추세워온 삶은 서서히 무너지기 시작했다. 아침에 일어나면 초콜릿 케이크 가루 상자를 뜯어 반죽을 만든다. 그리고 그릇째 들고 숟가락으로 퍼서 먹어치운 후, 여기저기 쑤시는 몸을 누이고 잠을 자며 하루를 보낸다. 근육은 푹 삶아놓은 고기 조각처럼 흐물흐물 뼈에서 떨어져 나가려고 한다.

머리는 언제나 불에 타는 듯 아프다. 귀 뒤쪽의 머리카락의 경계선 부근에는 움푹 들어간 자리가 생기더니, 물이 차오르기 시작한다. 압력을 덜기 위해 그 자리를 누르면, 그때마다

구역질이 와락 밀려온다. 마치 커피 테이블의 모서리가 아직도 거기 박혀 있는 듯하다. 숨도 얕아지고, 심장도 심하게 요동치고, 가끔씩은 화장실에서 정신을 잃기도 한다. 그리고 범죄 현장에서 분필로 그려놓은 시체 모양처럼, 욕조 주변에 널브러진 채로 깨어난다. 내 몸에 뭔가 이상이 있음이 틀림없다.

나는 랭카스터에 있는 나의 옛 의사, 심장 도관까지 한 뒤에도 나를 환자로 받아주었던 스트롱 박사를 찾아간다. 그는 내 심장 소리를 건성으로 들어보고, 지금의 나에게는 맞지 않을지도 모르는 예전의 충고들을 되풀이한다.

그는 내가 식사를 잘하고 있는지조차 묻지 않는다. 나도 내가 밥을 제대로 안 먹고 있다는 사실을 깨닫지 못한다. 내가 나를 보살피는 방식은 엄마가 내게 가르쳐준 방식, 즉 의사의 지시를 따르는 방식 이외에는 아무것도 없다.

그러나 스트롱 박사는 내 심장 상태를 살피는 데 흥미를 잃었고, 엄마는 내게 바통을 넘겨주었다. 이제 나를 망가뜨리는 것은 오로지 나뿐이다.

그리고 나는 여전히 전화 한 통이면 엄마를 만날 수 있다.

우리는 함께 쇼핑을 가고, 엄마는 동물 인형을 안고 복도를 깡충깡충 뛰어와서는 노래를 부른다. "씨씨야, 이거 사줄 거

지? 응? 응? 제에발." 내가 카트에서 물건을 꺼내고 계산을
하는 동안, 엄마는 철제 카트 손잡이에 손가락을 말아쥐고,
카운터 옆 진열대에서 뭔가를 자꾸 꺼내 컨베이어 벨트 위에
올려놓는다. 내가 나이가 들고, 엄마가 퇴행을 하면서, 나는
엄마의 엄마가 된다.

이 무렵, 나는 한순간 엄마의 심리 치료사로 우뚝 올라섰다
가 다시 엄마에게 매달리는 어리석은 아이로 되돌아가기를
반복하며, 실존의 자리를 잃고 엄마가 원하는 대로 이리저리
휘둘린다.

거의 두 달마다, 나는 엄마의 입에서 총을 치워달라거나,
손에서 약병을 빼앗아달라는 대니의 전화를 받았다. 엄마는
밥과 헤어졌고, 아빠에게 되돌아가려 했으나, 아빠에게 여자
친구가 있다는 사실을 알게 되었다. 그러자 엄마는 아빠의 트
럭 안에서 문을 잠그고 자살을 하려고 했다. 대니는 엄마가
얼마만큼의 알약을 삼켰는지, 아니 사실 삼켰는지 어쨌는지
조차 알지 못했다. 나는 65킬로미터를 달려 아빠의 차고까지
갔다. 내 어린 동생은 먼지 낀 유리창에 대고 엄마를 향해 소
리를 지르고 있었다.

이제 나는 엄마의 심리 치료사이다. 나는 트럭의 얼룩진 의
자에 앉아서, 엄마의 등을 쓰다듬으며, 꽉 움켜쥔 손가락 속

에서 병을 빼내려고 애쓴다.

　엄마가 흐느낀다. "저 아무짝에도 쓸모없는, 빌어먹을, 지
마누라나 패대는, 과대망상증에 걸린 미친 놈마저 나를 원하
지 않는데, 누가 나를 받아주겠어? 누가 나를 받아주냐고?"

　나는 만약 아빠가 그렇게 나쁜 사람이라면, 아빠가 엄마를
그토록 괴롭혔다면, 그렇다면 왜 아빠가 엄마를 받아주기를
원하느냐고 조용히 타이른다. "왜냐하면, 너희 아빠가 나를
안 받아주려고 하니까." 엄마가 울부짖었다. "그럼, 누가 받
아주겠냐고?"

　나는 엄마가 움켜쥐고 있는 약병을 뺏고, 대신「스위트하
트」라는 알록달록한 잡지를 쥐어주려 노력한다.「피플」지에
서 이 잡지에 관한 이야기를 읽고, 엄마의 다음 자살 시도에
대비해서 주문해둔 것이었다. 그것은 멀리 몬태나의 고원지
대에 흩어져 사는 목장주와 개척자의 리스트를 컬러 사진에다
자필 편지까지 곁들여 실어놓은 잡지였다. 나는 잡지를 엄마
앞에 흔들어 보이고 재빠르게 페이지를 넘겨가며, 커다란 카
우보이 모자를 쓰고 하얀 이를 드러내며 웃는 외로운 서부 사
나이들의 사진과 굵은 글씨의 광고 문구를 보여준다. "배우자
구함." 엄마의 눈이 미끼를 물었다. 나는 조용히 엄마의 손아
귀에서 약병을 빼내고 잡지를 밀어넣는다. 이걸로 엄마는 즐

거움을 충분히 만끽할 것이다. 말을 타고 울타리를 손보는 멋진 남자에 대한 약속, 그것은 엄마에게 죽음 대신 또 다른 남자와의 새 출발이라는 희망을 안겨줄 것이다.

그리고 얼마 후, 나는 다시 어린아이가 된다. 대니와 나는 농장으로 불려오고, 엄마는 언제나 우리를 위협하고 숨죽이게 만들던 그 성난 엄마의 모습을 하고 있다. 엄마는 날카로운 논리로 우리를 깎아내리고, 우리는 엄마가 내뱉는 어떤 말에도 감히 도전하지 못한다. 우리는 멍청하다. 공부도 못한다. 비쩍 마르고 못생겼다. 엄마는 약하고 멍든 관절을 골라가며 눌러서 우리를 쓰러뜨린다.

엄마가 거울 앞에 서더니, 나에게 사진을 찍으라고 한다. 대니에게는 거울에 비친 모습이 고스란히 사진에 담기도록 각도를 잘 조정하라고 고함을 지른다. 이 사진들은 잡지에 나온 남자들에게 보내기 위한 것이다. 엄마의 새로운 희망은 엄마의 권력을 회복시켰다.

대니가 다음 사진을 위해 거울의 각도를 조정하는 동안, 나는 잠시 생각에 잠긴다. 엄마는 우리 모두를 자기 주변에 거울처럼 둘러 세워놓고, 정확한 각도로 자기가 보고 싶은 모습만 비춰주기를 원하고 있다. 그리고 만약 우리가 그렇게 해주지 않으면, 엄마는 거울을 부숴버릴 것이다.

스물네 살에 나는 학교로 돌아가려 한다.

어느 날, 나는 중고 서점을 서성이다가 어린이 백과사전 한 권을 뽑아들었다. 원색의 그림과 단순명료한 설명이 몹시 흥미로운 나머지, 나는 그걸 펼쳐들고 바닥에 주저앉아서 놓쳐버렸던 초등학교 4학년 수준의 교과과정을 탐식하기 시작했다. 그리고, 나는 아픈 아이로서 배울 수 없었던 것들을 다시 배우겠다는 용기를 낼 만큼, 지식에 대한 강렬한 욕구를 느꼈다. 2학년 때 신화학 책을 잃어버리고 다시 살 돈을 구하지 못하는 바람에, 내게는 정식 고등학교 졸업장이 없었다. 그래도 일단 지역 대학 입학 원서를 썼고, 어찌어찌 그들을 속여서 입학 허가를 받아냈다.

　일주일에 세 번 집을 나와 무사히 학교를 가게 해줄, 딱 그
만큼의 음식을 먹으며, 나는 겨우겨우 기운을 짜냈다. 엄마와
아빠가 말한 것처럼 내가 진짜 미친 것인지, 고등학교에서 확
인받은 것처럼 내가 진짜 아둔한 것인지 알고 싶었다. 엄마가
늘 주입시킨 것처럼 내가 진짜 뇌에 손상을 입은 것인지 알고
싶었다. 대학에 다니는 것, 특히 콜럼버스에서 대학에 다니는
것은 내가 그런 사람일지 모른다는 부끄러움을 숨기며 혼자
서 그것을 알아내는 유일한 방법이었다.

　나는 꼼꼼하게 필기를 하며, 태양계를 배우고, 코페르니쿠
스와 티코 브라헤(덴마크의 천문학자_역주)를 배운다. 나는 『장
미의 이름』(움베르토 에코의 장편 소설_역주)과 여러 위대한 문학
작품을 읽고, 『우파니샤드』(고대 인도의 철학서_역주)가 성경과
비슷한 이야기를 공유하고 있다는 사실을 배운다. 학점은 언
제나 A 아니면 적어도 B이고, 지식은 점점 확장되어 간다.
나는 언제나 조금 더, 조금 더, 똑똑해질 수 있다는 가능성에
허기져 있다.

　그런데 병이 슬금슬금 도지기 시작한다. 2학년이 시작되고
몇 달 동안, 도무지 수업을 따라갈 수가 없다. 농장에서 살 때
그랬던 것처럼 증상이 나타난다. 일어서기만 하면 심장이 요

동을 친다. 아침을 먹으려고 케이크 가루를 섞어 반죽을 만들 때면, 온몸이 부들부들 떨린다. 침대에서 공부를 하다가 도저히 밖으로 나갈 기운이 없어서 수업을 빼먹기 일쑤이고, 과제도 제대로 내지 못한다. 나는 담당 교수와 강사들에게 어릴 때부터 앓아온 정체불명의 심장 질환 때문에 한동안 쉴 수밖에 없겠다고 말한다. 왜냐하면, 도대체, 심장이 아니라면 뭐가 문제란 말인가?

그리고 레이를 만난다. 재기 넘치는 푸른 눈, 늘씬한 체격, 덥수룩하게 헝클어진 머리. 레이는 프랭크 시나트라 같은 옷을 입고 섹소폰을 불며 하드코어 펑크 음악을 연주하는 변두리 음악가다. 나는 정맥 주사용 수액 속에 그를 섞어서, 내 혈관 속으로 흐르게 한다. 우리는 떨어질 수 없다. 매일같이, 나는 아무것도 하지 않는다. 오직 케이크 반죽을 먹고, 레이를 위해 살 뿐이다. 그의 손길, 그의 방식, 그가 나에게 지우는 모든 짐을 받아들인다. 목의 멍 자국, 잇자국, 보드카를 15잔이나 마시고 중심가의 어느 벽에 달라붙어 있으니 데리러오라는 밤 늦은 전화. 나는 아무것에도 문제를 제기하지 않고, 어찌 되었든, 내 병든 인생에서 가장 행복한 시간을 보낸다.

그러나 그것마저 무너지기 시작한다. 레이가 곧 샌프란시
스코로 떠난다고 한 것이다. 그가 없는 나는 죽은 목숨이나
마찬가지다. 그는 진정제를 흡입하고 내 방문으로 기어 들어
와 바닥을 가로질러 침대 속으로 스며든다. 나는 마약에는 손
을 대지 않고, 오직 나를 진정시키기 위해 악마의 케이크 반
죽만을 먹고산다. 우리는 다음 날 아침이면 그가 기억조차 못
할 것들에 대해 이야기한다. 내가 그를 따라간다는 계획, 우
리가 함께 산다는 계획. 그는 내게서 미끄러져 나가고 있으
며, 내 손톱은 더 이상 그의 몸에 깊이 박히지 못한다. 우리는
먹기를 그만두고, 말하기를 그만둔다. 날카롭고 변덕스런 말
들이 서로의 가슴에 꽂힌 채 빠지지 않는다. 나는 그의 마약
도, 술도, 양말조차 짝을 맞춰 신지 못하는 무능력도 상관하
지 않는다. 오직 예전에 엄마가 없으면 죽을 것 같았던 것처
럼, 그가 없으면 죽을 것이라는 사실에만 집착할 뿐이다.

이렇게 흔들리는 관계 속에서, 우리는 오직 성적인 계획으
로 서로를 이해한다. 나는 달력에다 우리가 함께한 날과 시간,
그가 아직도 나를 원한다는 유일한 유형의 증거들을 작은 별
로 표시한다. 그리고 달력에 그려진 그 별들 속에서 현실을 찾
아보려 노력한다. 별이 다닥다닥 붙어 있는 나날이 있는가 하

면, 아주 드문드문할 때도 있다. 며칠씩 이어지는 별들은 미래에 대한 희망의 증거처럼 빛난다. 모든 것이 나아지는 미래, 모든 것이 달라지는 미래, 지금껏 내가 꿈꾸며 살아온 미래.

레이가 멀어지기 시작하면서, 나는 침대로 달력을 가져가서, 별들로 가득 찬 면에다 젖은 얼굴을 갖다대고, 제발 더 많은 날이 그렇게 채워지기를 기도한다. 아침에 일어나보면, 스티커 문신처럼 별 자국이 뺨에 찍혀 있다. 나는 기꺼이 레이의 별 자국을 하루 종일 지우지 않다가, 문득 거울에 비친 얼굴에서 그것이 사라져가는 것을 보고 조용한 히스테리에 휩싸인다.

레이는 끝까지 자기가 원하는 때에 자기가 원하는 것을 가져가고, 나는 내 몸을 계속 내주며 허기진 불안감과 수동적인 위안 이외에는 아무것도 얻지 못한다.

나는 여름 학기에 등록한다. 레이에게 완전히 빨려들지 않기로 결심을 하고, 두 과목이라는 부담스럽지 않은 짐을 진다. 그리고 7월의 어느 끈끈한 여름날, 심리학 수업에 30분 늦게 들어간다. 끈적이는 머리와 누런 치아와 깊은 보라색 멍 자국이 선명한 맨 다리를 하고, 살금살금 뒷줄로 기어 들어간다. 나의 아둔하고 촌스러운 동급생들은 지금 다루고 있는 정신 이상 증세가 누구의 먼 친척뻘인 어니라는 사람의 것과 비슷하다는 이야기를 하고 있는 중이다. 심리학을 처음 배우는 학생들은 항상 자신이나 주변 사람들에게 정신 이상 증세를 적용시키는 경향이 있다. '저 아이들은 심리학의 기본 지식조차 모르는 모양이군. 지금 자기들이 그런 오류를 범하고 있다는 걸 전혀 깨닫지 못하는 건가? 맙소사, 멍청이들 같으니라고.' 나는 내 안락한 팔 위로 머리를 내리고, 책상 위에 웅크린다.

교수님의 부드러운 목소리가 어떤 아동 학대의 형태로 옮겨간다.

"가해자는, 대개 어머니인 경우가 많은데, 지속적인 의학적 관심을 얻기 위해 건강한 아이를 아프게 만든다."

'엄마…… 아프게…… 만든다.'

"이런 일을 벌이는 어머니는 자신이 어렸을 때 당한 방치나 학대로 마음의 상처를 입은 사람인 경우가 많다."

나는 고개를 든다. 내 아랫입술에서 침 한 줄기가 책상으로 떨어진다.

"그 정신적인 충격이 어린 시절에 자기를 돌보아준 사람으로부터 받은 것이므로, 가해자는 통상적으로 보호자이자 권위 있는 인물로 인식되어지는 의사와의 상호작용 속에서 잠재적으로 갈구했던 부모의 관심을 찾으려고 한다."

나는 똑바로 앉는다.

"의사가 어린아이에게서 실질적인 이상을 거의 발견할 수 없는데도, 어머니는 여러 병원을 전전하면서, 검사와 수술을 요구한다. 어떨 때는 증상을 꾸며내기도 하고, 어떨 때는 증상을 유발하기도 한다. 어머니가 직접 아이에게 상해를 입히는 경우도 있고, 아이에게 처방한 각종 약이나 수술이 복합적으로 병을 만들어내기도 한다. 심하면 아이가 사망하기도 한다. 이런 형태의 아동 학대를 '대리인에 의한 뮌하우젠 증후군'이라고 부른다."

머리를 흔들어 안개를 떨쳐버리려 애쓴다. 유리 파편이 사방에서 날아온다. 그것들이 부딪치고 튀는 소리에 귀가 멀 지경이다. 그러고는 침묵이다. 허옇게 넋이 나간, 아랫입술을 힘없이 벌리고 숨을 헐떡거리는 내 모습이 산산이 조각난 거울에 비친다.

나는 의자를 쓰러뜨리고 강의실 밖으로 달려 나간다. 휘청거리는 다리를 질질 끌고 복도를 지나, 벽돌 벽을 부여잡고 가까스로 계단을 내려간다.

'내 몸, 아무 이유 없이 조각조각 저며지고, 찢겨지고, 파헤쳐진 내 몸.'

벽돌 틈 사이로 손가락을 밀어넣어 몸을 일으키고, 벽에 기대서서 조용히 머리를 찧는다.

'그들은 아무런 의문도 제기하지 않고, 그저 온갖 검사를 해댄 거야.'

이제 진실을 밝혀줄 잃어버린 조각들이 모습을 드러낸다.

'모두 엄마가 벌인 일이야.'

모든 조각들이 내게로 날아와 제자리를 찾으려 한다. 그러나 나는 알고 싶지 않다.

나는 엄마의 삶을 지탱시켜주기 위한 희생양이었어.

알고 싶지 않아.

그래서 나도 살 수 있었지.

알고 싶지 않아.

쿵.

알아야 해.

만약 엄마가 죽었으면, 나도 죽었겠지.

알고 싶지 않아.

철컥.

알아야 해.

나는 가족 건강 센터의 모나를 만나기 위해 급하게 예약을 한다. 그녀는 지난 두 달 동안 레이에게서 벗어나려고 노력하는 나를 상담해준 심리 치료사이다. 나는 치료비를 지불하기 위해 꼬깃꼬깃 숨겨둔 5달러짜리 지폐를 끄집어낸 뒤, 반쯤 넋이 나간 채 차를 몰고 간다. 그리고 완전히 멍한 상태로 대기실에 앉는다. 차라리 모든 것이 되돌려졌으면 좋겠다. 나는 자꾸만 멀리 미끄러져 내려가는 스스로를 다잡으며, 가까스로 정신을 놓지 않고 있다.

잠시 후, 나는 비틀거리며 진료실 소파에 기대앉아 가쁜 숨을 몰아쉰다. 그리고 수업시간에 있었던 일, 나에게 일어났던 일의 정체를 알게 된 사연을 힘겹게 털어놓는다. 그 모든 일이 실제로 내게 일어났으므로, 아마 그게 사실일 거라고 설명한다. 나의 엄마, 심장 도관, 누구도 이상을 발견하지 못한 일, 외할머니가 준 음식을 먹고 응급실로 실려간 일, 코를 수술하고 얼굴에 깁스를 한 일, 내 요도에 꽂았던 튜브…….

'오, 맙소사.' 나는 열세 살의 내가 간호사에게 아무 생각

없이 한 이야기들을 떠올리고, 그것이 얼마나 진실을 왜곡시
켰을지를 이제야 깨닫는다.

모나는 가만히 앉아서, 레이의 이야기를 들을 때는 전혀 알
지 못했던 내 기억의 편린들을 짜맞추려고 노력하고 있다. 어
쩌면 내가 미쳤다고 생각하는 것 같기도 하다. 그녀는 냉정하
게 나를 밀어낼 뿐, 어떤 위로의 말도 주지 않는다. 그녀는 목
캔디 한 알을 꺼내 요란하게 포장을 벗긴 후 입 안에 넣는다.

그리고 손가락으로 무릎을 잡는다.

"(사탕을 빨며) 있잖아요, 줄리, 환자들이 지나치게 흥분할
때면 말이에요(침을 빨아들이며), 난 집으로 가서 목욕물을
받아놓고 편안하게 누워서 긴장을 풀어보라고 충고를 하곤
해요. 따뜻한 물로 목욕해보거나, 아니면(오도독 깨먹으며)
일기 써본 적 있나요?"

카프카의 소설처럼 어느 날 일어나보니 내 몸이 바퀴벌레
로 변해 있는데, 모나는 목캔디를 빨면서 나더러 집에 가서
목욕이나 하라고 한다.

그 후 이틀 동안, 나는 내 방 안을 맴돌다가, 새벽 4
시에 비 오는 거리를 서성대다가, 소미넥스(수면제의 일종_역주)

를 털어넣고 잠을 자려고, 단 20분 만이라도 자보려고 애를 썼다. 식료품점을 가보지만, 내 마음은 온통 병원으로 가 있다. 사람들이 나를 둘러싸고, 내 몸에 손을 대고, 이리저리 만지작거린다. 나는 양어깨를 바짝 조여 최대한 몸을 좁게 만들고 걸어간다. 지나가다 느닷없이 발목이나 손목을 잡힐 위험을 피하기 위해, 양팔과 다리를 바짝 몸 가까이에 붙인다. 그들은 발을 질질 끌며 냉동식품 코너를 벗어나는 나를 피클용 오이와 양파 더미 사이로 훔쳐본다. 그들은 계산대 앞에서 차례를 기다리는 내게로 카트를 밀고 와 뒤를 가로막은 뒤, 아래위로 빤히 훑어본다. 내 귀에는 그들의 생각이 들린다. 그들은 나처럼 골골해서 운동 하나 변변히 할 줄 아는 게 없는 사람이 과연 살 만한 가치가 있는지를 저울질하고 있다.

레이는 떠나버리고, 심리학 시간에 들은 이야기들은 하나도 기억이 나지 않는다. 이 혼란스런 상황을 전기를 끊겠다는 경고장 탓으로 돌려본다. 병원에서의 기억들은 무의식의 갈라진 틈으로 서서히 미끄러진다.

다시 이틀 후, 나는 비좁은 아파트 바닥에 쓰러진다. 앞으로 뻗은 손이 까마귀의 발가락처럼 자꾸만 오그라든다. 숨을 헐떡이면 헐떡일수록, 손가락이 점점 더 비틀린다. 그렇게 말리고 또 말려서, 결국 손가락은 내 얼굴 바로 앞에서 얽히고 비틀어진 채 얼어붙어 버린다.

나는 매를 맞거나 정신 질환이 있는 여성을 위한 무료 보호소에서 눈을 뜬다. 말을 할 수 있을 만큼 냉정을 되찾은 후, 나는 무슨 일이 있었는지를, 사실은 내가 아픈 게 아니었으며 모든 것이 다 엄마가 꾸며낸 일이었음을 그들에게 말하려 했다. 그러나 덩치 크고 억세게 생긴 간호사는 내 등을 툭툭 쓰다듬을 뿐이다.

"오, 이젠, 다 괜찮을 거예요. 걱정 말아요. 굳이 말하려고 애쓸 필요 없어요."

그들은 내 동생 대니를 부른다. 그 아이는 내 침대에 걸터앉아서, 나를 바라보며 운다. 나는 목격자를 얻기 위해, 내가 미치지 않았다는 걸 스스로에게 증명하기 위해, 이야기를 꺼낸다.

"대니야, 엄마가 너한테 천식 치료를 받게 하려고 했던 일 기억나니?"

대니가 고개를 젓는다.

"그럼, 총은 기억나니? 대니야, 우리 집이 불에 타고 모두들 비좁은 캠핑 트레일러에 끼어서 살 때, 네가 아빠의 머리에 총을 들이댔잖아. 기억나니?"

"누나, 난 아무것도 기억 안 나."

"내가 심장 때문에 병원에 있었던 건? 심장 수술 받으려고 했던 건?"

대니가 눈물을 닦는다. 꼭 아빠가 그랬던 것처럼, 그 아이의 이마에는 꾹꾹 눌러놓은 감정의 주름이 깊게 잡혀 있다. 대니는 두 눈을 꼭 감으며 떨리는 입술을 진정시키려고 애쓴다. "누나," 그 아이의 목소리가 갈라진다. "난 어렸을 때 일은 하나도 생각이 안 나." 그리고 꼭 움켜쥔 주먹을 허벅지 위에 올려놓는다. "나한테 열다섯 살 이전의 기억은 하나도 없어."

열다섯 살은 대니가 마침내 엄마에게서 벗어나 아빠와 함께 살기 시작한 나이였다.

인도계 정신과 의사 역시 내 정신이 온전치 못하다고 치부해버렸다.

"좋아요. 그러니까 당신이 말하는 그 '문하오전' 증후군이라는 게 뭐죠? 한번도 들어본 적이 없는데요?"

병명조차도 제대로 알아듣지 못하는 그녀는 짙은 눈썹 아래로 의심의 눈초리를 보내며, 내게서 어떤 특정한 망상중 증세를 찾아내 거기에 맞는 약을 처방해보려고 이리저리 살핀다.

"다시 한번만 더 설명해줄래요?"

나흘 뒤, 나는 보호소를 나와 거울의 집으로 옮겨갔다.

거울의 집은 내가 수술을 받았던 병원으로부터 불과 1.5킬로미터 정도 떨어진 곳에 자리한 다 쓰러져가는 농가이다. 집세는 거의 없는 것이나 마찬가지다. 2층은 난방이 되지 않는다. 비록 도시 안에 자리하고 있지만, 온통 숲으로 둘러싸인 이 외딴 집의 지반은 골짜기 아래로 천천히 가라앉고 있다.

나는 이 집의 가장 넓은 방에다 무용 연습실 같은 데서 집어온 커다란 거울들을 잔뜩 걸어놓는다. 나무 바닥 위에는 아무런 가구도 없다. 오로지 나와 거울뿐. 이곳이 지금 내가 사는 곳이다. 여기에는 나를 도와줄 사람이 없다.

나는 제일 큰 거울을 들여다본다. 나는 병든 미인이다. 아름답지만, 한 뼘이나 되는 질병의 그림자가 나를 덮고 있다. 눈 아래에는 검은 그늘이 선명하고, 피부는 칙칙하고, 입술에서는 작은 각질 조각들이 끝도 없이 일어나고, 동공은 흐린 빛이 역력하고, 숨은 턱에 닿을 듯 가쁘고, 온몸에는 무기력함이 달라붙어 있다.

나는 이 묵은 때를 벗을 수 있을 것이다. 이것을 말끔히 닦아내고, 내 자신을 윤나게 만들 수 있을 것이다. 만약 내가 스스로를 병들게 만들지만 않는다면 말이다. 그러나 멈출 수가 없다. 멈출 수가 없다. 그건 내 세포 속에 있다. 내 피 속에 있다. 그건 세상에 태어난 직후부터 내게로 스며들어온, 나의 생존 본능 같은 것이다: 나는 죽음을 향해 행진하도록 세뇌되어 있으며, 건강을 얻으려 노력하는 일은 내게 너무 낯설다.

오직 기본적인 것을 해결하기 위해, 나는 자연 의학 클리닉의 시간제 안내원 자리를 얻고, 비좁은 예약 안내대 아래로 내 긴 몸을 구겨넣는다. 이곳을 택한 것은 영양 상담이나 해독 치료, 비타민 보충제 구입 등에서 할인 혜택을 받을 수 있기 때문이다. 대신, 나는 자기에게 뭔가 이상이 있는 것을 즐기는 듯 몰려오는 단골손님들을 위해 끊임없이 예약시간을 잡아주어야 한다. 한 여자는 기다란 벌레가 똬리를 틀고 있는 작은 항아리를 꺼내들더니, 자기가 처방받은 치료법을 사람들에게 신나게 설명한다. 최악은, 대기실에 서서 말을 들어주는 사람이면 누구든 붙잡고 자기 아이들의 증상을 끊임없이 늘어놓는 어떤 엄마이다. 나는 그 여자 뒤에 서 있는 가냘픈 눈빛의 아이를 바라본다. 그리고 눈 속에 저렇게 많은 이야기를 담고 있는 저 아이는 분명 위탁 아동일 거라고 짐작한다.

"죄송합니다만," 나는 거짓말을 한다. "예약이 꽉 차 있어서…… 음…… 적어도 몇 주는 기다리셔야겠습니다." 혹은 내가 근무하지 않는 날로 예약을 잡기도 하고, 가끔씩은 깜빡 잊고 그들의 이름을 예약부에서 빠뜨리기도 한다. 예약부에 없는 환자까지 봐주기에는 이 병원이 너무나 혼잡하다는 것을 잘 알고 있으니까.

집과 병원을 벗어나지 않은 한은 괜찮다. 그러나 바깥세상 속에서, 나는 여전히 피해의식에 사로잡힌다. 아무리 도망치듯 사람들을 피해 다녀도, 다들 나만 따라다니는 것 같다. 나를 뚫어질 듯 바라보는 시선들이 느껴진다. 그들의 생각이 들린다. 저 여자 좀 봐, 당장이라도 저세상으로 갈 것 같군.

그러나 내 농가의 벽 안에서, 나는 껍질 밖으로 기어 나오며 불사조처럼 팔을 뻗어 올리고, 덩실덩실 춤을 추고, 팔을 내

저으며 온 방 안을 날아다니고, 그러곤 거울 앞에서 무너지며 울음을 터뜨린다. 커다란 창문을 통해 들어오는 겨울 햇살 속에서, 나는 자궁 속에서 훈련받은 시각 말고, 진짜 나의 시각으로 내 모습을 바라보기 시작한다. 나는 이것에 대해 어떤 기록도 남기지 않는다. 누구에게도 말하지 않는다. 나 자신조차 내가 무슨 일을 하는지 알지 못한다. 그냥 아기 새처럼, 감겨 있던 눈을 깜빡거리며 축축한 날개를 펴려고 노력할 뿐이다. 내게는 과거를 조리 있게 말할 능력이 없다. 잠재의식 속에서 막연하게 느낄 뿐, 실체를 볼 수는 없다. 어쨌든 나는 이 방식을 계속 해볼 생각이다.

내게는 여전히 엄마와의 소통이 필요하다. 엄마가 없는 나는 절반쯤 껍질을 벗다 만 유충이다. 요즘 엄마는 인디언계 애인과 함께 몬태나의 인디언 보호구역 트레일러 안에서 산다. 나는 아무 일도 없었다는 듯, 모든 것이 괜찮다는 듯, 엄마와 이야기를 나눈다. 그리고 여전히 그녀에게서 사랑을 뽑아내려고 노력한다. 나는 여전히 한밤중에 자살을 하겠다는 엄마의 전화를 받고 2천 마일이나 떨어져 있는 그녀의 손에서 총이나 약병을 뺏으려고 노력한다. 나는 엄마를 구할 수 있는 유일한 사람이다. 만약 내가 그동안 열심히 해오던 일을 거부함으로써 엄마가 죽기라도 한다면, 나 역시 살 수 없을 것이다.

어떤 때는 엄마가 마음을 열 준비가 된 듯 부드러운 목소리로 전화를 걸어오기도 한다. 엄마가 말한다.

"씨씨, 네가 다 자라서 내 곁을 떠나고 나니, 난 정말 모든 게 혼란스럽구나…… 그 모든 옛일이 말이야……."

나는 흐느끼기 시작한다. 이제라도 엄마가 무슨 일을 저질렀는지 다 알고 있다고 말해야겠다.

"네가 옛날에 저지른 일들을 정당화시킬 순 없을 거야……."

'내가 왜?' 그리고 나를 위해 흐느끼는 엄마의 울음소리가 들린다. "그래도 난 다 이해한단다."

목구멍까지 말이 차오른다. 진찰실에 앉아 엄마가 꾸며낸 증상들에 저항하고 싶은 마음을 억누르는 동안 늘 그래왔던 것처럼, 우리 뒤로 몰려오는 20년이라는 세월의 흐름과 함께, 눈물의 격류와 함께, 당장이라도 튀어나올 듯 끓어오른다. "왜 그랬는지 이해할 수는 없지만, 난 그 사람도 용서했단다." 그러나 다시, 눈물을 꿀꺽 삼킨다. "사람이란 언제나 노력을 해야 해, 나도 노력했단다. 결혼생활을 유지하고 너희를 잘 키우기 위해서 말이야." 기회는 사라졌다. "그런데도, 난 여기 이렇게 가난에 허덕이며 살고 있구나. 지난번에 너희 아빠랑 동생을 찾아갔더니, 나한테 밥 한 끼도 안 사주더구나. 내가 거기 있는데도, 밥 한 끼를 안 사주더란 말이야. 너도 알지? 두 아이를 대학까지 공부시키는 데 얼마나 많은 돈이 드는지, 지금 나 혼자서 그 일을 다 떠맡고 있는 걸 말이야."

현실과 연결된 엄마의 끈은 이제 거의 해져버렸다. 그리고 대학에 다니는 엄마의 두 아이는 그들의 피와 땀으로 학비를 마련하고 있었다.

봄이 농가를 녹이고, 내 가슴은 거울 앞에서 다시 형체를 찾아간다. 뜻하지 않은 성장을 맞이한 하얀 가슴을 미처 수용하지 못한 피부에는 튼 자국이 남는다. 꽃망울이 서서히 터지듯이, 내 좌골도 벌어지기 시작한다. 나는 사춘기 소녀처럼 성장한다. 깍지의 틈이 벌어지면서, 그 안에 움츠려 있던 나는 너무나 고통스럽게 딱딱한 껍질을 빠져나간다. 맨손으로 틈을 비집고, 접히고 구겨져서 오그라붙은 사지를 펴고, 기지개를 켜며 껍질을 벗어난다.

나는 거울 속에 비친 내 얼굴을 만지작거리며 몇 시간을 들여다본다. 얼굴이 하는 말에 귀를 기울인다. 다른 사람을 대하는 내 얼굴 표정이 어떤지, 내 눈빛이 어떤지, 혹시 엄마처럼 뒤틀려 있지는 않은지 살핀다.

거울에서 떨어져 있을 때, 나는 도저히 스스로를 결코 예쁘다고 생각할 수가 없다. 내 몸이 매력적으로 변하고 있음을 믿을 수가 없다. 그 안에 스스로를 치료해나가는 잠재력의 지혜 같은 것이 있을 리 없다. 내 본능은 낚싯대의 릴처럼 단단하고 복잡하게 얽혀 있어서, 몇 달이고 매일같이 아주 조금씩 풀어내지 않으면 안 된다.

　나는 거울 앞에서 몸을 둥글게 말아본다. 얇은 피부 아래로 드러나는 등뼈의 모양을 살핀다. 가늘고 파란 혈관을 관찰하고, 온몸의 혈관으로 피를 뿜어내는 약한 박동에 매료당한다. 그것은 내가 살아 있다는 증거이다. 심장 없이 스스로 피를 돌릴 수는 없다. 나를 살아 있게 하는 것은 내 심장이다.

　거울을 통해 몸의 모든 부분을 관찰하며, 어느덧 내 피부 밖의 누군가도 이것을 봐주기를 원하게 된다. 내 손은 너무나 아름답다. 거울 속에서 이리저리 손을 돌려본다. 부드럽고 어린아이 같은 얼굴을 다시 바라보고, 가늘고 유연한 몸매를 한번 더 살핀다. 그러나 거울에서 물러나는 순간, 모든 것은 잊힌다. 거울에 비치는 모습에서 멀어지는 순간, 나는 다시 모든 것을 잃고 만다.

　내 마음에는 아직도 내가 26년간 나라고 믿어온 병약한 이미지가 박혀 있다. 나는 일찍 죽을 운명인, 금방 깨어질 듯 연약하고 기이한 인간이다. 내 마음의 눈에 비치는 나는 여전히 도살장의 소처럼 길쭉하고 움푹 꺼진 얼굴과 검고 끈끈한 머리카락을 가진 버려진 소녀의 모습이다. 그렇게 믿는 이상, 그렇게 느낄 수밖에 없다. 그렇게 느끼는 이상, 그렇게 행동할 수밖에 없다. 그리고 그렇게 행동하는 이상, 세상도 나를 그렇게 대한다.

거울 앞에서 물러난 자리에는 모든 사람이 이상하게 쳐다보는 여자가 서 있을 뿐이다. 나는 손가락으로 얼굴을 만져본다. 내 눈은 거울에 비친 내 모습을 받아들이지 못한다. 그저 의심스럽게 바라만 볼 뿐이다. 여기 보이는 나는 내가 아니라고 부정한다. 내 마음속의 진실과 거울 속의 진실은 정반대이다. 나는 내가 아는 세계와 거울 속에 존재하는 세계 사이에서 갈팡질팡하고 있다. 이 두 개의 세계가 완전히 하나로 합쳐지기까지는 삼 년이라는 시간이 필요했다.

그 길을 걸어오는 동안, 나의 상태는 아주 조금씩 느리게 변화했다. 성장 장애를 앓고 있는 어린아이처럼, 아주 힘들게 앞으로 나아갔다. 성인의 모습으로 살면서도, 나는 어린아이처럼 비틀거리며 한 걸음씩 걸음마를 배웠다.

그리고 여전히 잘 먹지 못했다. 위장이 요란한 소리를 내도, 식욕이 없다.

식욕과 허기는 다르다. 식욕은 실제로 손을 뻗어서 음식을 집어 입 속으로 넣고 씹고 삼키는 자동반응을 불러일으키는 정신적인 자극이다. 첫 학기 심리학 시간에 이걸 배웠다. 먹는 행위는 그저 육체적인 욕구만으로 완성되는 것이 아니다. 이것은 마음으로부터 촉발되어, 허기가 만들어지고, 몸이 음식을 받아들이게끔 하는 과정을 통해 이루어진다. 나에게는 이런 과정 사이의 연결고리가 끊어져 있었다.

누가 나를 만져주지 않는 이상 말이다. 누군가의 손길에 닿기만 하면, 나는 그 사람을 위해 무엇이든 먹어치울 수 있다. 내 등을 쓸어주면, 나를 아기처럼 안아주면, 내 몸을 잡고 흔들면, 나는 걸신들린 사람처럼 변한다.

예전 수업시간에 아기들이 누군가의 손길을 받으면, 뇌 속의 시상 하부가 자극을 받아서 음식을 먹으라는 메시지를 보낸다는 걸 배운 적이 있다. 만약 아기가 손길을 받지 못하면, 시상 하부가 먹으라는 신호를 보내지 않아서 그대로 굶어 죽고 만다는 것이다. 성장 장애를 앓고 있는 어른이라고 뭐가 크게 다를까? 유아기에서 얼어붙어 버린 사람이라면, 크게 다를 것도 없지 않을까?

나는 문을 열었을 때 너무 막막하지 않도록, 냉장고에 서너

개의 먹거리만 넣어두는 법을 배운다. 그래서 냉장고를 들여다보면, 유리병과 항아리와 비닐봉지가 아니라 먹을 수 있는 음식이 보이게끔 말이다. 냉장고 위에 시리얼 상자를 얹어놓아서도 안 되고, 식탁 위에 빵을 쌓아두어서도 안 되고, 서랍 안에 즉석 식품들을 넣어두어서도 안 된다. 무언가 하나가 너무 오른쪽이나 왼쪽으로 치우쳐 있기만 해도, 하루가 엉망이 되고 만다. 세 살짜리 아이처럼, 내게는 한두 개의 선택권만이 주어진 깨끗하고 정돈된 공간이 필요하다. 나는 어설픈 나만의 텔레토비 세상을 만든다.

그리고 누구든 내게 다가오는 사람은 침략자였기 때문에 나는 혼자 있어야만 했다. 사람들이 없는 상황에서만, 나는 맑은 수프를 끓여서 떠먹을 수 있었고, 그렇게 조금씩 먹을 수 있는 것을 늘려나갔다.

가끔은 나를 보호해줄 타인과 함께 바깥세상으로의 모험을 감행하기도 했지만, 그것은 너무나 위태로운 시도였다. 상호 작용을 하는 어느 순간에 위험이 닥칠지 모를 일이었다.

새 남자친구와 함께 바에 들어간 나는 물밀 듯 밀려오는 손님들을 보며 안절부절못한다. 나는 한쪽 벽에 붙어 서서, 사람들과 닿는 것을 필사적으로 피한다. 남자친구가 나를 바라보며 저쪽으로 가자고 손짓을 한다. 그를 따르며 부디 그가 나를 안전한 섬으로 인도해주기를 빌어보지만, 바 안을 걸어 들어가면 갈수록 사람들이 점점 더 가까이 몰려온다. 면 티셔츠를 입은 남자들이 내 몸을 이리저리 밀친다. 그들은 내 머리 위로 맥주병을 나르고, 입을 한껏 벌려 껄껄 웃는다. 나는 그들의 숨결이 내게 닿지 못하도록 손발을 내젓고 머리카락을 흔들며 거칠게 앞으로 나간다. 남자친구가 웃는다. 우스꽝스런 내 모습을 비웃는다. 마치 눈에 안 보이는 벌 떼를 털어내는 듯한 내 모습을 말이다. 내가 또 다른 전깃줄로 날아가려고 할 때면, 언제나 내 날개는 줄에 걸리고 만다.

나는 평생을 비눗방울 속에서 살아왔다. 처음에는 엄마가 만든 비눗방울 속에 살았고, 그 다음에는 나 스스로 만들었다. 그리고 이제, 오랫동안 나를 감싸고 보호해주던 망상이 벗겨져 나가면서, 나는 태아가 되어버렸다. 바깥세상과 직접 맞닿기에는 너무나 연약한 태아 말이다. 사람들은 그저 나에게 영향만 미치는 것이 아니다. 그들의 얇은 껍질은 뜨거운 비닐처럼 내게 달라붙어 화상을 입힌다. 그들의 말은 내 말이 되고, 그들 목소리는 그대로 내 목소리로 녹아들고, 그들의 의견은 내 의견이 만들어지는 과정에 고스란히 자리를 잡는다.

나는 불이 난 이후의 모습들이 담긴 사진 뭉치를 다시 들여
다본다. 사진 속의 내 얼굴에는 그가 누구든, 그 자리에 함께
한 사람의 표정과 특징이 그대로 담겨 있다. 내 표정에는 타
인의 개성과 얼굴, 윤곽과 미소 지을 때 움직이는 턱 근육의
유연성까지 고스란히 반영되어 있다. 내 얼굴은 그들의 정체
성을 띠기 위해 변형되어 있다.

　그리고 나는 엎드려서 환하게 웃는 6개월 무렵의 아기 때
사진을 들여다본다. 어디 한 군데 손상된 곳 없이 자연스러운
나만의 미소, 이것이야말로 다른 사람이 아닌 나 자신의 얼굴
이 담긴 유일한 사진이다. 나는 왜 태반 같은 과거를 매달고
다닐 운명에 처해졌을까? 자신을 되찾기 위해서는 얼마나 많
은 것을 감내해야 할까? 여기까지 오면서 난 얼마나 많은 조
각을 잃어버렸을까? 그걸 어디서 찾을 수 있을까? 그리고 다
시 붙일 수 있을까? 툭툭 쳐도 끄떡없을 만큼 만들어놓으려면
얼마나 붙이고 또 붙여야 할까?

　나는 뼛속까지 변질되어 있다. 엄마는 나를 속을 다 파먹은
멜론처럼 만들어놓았다. 그렇게 살아온 나는, 지금 거죽만 남
아 있다.

책은 말을 걸지 않아도 괜찮고, 술을 잔뜩 마시고 주차장에서 옷을 벗지 않아도 별종 취급을 당할까 염려할 필요가 없는, 나의 친구다. 그 속에 몸을 푹 담그고 기력이 소진될 때까지 첨벙거리며 탐닉해도, 마냥 좋기만 한 친구다. 밥을 잔뜩 먹고 어둠 속에서 홀로 있을 때면, 나는 어김없이 책 속을 파고든다.

이 무렵, 나는 언제나 책과 함께 잠자리에 들곤 한다. 병원에서 일하는 시간을 제외한 모든 시간을, 거울에 비치는 내 모습을 확인시켜줄 진실을 찾으며 조용히 책장을 넘기는 데 쏟는다. 책은 나의 긍정적인 부모이고, 스스로를 믿는 법을 가르쳐주는 선생이다. 그 한 장 한 장의 영혼 속에는 완전한 성장에 필요한 많은 경험과 보살핌이 담겨 있다. 만일 우리의 영혼이 세상에 나오기 전 미리 책을 접할 수 있다면, 우리는 자아를 훨씬 빨리 찾을 수 있을 것이다. 책은 지금 내가 이 고통스런 암흑기의 어디쯤에 위치하고 있는지, 어떻게 하면 빠져나갈 수 있을지를 알려준다.

어느 날 갑자기 동굴 입구를 막고 있던 큰 바윗돌이 치워지고 나면, 깜깜한 동굴에만 갇혀 있던 사람에게는 빛에 적응할 시간이 필요한 법이다.

하와이가 그토록 싱그럽고 아름다운 땅이 되기 위해서는 용

암과 화산재의 분출 과정을 겪어야만 했다. 세탁기 속에서 돌아가는 빨래는 처음에는 오히려 구정물에 잠겨서 더 더러워지는 듯 보이기 마련이다. 그러나 이 혼란의 소용돌이를 지나고 나면, 우리는 깨끗하고 향기로운 옷을 끄집어낼 수 있다.

나는 새삼스러울 것도 없는 몇 가지 격언들로 스스로를 지탱한다. "우리는 역경 때문이 아니라, 역경에도 불구하고 지금의 우리가 되어야 한다." 혹은 "사람들은 진실로부터 상처를 입는다고 하나, 진실로 인해 상처 입을 수 있는 것은 오직 환상뿐이다." 이런 말들에 매달리며, 나는 매일 새 땅을 다져나간다.

책은 어린아이에게 하듯 내게 말을 걸며, 스스로 발전해나갈 수 있도록 나를 이끈다. 나는 책에서 읽은 아름다운 말들을 냉장고 위에 붙여놓고, 그것들과 함께 살아간다. 책은 결코 이런 말을 하지 않는다. 넌 생각을 너무 많이 하는 게 탈이야. 그냥 넘어가. 대신 이렇게 말한다. 이봐, 전두엽을 자극해보라구. 그만 저 소란한 TV를 끄고, 한번 깊이 생각해봐. 그들은 한번도 "집어치워."라는 말로 문제를 회피하지 않는다. 내 아버지처럼 "너 지금 무슨 소리를 하고 있는 거냐?"라고 하지도 않고, 내 동생처럼 "아무것도 기억이 안 나."라고 하지도 않는다. 내가 갈라지는 목소리로 엄마의 입에서 총구

를 끌어내리기에 그때의 나는 너무 어렸노라고 항변할 때,
"맙소사, 줄리, 엄마가 자기 딸이 아니면 어디서 자기 편을 찾
으란 말이니? 인생이 그렇게 아무 일 없이 저절로 흘러가는
건 줄 아니? 네가 일으킨 말썽을 생각하라면 나는 수백 가지
도 더……"라고 쏘아대지도 않는다.

　나는 침대 위에 책을 가득 쌓아두고 잠자리에 들고, 그러면
그들은 파수꾼이 되어 침대에서 떨어지지 않도록 내 마음을
든든하게 지켜준다.

　나는 한쪽 부모만이라도 잿더미 속에서 복원시키고
싶은 심정으로, 아버지에게 희망을 걸어보기로 한다. 한쪽 엔
진만 있어도 달릴 수 있으니까. 이따금씩 연락을 하고 살긴
했지만, 우리의 상호작용은 언제나 살얼음판을 걷듯 조심스
럽게 서로를 건드리지 않는 선에 머물렀다. 심지어 어떨 때는
아빠가 나를 딸로 알고 있는지조차 의심스러웠다. 할아버지
가 나를 부르던 것처럼, 때때로 아빠는 나를 샌디 혹은 대니
라고 부르기도 했고, 몇 번이고 머뭇거리다 겨우 내 이름을
생각해내기도 했다.

　나는 꼭 우리 둘만이어야 한다고 몇 번이나 다짐을 받고, 아

빠가 정한 중국식 뷔페식당으로 간다. 아빠는 어떻게든 자신의 여자친구나 대니처럼 우리 사이의 공간을 확보해줄 만한 사람과 함께 오려고 애를 쓴 터였다. 나는 지난밤 온 마음을 다해 모든 것을 털어놓은 스무 장짜리 편지를 꺼내놓는다. 아빠는 포켓용 게임기를 꺼내더니, 카드게임을 시작한다.

"아빠." 식탁 앞으로 몸을 기울이며 내가 입을 연다.

"엄마가 제게 무슨 짓을 했는지 아세요?"

"줄리, 넌 혼자만 불행하게 살았다고 생각하지? 어디 내 얘기 한번 들어볼래? 내가 열 살 때쯤인가? 암튼 어린 꼬마였을 때, 뒷마당 나무 위에 올라갔다가 떨어진 적이 있었지. 그때 너희 할아버지는 의자에 앉아서 TV를 보고 있었다. 나는 팔을 받쳐들고 걸어 들어가야만 했어. 내 팔이 부러졌다는 걸 알면서도, 너희 할아버지란 인간은 보던 프로가 끝날 때까지 나를 병원에 데려가지 않았지. 난 부러진 팔을 안고 30분이나 거기 앉아서 기다려야 했어."

"아빠."

"왜 그러냐?"

"저는 두 팔 모두 하루 종일 기다린 다음에야 겨우 의사한테 보일 수 있었어요."

"네가 팔이 부러진 적이 있었다고?" 아버지의 이마에 주름이 잡힌다. "언제?"

"아빠! 3학년 때도 그랬고, 4학년 때도 그랬어요. 그때 아빠가 번즈 로드에서 돌아와서 저를 타운십 병원으로 데려갈 때까지 하루 종일 기다렸잖아요. 제가 깁스 했던 거 기억 안 나세요?"

"줄리, 난 네가 팔이 부러진 적이 있었는지 전혀 몰랐다."

내 재촉에 못 이겨, 아버지는 수북한 접시를 앞에 두고 편지를 읽는다. 나는 식탁 너머로 아버지의 얼굴을 본다. 그 표정을 살피며, 나는 편지의 내용들을 기억해나간다. 내가 어린아이였을 때 얼마나 아빠를 사랑했는지, 아빠가 내게 어떤 영웅이었는지, 그리고 아빠의 존재가 희미해지고 내가 엄마에게 온통 사로잡혔을 때 나의 상실감이 어떠했는지. 아빠가 우리를 때리게 하려고 엄마가 공구 상자를 감춘 대목에 이르자, 아버지의 얼굴에서 눈물이 흘러내려 끈적끈적한 체크무늬 식탁보 위로 떨어진다. 나도 함께 눈물을 흘린다. 우리는 서로를 마주보고 앉아서 같은 편지를 읽고 있다. 지금처럼 우리가 가까웠던 때가 없다. 나는 아빠의 눈물에 마음을 빼앗긴다. 그것이 아빠가 마음을 여는 신호라고 생각한다. 나는 슬롯머신처럼 아빠의 마음이 열리면서 쏟아져 나올 황금 동전들을 양손 가득 받을 준비를 한다. 그리고 그 빛나는 손바닥에 얼

굴을 문지르고 트레일러에서 흘렸던 비참한 눈물 자국들을
모두 닦아내리라 마음먹는다.

아빠가 편지를 다 읽자, 엄마 앞에서 삼켜야 했던 그 모든
말들이, 아빠와 나를 연결시켜줄 그 모든 말들이 다시 목구멍
으로 차오르기 시작한다. 지금이야말로 우리의 끈이 다시 연
결되고 모든 것이 회복될 기회다. 더 이상 아빠를 기다리고만
앉아 있을 수 없다. 어서 그를 붙잡아 열고, 모든 위안과 보상
을 끌어내야겠다.

아빠가 조심스럽게 편지를 접어 셔츠 주머니 속에 집어넣
는다. "씨씨, 이제 나갈까?"

기대 이상으로, 아빠는 조용한 곳을 찾기까지 한다. 이런
조잡한 곳에서 내게 설명을 하고 싶지 않은 것이다. 주차장에
서 드디어 둘만의 조용한 순간이 찾아왔고, 나는 아빠와 함께
걸으며, 단 한마디 말도 놓치지 않으려고, 아무리 숨이 차도
아주, 아주 천천히 숨을 쉰다.

아빠가 목청을 가다듬는다.

"그래, 네 차는 잘 굴러가냐?"

"아빠!"

"왜?"

"편지에 대해서는요? 편지에 대해서 하실 말씀 없으세요?

편지 말이에요, 아빠?"

"글쎄, 그래서 내가 늘 너희 엄마는 정상이 아니라고 말하지 않았니? 엄마가 그런 짓을 했다니, 정말 마음이 안 좋구나."

"하지만 아빠, 아빠도 어른이었잖아요. 아빠는 책임이 없다고 생각하세요? 그러니까, 말하자면, 아빠도 제게 크리넥스를 먹이셨잖아요, 아빠! 세상에, 어린애한테 어떻게 그런 짓을 할 수가 있어요? 어른으로서 잘못한 일은 사과하실 줄 알아야 하는 거 아닌가요?"

"글쎄다." 아빠가 코웃음을 친다.

"그 일은 제대로 한 것 같은데! 그러니까 네가 지금은 집 안에 휴지 조각을 흘리고 다니지 않잖니, 그치?"

진실은 무엇이든 마음이 믿는 것이다. 그리고 믿음은 우리를 양육한 사람들에 의해 만들어진다. 만약 누군가가 우리의 마음을 왜곡시켜놓았다면, 그것을 바로잡아줄 해답을 찾아내야만 한다.

아빠를 만나고 난 후, 나는 그 해답을 찾을 사람이 나 말고는 아무도 없음을 깨달았다. 나는 내 가족이라는 암흑의 소용돌이와 바깥세상을 오가는 데 거울을 이용했고, 거울에서 멀어진 후에도 얼마나 오랫동안 옛 생각을 떨쳐버리고 새로운 생각을 유지할 수 있는지를 실험해보곤 했다. 겨우 부엌이나 현관까지 몇 발짝 못 가서 잡힐 때도 있었고, 가끔씩은 반나절씩 버티다가 다시 거울 앞으로 뛰어오곤 했다.

여름이 오자, 나는 새로운 토대를 세우고 가속을 얻는다. 식욕을 높이기 위해, 많이 뛰어다니고 열심히 피부를 문지른다. 몸 구석구석을 마사지하고 주먹으로 다리를 가볍게 두드려 경직된 근육을 자극한다. 목욕도 원기를 회복시키고 하루를 알차고 규모 있게 시작하는 데 도움이 된다.

나의 '오늘 할 일' 리스트는 보통 이런 식이다. 일어나서, 머리 감고, 먹기. 리스트에 적힌 일을 끝낼 때마다, 하나씩 선을 그어나가면서 성취감이 주는 아찔한 흥분을 경험한다. 그리고 가능한 한 자주 거울에 비친 내 모습을 힐끔거리며, 이제 내 얼굴도 나의 변화를 받아들이고 있음을 깨닫는다. 눈에 보이는 것을 따라가지 못하는 정신적 부조화는 서서히 사라지고, 미소는 한결 자연스러워진다. 거울 속에 나타나는 순간순간의 반짝임은 희미해져가는 과거 위에 붙여나가는 형형색색의 유치한 파티 장식물처럼, 내 존재의 연속성을 이어준다.

새롭게 자리 잡아가는 본능으로, 나는 조금씩, 조금씩 인큐

베이터 밖으로 나온다. 이제는 조금 더 길게 바깥세상에 머무를 수 있고, 파도가 다시 밀려와도 조금은 더 느긋하게 내 세계로 돌아갈 수 있다. 다시 아래로 미끄러져 내릴 때면, 펜을 꺼내들고 식당의 냅킨이든, 비행기의 멀미 봉투든, 다리의 맨살이든, 손에 닿는 것이면 무엇이든 닥치는 대로 글을 써내려가며, 다시 나를 끌어올린다. 내 생각을 이 세상의 언어로 펼쳐놓는다. 이제는 편집증 없이 나 자신에게 말을 걸 수 있고, 스스로를 잘 달래서 문턱까지 끌고 나갈 수 있다. 이 시기에, 나는 몇 권의 일기책을 자잘한 글씨와 뭔가가 열정적으로 휘갈겨진 메모 조각으로 메워나간다.

내 삶은 이제 3개로 나뉜다. 거울 속의 삶, 세상 속의 삶, 그리고 이 두 세계가 등을 대고 붙어 서서 이리 기울었다 저리 기울었다 해가며 균형을 잡아나가는 삶이 그것이다.

태어나서 처음 갖는 운동 기구로 보라색 요가 매트 하나를 얻었다. 나는 그 위에 드러누워, 혼자 궁리한 우스꽝스런 운동들을 하며 이리저리 굴러다닌다. 그리고 행운의 숫자 7이 칠해진 육중하고 낡은 녹색 슈윈 자전거를 타고 조금씩 운동을 한다. 처음에는 짧은 거리로 시작해서, 오솔길 저 아래까지 갔다가 돌아오고, 그 다음엔 조금 더 멀리 갔다 오고, 그리고 마침내 8월의 열기 속에서 숨을 헐떡이며 작은 언덕을 내려갔다 달팽이처럼 느리게 올라오기에 이른다. 다리는 혈액순환이 원활해지면서 붕붕거린다. 그것은 나를 지나가는 현재성의 흐름이며 짜릿한 삶과 홍분의 물결이고, 흩어지기 직전에 겨우 손을 뻗어 잡아챈 희미한 건강의 신호이다. 나는 옷을 벗고 거울에 몸을 비춰본다. 내 눈앞에서 변화가 일어나고 있다. 키와 머리카락이 하루가 다르게 껑충 성장하고 있다. 다리에서는 희미하게나마 근육의 흔적을 찾을 수 있으며, 푸른 핏줄은 사라지고 선명하고 힘찬 피가 흐르고 있다.

나는 난생처음 체육관에 등록하기 위해, 대기실에 앉아 가입 신청서를 쓰고 있다.

정기적으로 약을 복용한 적이 있습니까?

심장 질환을 앓고 있거나 앓은 적이 있습니까?

숨이 가쁜 증세가 있습니까?

가슴의 통증은?

입원한 적은?

수술은?

그 외 다른 병력은?

음식에 대한 알레르기는?

만약 '예'라고 대답했다면, 그에 대한 설명을 써주십시오.

어떻게 대답을 해야 하나? 마지막 질문에는 답을 쓸 공간이 너무나 부족하다. 내 과거를 묻는 이 질문들에 "예."라고 답해야 하는 것일까? 내 과거는 모두 거짓인데, 그런데도 지금 "예."라고 답을 해야 할 만큼 그것들이 정당성을 가지는 것일까? 그들이 알고 싶은 건 실질적인 의학적 이상 유무이고, 나는 아무 이상이 없다. 그렇지 않은가?

나는 검은색 볼펜을 손에 쥐고, 꾹꾹 누르며 "아니오."라고 새겨나간다.

어느 몽환적인 밤, 나는 나만큼이나 보호가 필요하고 섬세한 어느 남자의 사랑을 갈구하며 집을 나선다. 나와 동갑인 그는 민감하고 아름답다. 그와 함께 있고 싶다는 충동은 나로 하여금 우리 집 반경 15킬로미터의 안전거리를 벗어나게 할 만큼 강렬하다. 산골로 향하는 내 등 뒤로 도시의 불빛이 희미해지면서, 회색 겨울 하늘에 걸린 달이 은빛으로 빛난다. 그리고 지금 나는 모든 것이 시작된 타운십 가족 병원을 지나고 있다. 나는 이 평범한 단층 건물을 지난 10년 동안 한번도 찾지 않았으며, 내 삶을 집어삼킨 것의 실체를 알게 된 뒤로는 떠올리는 것조차 두려워했다. 얼른 달아나지 않으면 건물이 손을 뻗어 붙잡기라도 할 것처럼, 나는 가속페달을 밟아 빠르게 지나간다. 그리고 내 남자의 집으로 들어가서, 그의 팔에 안겨 내 안에 존재하는 이야기를 난생처음으로 이해받는다. 거친 돌들이 걸러지고, 부드럽고 논리 정연한 보석들이 내 입에서 떨어져 내린다.

여기서부터 용기를 얻어, 나는 타운십 병원에 전화를 하고 의료기록을 요청한다. 이제는 나도 그들이 본 것을 볼 준비가 되어 있으며, 궤도를 벗어나지 않고 진실을 바라볼 수 있을 만큼 강해졌다. 기록을 받아가기 위해, 어린 시절 그랬던 것처럼 다시 병원 로비에 앉아서 기다린다. 텔레비전에서는 약과 병원 광고가 무슨 온천 치료 광고라도 되는 듯 이어진다. 파스텔 환자복을 입은 행복한 사람들이 들판을 달리며, 어깨너머로 뒤를 돌아보고 웃음을 터뜨린다.

그것을 시작으로, 나는 엄마가 나를 데리고 다녔던 다른 병원들을 추적해나간다. 어떤 의사는 세상을 떠났고, 어떤 의사는 이사를 갔으며, 내 코를 수술한 의사는 옮긴 곳을 알리지 않은 채 도시를 떠나버렸다. 그 외에도 의사의 이름이나 병원 위치를 기억하지 못하는 병원들이 부지기수다. 그때 나는 겨우 아홉 살, 열 살, 열한 살이었다. 때때로 엄마와 나는 새 의사를 만나기 위해 한 시간씩 차를 몰고 가기도 했다. 그리고 막다른 골목과 마주쳐도, 절대 주춤할 이유가 없었다. 의사의 입에서 내가 정상이라는 말이 나오면, 그냥 주소를 남기지 않고 돌아서면 그뿐이었다.

기록들이 쏟아져 들어왔다. 서류를 받자마자 나는 어디든 바로 주저앉아 봉투를 뜯었다. 시간 낭비에 관한 150페이지의 기록들, 잃어버린 순수에 관한 150페이지의 기록들.

심장 도관 기록 속에는 내 어린 시절의 심장 전문의가 쓴 편지도 있었다. 거기에는 열다섯 살이 되던 해에 정기 검진을 받으러 갔을 때의 상황이 적혀 있었다.

당신은 똑똑한 성인이고, 경험 많은 의사다. 그런데 어떻게 그걸 못 볼 수가 있는가? 대체 어떤 열다섯 살짜리 여자애가 심장 전문의를 찾아와서 아테놀롤(혈압을 낮추는 효능이 있어 고혈압, 협심증 등에 사용하는 약_역주) 복용량을 상의한단 말인가? 적어도 의사라면, 명백한 거짓말의 냄새 정도는 맡을 수 있을 만큼 사람들의 행동에 대한 통찰력을 가지고 있어야 하지 않는가? 자기 진찰실에 찾아오는 것 말고도 열다섯 살짜리 여자아이에게 뭔가 다른 미심쩍은 일이 있을지도 모른다고는 왜

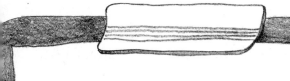

The Ohio State University

Department of Medicine
Cardiology

July 6, 1984

Dr.

Re: Julia Gregory

Dear Dr.

I saw Julie Gregory this morning in the clinic and find her doing extremely well. She wanted to double her 25 mgm dose of atenolol taken as bid, and I wasn't opposed to this although wanted to recheck her systolic intervals and echocardiogram before doing so. She continues to have particularly exercise-related rapid heart action, and I therefore rechecked her thyroid function tests and CBC wanting to exclude contributors to the hyperdynamic circulatory state.

Her EKG is as before and still shows small subtle delta waves and borderline shortening of the PR interval. Unless there is some striking finding in her noninvasive data, I would feel comfortable in her doubling her present dose of beta blockade.

Her mother had questions about school-related travel this summer, and I see no real reason to limit this patient's activities.

I'll see her again in a year with your permission.

Sincerely,

, M.D.
Division of Cardiology

Enclosures

줄리 그레고리의 건강 상태가 전반적으로 양호하지만,
본인의 요청에 의해 아테놀롤을 두 배로 늘려
처방하겠다는 내용.

한번도 생각하지 못했는가? 어쩌면 이 모든 일이 아이의 엄마가 시킨 일이 아닌지 왜 한번쯤 의심해보지 않았는가? 새로운 증상에 대해 꼬치꼬치 늘어놓으며 약을 늘려달라고 요구한 사람이 과연 누구였나? 여름캠프 가는 것이며, 운동을 하는 것이며, 친구 사귀는 것이 위험하지 않은지를 의논해온 사람이 과연 누구였으며, 그 사이 의자 모서리에 쭈그리고 앉아 고개를 떨구고 있던 사람은 대체 누구였는가? 이 모든 걸 놓친 당신이 불과 2년 전에 병원 복도에서 심장을 열고 수술을 해 달라는 내 엄마의 요구를 강력하게 거절하던 그 의사 맞는가? 그렇게 해놓고 나서 내가 약을 늘려달라고 한다는 엄마의 말을 곧이곧대로 믿는 것이 과연 가능한 일인가?

이런 생각들이 들었다.

심장병이 있는 고분고분한 아이는 죽었다. 나는 이제 진짜 여성의 신체와 기상을 가진, 진짜 여자이다. 내 생각, 감정, 욕구와 희망을 똑똑히 표현할 수 있다. 식료품 가게에서도 당당하게 걸어 다닌다. 도망치지 않고 사람들과 이야기 나눌 수도 있다. 발정기의 암컷이 아닌, 여자로서 남자와 상호작용을 할 수도 있다. 그러나 유순함이 조금씩 벗겨져나가면서, 내 피부 아래에서는 무언가 아주 어둡고 사악한 기운이 발톱을 드러내려 용솟음치고 있다.

　분노가 사그라들지 않는다. 오히려 목구멍을 꾸역꾸역 넘어온다. 가게 점원이건, 전화 교환원이건, 누구든 나를 막고 방해하려는 자들이 있으면 마구 덤벼들어 물어뜯는다. 나는 잔인하고 교활하다. 그들은 모두 무능력하다. 그들은 모두 멍청하다. 하등의 가치가 없는 인간들이다. 나는 파리채로 그들을 마구 때린다. 이런 눈 먼 광란이 지나가고 나면, 문득 정신을 차리고 내가 무슨 짓을 했는지를 깨닫는다. 엄마가 내게 그랬던 것처럼, 위탁 아이들에게 그랬던 것처럼, 의사들에게 그랬던 것처럼, 나 역시 내게 화를 되돌리지 않을 누군가를 마구 공격하며 분풀이를 하고 있구나. 지금 나는 사람들이 괴로워하기를 원하고, 정곡을 찔러서 자책감에 고통스러워하기를 원한다. 내 엄마가 그랬던 것처럼, 그들이 가진 마지막 자신감까지 모조리 벗겨내고 싶어 한다. 난 멈추어야만 한다.

　기 치료를 받으러 가면, 탁자 위에 해먹처럼 매달아놓은 천 침대 안으로 들어가서 누워야 한다. 그러면 희미하게 밝혀놓은 평화로운 방 안에서, 기 치료사가 환자의 몸 가까이로 손을 띄워놓고 정신적인 상처로 인해 막혀 있는 가슴과 골

반 사이를 부드럽게 쓰다듬듯 움직인다. 환자에게 최대한 깊게
숨을 쉬라고 말하며, 막힌 화를 쓸어내리기 위해 애쓴다. 기 치
료사인 주디스는 내게 두 달의 기간이 필요하다고 말했다. 나
와 상담을 한 후, 그녀는 무료로 나를 치료해주겠노라고 했다.

　침대에 누워, 나는 의식의 깊은 상태로 빠져든다. 치료를 시
작한 지 한 달쯤 지난 지금, 나는 회의주의를 깨뜨리고 마음을
열기 위해 노력중이다. 주디스는 따뜻하고 성스럽게 나를 감싸
고 있으며, 나는 그녀의 손 아래를 떠다니고 있다. 이보다 더
안전하다는 느낌을 받은 적이 없다. 보통 우리는 침묵 속에서
시간을 보내지만, 오늘 주디스는 조용히 입을 연다. 처음으로
뭔가 잘못되어 간다는 느낌을 받은 때를 회상해보라고 한다.

　나는 기억한다. 내 눈에 짧은 더벅머리 여자애가 보인다.
주먹을 불끈 쥔다. 여자아이는 파리채를 들고 있다. 입가에
는 엄마와 너무나 닮은 비틀어진 미소가 번지고 있다.

　"여자애가 보여요."

　"몇 살인가요, 줄리?"

　아이의 모습을 그만 보려고 두 눈을 꼭 감는다.

　"열한 살이에요." 이를 악문다.

　"난 저 애가 정말 싫어요!"

　"왜 싫죠? 그냥 어린아이인데?"

"저 애가 아이들을 때려요. 비명소리가 나올 때까지 어린 아이들을 마구 때려요. 정말 싫어요. 죽여버리고 싶어요."

숨이 가빠오기 시작한다.

"좋아요, 줄리, 그 애는 그냥 보내도록 하죠. 숨을 천천히 쉬어보세요."

"주디스, 난 저 애가 싫어요. 정말 싫어요!"

"좋아요, 그냥 보내버리세요. 갔나요?"

숨이 다시 느려진다.

"이제 시간을 앞으로 빠르게 돌려보세요. 그 다음으로 뭔가를 느낀 건 언젠가요?"

나는 대니 방의 2층 침대 아래칸에 앉아 있다. 얇은 트레일러의 벽을 통해 엄마 아빠의 소리가 들린다.

"오, 맙소사, 난 열두 살이에요. 엄마와 아빠가 침대에 누워서 내 이야기로 싸우고 있어요. 나를 어떻게 할 건지를 두고 말이에요. 난 부엌으로 가서 부엌칼로 내 배를 찔러버리고 싶어요. 엄마 아빠가 그렇게 하기 전에 내 손으로 말이에요."

"그러니까 지금 열두 살짜리 여자애가 보이는군요. 그 애는 2층 침대에 있고요. 당신은 그 방에 서서 아이를 바라보고 있는 겁니다. 그 아이에게 무슨 말을 해주고 싶나요?"

"말하라구요? 지금 저 애한테 무슨 말을 하라는 거죠? 주디스, 쟤를 데리고 나와야 해요. 저 사람들은 미쳤어요. 쟤를 그냥 놔두면 안 돼요. 저 사람들은 애를 만신창이로 만들고 말 거야. 지금 데리고 나가야 해요. 지금 당장이요. 눈에 안 보이는 독약이나 찾겠다고 어슬렁대는 멍청한 사회복지사를 믿어서는 안 돼요. 내가 저 애를 구해야겠어요. 주디스, 저 애를 구해야겠다구요!"

"좋아요, 그럼 그 애를 구해내도록 하죠. 아이를 감싸 안고 그곳에서 도망쳐 나오세요. 이제 당신은 밖으로 나왔어요. 그 애는 당신과 함께 있고, 당신과 그 아이는 그 후로 계속 편안하고 안전하게 살고 있어요. 아이에게 뭐라고 하고 싶나요?"

"오, 주디스." 나는 옆으로 고개를 떨구고 어두운 방 안을 바라본다. "그 애는 너무나 소중해요. 매일 나는 그 애한테 자기가 얼마나 아름다운지, 내가 얼마나 사랑하는지, 힘든 시간을 겪게 만들어서 내가 얼마나 가슴 아픈지 말해주고, 더 깊은 사랑으로 보상을 해주겠다고 약속할 거예요. 앞으로 그 애는 누구보다 사랑을 많이 받는 아이로 자랄 거고, 상처도 금방 나을 거예요. 다시는 그 무서운 사람들한테 아이를 내주지 않을 거예요."

기 치료는 나를 여기까지 데려왔다.

이제 나는 정신과 의사와 다시 한번 이야기를 나눌 준비가 되었다. 나는 환자가 아니라, 의사들에게 '대리인에 의한 뮌하우젠 증후군(MBP)'이 뭔지를 가르치러 온 선생 같은 느낌이 든다. 의사가 내게 묻는다.

"그 의사들이 왜 그걸 놓쳤을까요? 왜 아무도 눈치 채지 못했을까요? 이웃 사람들도 없었나요? 진짜로 아픈 건 아니었어요?"

그들에게 진실을 말하면서도, 나는 여전히 내 엄마를 배신하고 있다는, 엄마의 비밀을 꽁꽁 감싼 수의를 벗겨내고 있다는 죄책감에 눈물을 흘린다. "애야, 약 먹어야지."라고 말하며 웃는 엄마의 가늘고 팽팽한 입술을 찢는 심정이 어떤 것인지를, 나는 글로 쓰고 또 썼다. 엄마가 달아주던 수액 주머니처럼, 엄마에 의해 텅 비워졌다가 다시 채워지는 느낌이 어떤 것인지도. 그리고 세상의 모든 거울이 비춰 주는 모습 그대로 내가 정말 아프다고 믿으며 살아온 세월이 어떤 것인지도.

정신과 의사는 내 엄마의 병이 이를테면 식인성향 같은 것이라고 했다. 내 몸을 갈기갈기 찢어서 날로 먹어치우고 싶은 욕구. 그런 욕구를 가장 비슷하게 실현시킬 수 있는 것이 나를 접시에 담아 병원으로 데려가서 칼을 대게 하는 것이라고 했다. 그리고 엄마를 배신한다는 죄책감을 갖고 있는 한, 나는 계속 엄마의 접시 위로 기어 올라가게 되어 있다고도 했다.

나를 아래로 내동댕이치는 손이 나를 일으켜 세워주는 유
일한 손이었다. 그리고 나를 죽이고 싶어 하는 그 사람은 만
약 내가 그 칼날 아래로 몸을 바치지 않을 경우 자기 자신을
죽일 사람이었다. 나는 자궁 속에서부터 그 사람의 결백을 증
명해주는 알리바이로 길들여졌다. 만약 내가 꿈에서라도 뜻
을 거스른다면, 그녀는 내 생명을 꺾어버릴 터였다. 바지에
붙은 먼지를 털어내듯, 그녀는 가끔씩 나를 그렇게 털어내어
자기가 원하는 방향으로 돌려세워놓곤 했다.

그러나 여전히 나는 그 정도는 괜찮은 것일 수 있다고, 그렇
게 나쁜 것은 아니라고 속삭인다. 어떤 아이든 자기 엄마를
위해 하는 정도의 희생이었을 따름이라고 말이다. 이런 생각
은 내 머릿속에 나의 언어로 세뇌되어 있다. 그녀의 거미줄에
걸린 채, 만약 의사들이 엄마가 한 일을 눈치 챌 수 없었다면,
난들 무슨 수가 있겠느냐고 되뇌인다.

서른 살이 되기 전까지 그랬다. 그 이후 내 눈이 점점 밝아
지면서, 바람이 몰아치는 바닷가 절벽에 서 있는 나와 저 아
래 백사장에서 나를 올려다보고 있는 엄마가 보이기 시작한
다. 우리는 하나의 끈으로 연결되어 있다. 나는 그 끈을 허리
에 두르고 있다. 그리고 오직 어머니만이 줄 수 있는 친밀하

338

고 깊은 손길에 굶주린 채 그 끈을 놓지 못하고 있다. 엄마가 내게 하는 것만큼이 아니면, 난 언제나 부족함을 느낀다.

그래서 나는 그런 사람들을 내 인생에 끌어들인다. 엄마와 맺었던 관계와 흡사한 관계를 맺어줄 사람들, 강렬하고 혹독하게 나를 뒤흔들어놓는 사람들. 어느 순간 내 주변이 온통 금이 간 사람들, 나보다 더 깨어진 사람들로 가득 차 있음을 깨닫기 시작한다. 오, 그래, 어디 당신 금 좀 세어봅시다. 그러니까, 백 하고도 둘…… 음, 그래도 괜찮군요. 깨어진 친구들은 나를 온전한 사람으로 보이게 만들어주고, 내게 나 자신 말고도 돌볼 누군가가 있다는 사실을 확인시켜주는 존재들이다. 그러나 상처가 없거나 완벽하게 복원된 사람들과 있을 때면, 나는 금이 가고 일그러진 내 모습을 너무나 선명하게 느낀다.

그래서 다시 시작하기로 한다. 누군가가 내 주위로 줄기를 뻗기 시작하면, 나는 자리를 옮긴다. 그렇게 해서 바깥세상과 상호작용할 또 다른 기회를 얻긴 하지만, 그러나 그 어떤 것도 나를 철저하게, 뼛속까지 파고들지는 못한다.

나는 오하이오를 떠날 것이다. 내 농가집이 뜯겨나가기 시작한다. 집 남쪽 벽은 골짜기 아래로 무너져 내린다. 나는 가장 큰 거울이 걸려 있던 벽에 나무망치를 내리치고, 다시 팔을 들어 내리치고 또 내리치며, 내게 상처 입힌 모든 존재들의 이름을 소리쳐 부른다. 오래된 벽지가 씌워진 회반 죽벽에 구멍이 뚫린다. 나는 뒷마당에 장작을 쌓고 비상용으로 사두었던 케이크 가루와 수백 페이지의 병원 기록들, A부터 F 학점까지의 모든 대학 과제물들, 소년들에게서 받은 편지들, 남자들에게서 받은 편지들, 한 번도 쓰지 않은 잡동사니들, 첫 번째 화재가 아끼던 모든 것을 앗아간 후에 내가 모으고 집착했던 모든 것들을 던져버린다.

재가 사각거리며, 예전에 내 몸을 두고 상상했던 바스락거리는 단풍나무 잎사귀처럼, 밤하늘 위로 높이 떠오른다. 나는 변태 후의 남은 메뚜기 허물처럼 생명의 기운이 모두 사라진 텅 빈 농가의 뒷문을 닫는다. 그리고 낡은 컨버터블에 옷가지를 가득 담은 종이봉투 하나와 기타, 그리고 야채와 주스가 가득 든 가방을 싣고 자정에 길을 떠난다. 나는 명료하고 또렷한 정신으로 차를 몰고, 새로운 일상을 시작할 수 있는 도시, 평생 익명성을 지킬 수 있는 도시, 사람의 바다 속에 없는 듯 녹아버릴 수 있는 도시, 보도 위에서 죽거나 살아도 아무도 상관하지 않을 도시, 로스앤젤레스로 갈 것이다. 내 주행

기록계가 1킬로미터씩 올라갈 때마다, 엄마에 대한 내 기억은 심연 속으로 조금씩 떨어져나갈 것이다. 의사에게 갔다 올 때마다 들렀던 쇼핑몰이 현실에서 벌어진 일에 대한 기억을 중화시켜주었듯이, 빠르고 갑작스런 변화를 통해 나는 과거의 기억으로부터 멀어질 수 있을 것이다. 정상적인 세계를 향해 속도를 내면 낼수록, 내가 빠져나온 초현실적인 세계는 점점 더 멀어질 것이다.

누구도 모르게, 나는 그걸 극복해낼 것이다. 아무도 알지 못하게, 그 줄을 풀어버릴 것이다.

그러나 수년이 지나고 수천 마일이 멀어진 지금, 작은 궁금 증의 조각들이 다시 내 머릿속에서 반짝이기 시작한다.

분명 엄마가 항상 그렇게 나빴던 건 아니다. 분명, 지금쯤이면 엄마는 변했을 것이다. 엄마도 어쩔 수 없어서 그랬을 것이다. 학대당한 아이들이 자기 인형을 똑같은 방식으로 학대하듯, 엄마도 내게 그렇게 할 수밖에 없었을 것이다. 이제 모든 것은 끝났고, 엄마는 분명 다른 사람이 되어 있을 것이다.

이렇게 나는 항상 나 자신을 뒤로 끌고 간다. 환경을 더 바꾸면 바꿀수록, 나는 더 많이 물러선다. 그리고 더 많이 물러서면 설수록, 더 많이 필요로 하고, 더욱 더 엄마에게, 나를 도와줄 엄마에게, 내가 돌아가도 좋을 엄마에게 집착한다. 내가 나의 엄마에게 그렇게 해주었듯이, 나를 포근하게 안아줄 다른 엄마를 어린아이처럼 찾아 헤맨다. 지친 머리를 내려놓을 수 있는 어머니의 무릎이 간절하다. 한밤중에 공포와 불안이 몰려올 때면, 나는 침대 밑에 앉아서 내 머리카락을 천천히 쓸어서 귀 뒤로 넘겨주는 어떤 엄마와 같은 부드러운 존재를 상상하고, 그녀의 손가락 주위로 일어나는 짜릿한 전기를 느끼며, 잠을 청한다. 그녀의 손에서 나오는 온기로 내 머리가 씻은 듯 낫는 상상을 한다.

엄마를 보지 않은 지 7년이 지났다. 우리가 함께 찍은 마지막 사진은 어머니날 단 둘이서 어느 숲길로 나가 점심을 먹으며 카메라를 향해 미소 지을 때 찍은 것이었다. 갓 염색한 엄마의 머리는 태양 아래서 불그스레 빛났다.

그로부터 몇 달 후, 나는 계단 아래로 곤두박질쳐 생명이 까맣게 타들어갔고, 엄마는 모든 짐을 챙겨서 새로운 시작을 위해 몬태나로 떠났다. 이제 과거로부터 너무나 멀리 떨어져 6개월마다 변하는 삶을 살아가는 나는 다시 허깨비를 세우기 위해 삶의 작은 파편들을 고르기 시작한다. 나를 다시 일으켜줄 어머니의 모습을 한 허깨비를 세우기 위해, 허리를 굽혀 기억의

실을 한 가닥 한 가닥 엮어나간다.

　서른한 살의 어느 오후, 나는 숨을 죽이며 엄마의 번호를 돌
렸다.
　"샌디?" 엄마라는 말이 입 밖에서 나오지 않았다.
　"안녕하세요? 저, 줄리예요."
　나는 그녀로부터 밀려오는 죄책감 따위는 기대하지 않았다.
　"씨씨냐? 오, 맙소사, 줄리, 네 목소리를 들으니 정말 좋구
나. 어디에 있니? 얼마나 걱정을 했다고."
　이렇게 해서, 나는 다시 조금씩 엄마에게 마음의 문을 열어
갔다. 몇 번의 부드러운 전화통화 뒤, 나는 결국 엄마에게 내
게로 닿는 길을 알려주었다. 엄마는 절대로 너무 늦은 시간에
전화를 하지 않겠다고 약속함으로써, 예전에 있었던 한밤중
의 자살 위협들을 엄마만의 방식으로 사과했다.

　로스앤젤레스(L.A.)는 외로운 곳이다. 익명성을 보장받는
것도 지겹다. 오하이오에서, 나는 눈에 띄는 사람이었다.
L.A.에서는 모든 사람이 다르다. L.A.에서는 어느 누구도 대
단하지 않다. 전화번호를 받아가도 아무도 전화하지 않는다.
사람을 그리워하면 그리워할수록, 점점 더 얻지 못한다.

L.A. 사람들은 갈망의 냄새를 맡을 줄 안다. 그리고 도망간다.

결핍감으로 인해, 나의 엄마는 시간이 지나도 조수에 쓸려가 버리지 않도록 사람들과 나를 연결해주는 튼튼한 구명밧줄이 되어갔다. 나는 크고 텅 빈 도시에 사는 고뇌를 엄마에게 털어놓았다.

"언제든 집으로 와도 된단다, 씨씨."

집으로, 씨씨. 엄마와 같이 살러 먼 길을 날아간다는 생각은 말도 안 되는 것 같았다. 그러나 나는 독립적인 생활에 너무 지쳐 있었고, 엄마에게 보살핌을 받는 나 자신을 상상하는 헛된 꿈은 정점에 달해 있었다.

엄마는 내가 몇 년 동안 필요하지만 여유가 없어서 사지 못했던 것들이 들어 있는 상자를 보내주었다. 돈이 없어 차를 찾지 못할 때, 돈을 보내주기도 했다. 엄마는 나의 가장 힘든 부분을 도와주었고, 난생처음으로 엄마가 되어주었다. 내가 엄마를 구해줄 필요가 없었다. 나는 엄마를 필요로 했고, 엄마는 나를 구해주었고, 늘 적절한 시간에 전화를 해서, 나를 격려해줄 적절한 말들만 했다. 경계심은 모두 증발했다. 엄마는 변했다. 엄마는 보상을 해주려고 노력하고 있다. 굳이 그 얘기를 꺼내서 뭐 하겠는가, 엄마가 손을 뻗어주면 그것으로 충분하다.

엄마는 몬태나의 그레이트폴스(몬태나 중부의 도시_역주)로 나를 데리러 왔다. 나에게는 돈도 계획도 거의 남아 있지 않았다. 내가 살아온 삶에 대한 책을 쓸 생각이었으나, 그보다 더 필요한 건 엄마였다.

나는 알고 싶었다. 엄마가 전화통화에서처럼 얼굴을 마주하고도 진짜 엄마가 되어줄 수 있는지를 말이다. 아니면 나 혼자 텅 빈 공간에 거짓 희망을 채우고 있었던 것일까?

엄마는 엄마가 사는 곳에서 조금 떨어진 곳에 농가 한 채를 가지고 있으며, 그곳에서 내가 휴식을 취하고 뿌리를 내릴 수 있게 해주겠다고 했다. 나는 내 작은 강아지 루루와 함께 거기서 살 것이고, 내 인생은 모두 잘 풀려갈 것이다. 이제 적어도 엄마를 갖게 되었으니 말이다.

몬태나까지는 비행기를 세 번 갈아타고 가야 했다. 갈아탈 때마다, 비행기들이 앨리스의 이상한 나라로 통하는 복도처럼 점점 작아지더니, 마지막 비행기는 연줄에 매달린 작은 깡통처럼 빈 하늘을 껑충껑충 날아다녔다.

표범 무늬 가방에 넣은 작은 강아지와 옷가지, 그리고 책,

새로운 삶에 필요한 물건들을 가득 짊어지고, 나는 그레이트 폴스 공항의 통로를 빠져나온다.

세상에, 엄마의 삶도 어지간히 힘들었나보다.

나는 간신히 엄마를 알아본다. 확실히 엄마는 자신이나 나의 과거를 돌아볼 만한 능력이 없어 보인다. 엄마의 얼굴은 마치 피부 아래로 독성 물질이 주입된 것처럼 부어 있다. 엄마 옆에는 가족이라고 소개하는 사람이 몇 명 서 있다. 엄마의 남편인 에드와 입양한 두 아이, 티나와 폴. 나는 침을 삼킨다.

우리는 공항에 있는 거대한 회색 곰 인형의 뒷다리 아래에 불쌍하게 모여 서고, 에드는 사진을 한 장 찍는다. 엄마는 아이들에게 웃으라고 말하고, 그들은 우리가 예전에 그랬던 것처럼 앞을 똑바로 쳐다본다. 엄마도 언제나 그랬듯 모델처럼 한쪽 다리를 구부린다.

우리는 미니밴에 짐을 싣고 수백 킬로미터나 떨어진 외딴 목장을 향해 떠난다. 가는 길에, 엄마는 기념으로 판데로사 스테이크하우스에서 식사를 하자고 한다. 나무합판을 댄 식탁 주위로 모두들 둘러앉자, 어색한 분위기가 천천히 녹는다. 나는 엄마의 새로운 삶 속으로 들어온, 다 자란 딸이다. 나는 그들 속에 들어가기 위해 이곳으로 왔고, 모두를 위해 최선을 다할 것이다.

포일로 싸서 구운 감자와 스테이크를 먹으며, 나는 조심스럽게 티나를 관찰한다. 그 애는 열한 살이고, 동생인 폴은 네 살, 나와 대니의 터울과 똑같다. 티나는 내가 그랬던 것처럼 몸집이 작고, 예전에 엄마가 내게 하도록 시켰던 것과 똑같은 우스꽝스런 더벅머리를 하고 있다. 나는 접시 위를 뒤적거리며, 엄마가 티나와 폴에게 던지는 단어에 유심히 귀를 기울이고, 혹시 엄마가 내 어린 시절의 그 여자는 아닌지 살핀다.

그러나 아니다.

모든 것은 순조롭게 흘러가고, 아이들은 웃고, 엄마와 에드 사이는 안정돼 보인다. 엄마는 손가락에 커다란 결혼반지를 끼고 있다. 드디어 집에 도착하고, 엄마가 부엌에서 촛불을 켠 케이크를 꺼내는 순간, 아이들은 나를 위해 준비한 선물을 꺼내놓으며 목청을 높인다. "우리 큰언니가 되어줄 거죠?" 지금껏 단 한번도 가족으로부터 이런 환영을 받아본 일이 없다. 나는 감동을 받는다. 우리는 K마트에서 산 카메라의 자동 찍힘 버튼을 눌러놓고 냉장고 옆에 옹기종기 모인다. 그들의 애정과 포옹으로, 나는 식탁 위에서 눈물을 터뜨린다. 오하이오에서 그 수많은 날 밤 내가 앉아 있었던 것과 똑같은 가짜 나무 무늬 식탁에서. 나는 내가 틀렸기를 바라고 있다. 다시 엄마를 '엄마'라고 부를 수 있을까 하는 의문들과 나를 지옥처럼 따라다니며 끈질기게 괴롭히는 글들을 모두 찢어 없애게 되기를, 나는 기대하고 있다.

엄마는 나만을 위한 방을 꾸며놓았다. 밤이면 추위를 탄다는 것을 기억하고 전기담요를 깔아놓았고, 무릎 사이에 끼울 수 있게 여분의 베개도 갖다놓았다. 엄마는 내가 귀한 손님인 양, 모든 것을 보여주고 설명해준다. 새 옷도 몇 벌 사다놓았고, 화사한 색깔이 내 마음에 들기를 바라며 새 이불도 꺼내주었다. 나는 아이처럼 침대 위로 기어 올라가서 7년 동안 한 번도 할 수 없었던 말을 입 밖으로 꺼낸다.

"안녕히 주무세요." 워낙 해본 지 오래된 말이라 목구멍에 걸린다. "엄마."

엄마는 불을 끈다. "잘 자거라, 씨씨."

나는 아기처럼 곤히 잔다.

다음 날 아침, 온 집안이 일찍 일어난다. 엄마와 에드는 바깥에서 일을 하고 있고, 아이들은 식탁에 앉아 슈거 스냅스(껍질째 먹는 콩 가공품_역주)가 담긴 그릇에 얼굴을 파묻고 있다.

나는 농장을 둘러본다. 엄마와 그 가족이 사는 집은 전원풍의 귀여운 깔개와 다양한 장식물들로 구석구석의 흉한 곳을 잘 가려놓은 넓은 트레일러이다. 콘크리트 베란다에는 줄무

늬 옷을 입은 거위인형도 있다. 아이들의 방에는 비디오와 장
남감이 가득하다. 티나의 침대에는 예전의 내 것과 아주 비슷
한 파스텔 색의 캐노피가 달려 있다. 폴은 경주용 자동차 모
양의 침대에서 잔다. 모든 것이 근사해 보인다.

그러나 내 눈에 다른 세세한 부분들이 들어오기 시작한다.
엄마의 구두는 수백 켤레로 늘어나 있고, 모두들 커다란 싸구
려 종이 상자 안에 마구 구겨진 채로 숨 한 모금 들이쉬어 보
겠다는 듯이 코를 삐죽이 내밀고 있다. 그런 상자들이 천장까
지 위태롭게 쌓여 있다. 그러고도 더 많은 구두가 검은색 비
닐봉지에 담겨 마당 여기저기의 좁은 그늘이나 트레일러 뒤
쪽에 버려져 있다.

이웃은 아무도 없다. 집은 수백 에이커나 되는 땅의 한 귀
퉁이에 자리를 잡고 있으며, 다른 집과는 수십 마일이 떨어져
있다. 내 어린 시절 도살장에 끌려가기 직전의 말들이 있었던
것처럼, 이제는 새끼를 치기 위한 암노새들이 있었다. 부엌
벽에는 그들의 발정기가 표시된 달력이 걸려 있고, 항상 새끼
들이 태어나고 팔리는 일이 이어지고 있다. 엄청난 양의 곡물
과 건초, 수많은 일거리가 그들을 기다리고 있다. 다른 일은
모두 다음으로 밀려난다. 티나가 다니는 학교는 유치원부터
6학년까지 전교생이 8명이다. 그렇게 제한적이고 열악한 환

경 속에서 아이들이 무엇을 배울 수 있을지 궁금하다. 한 사람이 교장이며, 수위이자, 선생님이다. 게다가, 여름에 학교가 방학을 하는 동안에는 대형 트럭 운전사로 일을 한단다.

저녁 식사 후, 우리는 크리스마스 장식 전구처럼 불안하게 반짝거리는 우리의 두 세계를 깨뜨리지 않고 하나로 합쳐보기 위해, 조심스럽게 한 걸음을 내딛는다. 폴은 식탁에서 두서없이 조잘거리고, 엄마는 미소와 인내를 억지로 끌어내어 대꾸를 해주며, 자기가 얼마나 바뀌었는지를 보여주고 있다. 티나는 열한 살 소녀가 보통 그러하듯 말이 없다. 나는 티나가 나와 함께 있어도 되는지를 보기 위해, 그 아이를 끌어내보고 싶다.

"그래, 티나, 학교생활은 어떠니?"

티나는 대답 대신 엄마 쪽으로 얼굴을 돌린다.

"글쎄, 얘는 모든 게 좀 느려. 태아 알코올 증후군을 앓고 있거든. 학교에서는 괜찮은 편이지만, 앞으론 그다지 좋은 성적을 받지는 못할 거야. 얘가 처음 여기 왔을 땐 참 꼴이 볼 만했었지, 그치, 티나?"

"네에, 엄마."

"그래도 지금은 괜찮아졌어. 그렇지, 얘야?"

티나는 고개를 끄덕인다. 나는 내 몫의 고기찜을 다 먹지 못할 것 같다. 티나도 그럴 것 같다. 티나는 고기 조각을 접시 위로 한 바퀴 빙 돌리더니, 손바닥 위에 머리를 괴고는 사과를 하며 빠져나간다. "전 고기를 별로 안 좋아해요."

엄마와 나는 예전처럼 식탁에 앉아서 이야기를 나눈다. 다만, 지금의 나는 이 집의 구석구석과 저녁 식탁에서 찾아낸 작은 틈들을 다시 메울 수 있기를 간절히 바라고 있다.

엄마는 스모키와 지낸 옛 시절과 내 생일이 그들의 결혼기념일과 맞아떨어진 우연에 대해 이야기한다. 해마다 5월 16일은 돌아오지만, 바깥세상으로 숨어버린 나도, 땅 깊은 곳에 묻혀버린 그도 만날 수가 없었단다. 그리고 엄마는 이곳에서 시작한 새로운 생활에 대해, 나의 아버지처럼 엄마를 때리지 않는다는 점에서 에드가 얼마나 좋은 사람인지에 대해 이야기한다. 그녀는 스스로가 많은 발전을 이루었다고 생각하고 있다. 있잖아, 에드에겐 동생이 하나 있는데, 아내와 아이들을 갖고 싶어 해. 엄마는 그에게 내 사진을 보여주었다고 했다. 내가 여기 있는 동안 그가 나를 만나고 싶어 한단다. 엄마는 이곳 광활한 몬태나 평원에서의 일상적인 삶에 대해 편안하게 이야기를 늘어놓는다.

"우리는 팔루카빌에서 로키 산맥을 넘으려고 다리도 없는 강을 두 개나 건너야 했어. 그 길을 따라 50킬로미터 정도를 오니까, 조나스 워커의 말이 마구 날뛰며 반항하기 시작하는 거야. 우리는 말을 바위에 묶어놓고 목을 부러뜨려 죽였어. 그때가 우리가 핸드폰을 가지고 고원지대로 여행한 첫 해였어. 이제 조나스는 인디언들, 특히 수족(Sioux tribe 북미 인디언의 한 종족_역주)이 아주 좋아하는 백인 친구가 되었지. 인디언들이 그를 위해서 쌍둥이강이 내려다보이는 언덕에서 축제를 벌였어. 인디언 식으로 말이야. 영혼들을 불러 모으더니, 북을 울리기 시작하는 거야. 그러니까 세상에, 머리 위로 독수리 두 마리가 날아다니잖아. 소름이 오싹 돋더라고."

그것은 내가 늘 엄마에게서 듣고 싶었던 아름다운 옛날이야기, 느리고 신비로운 인디언 이야기 같은 것이었다. 지금 엄마는 내게 아빠나 엄마가 살아온 거친 삶이 아니라, 엄마의 영혼과 심장을 두근거리게 한 놀라운 경험을 말해주고 있다. 작은 침묵의 순간들이 지나가는 동안, 내 눈에 힘든 농장일로 붓고 못 박힌 엄마의 손이 들어온다. 손가락 관절 하나에는 바늘로 꿰맨 상처 자국이 있다. 그 손가락은 옆으로 비뚤게 튀어나와 있다.

"그건 그렇고, 엄마, 건강은 어떠세요?"

"세상에, 줄리, 난 늘 골골거리고 산단다. 이걸 좀 보렴."

엄마는 셔츠를 들어올리더니 등을 가로질러 겨드랑이에서

엉덩이까지 난 상처 자국을 보여준다. 마치 갈비뼈를 가로질러 사선으로 두더지가 굴을 판 듯 깊은 상처다.

"이거 때문에 거의 죽을 뻔했지. 의사 놈들이 상처를 기우면서 갈비뼈까지 건드려서 거의 척추를 끊어놓을 뻔했지 뭐냐. 덕분에 디스크가 다 붙어버렸어."

엄마가 정확히 왜 그런 심각한 수술을 받아야 했는지에 대한 답은 들을 수가 없다. 엄마는 손가락이 잘못 붙은 것도 모두 멍청하고 무능력한 시골뜨기 의사 놈들 때문이라고 말한다. 그리고 계속해서, 한번은 전구를 갈다가 백열등이 소켓 안에서 깨지는 바람에 눈에 가루가 들어갔던 이야기를 한다. 또, 바로 지난해에는 심장 전문의한테 진찰을 받아야 했단다.

"나한테 홀터 모니턴지 뭔지를 채우더구나." 엄마는 내가 잘 듣고 있는지 확인하며 또박또박 말을 이어나간다. "그걸 여기다 이렇게 차고 있으면, 의사들이 하루 종일 심장소리를 체크하는 거지. 내가 의사한테 최악의 경우는 어떤 거냐고 물었지. 심폐 바이패스(안전을 위해 수술 중 심장과 폐의 기능을 기계장치로 우회시키는 방법_역주) 또는 개심수술? 어떤 거든 정확하게 알고 있어야 할 거 아니냐구, 내 몸인데 내가 알아야 하잖아, 그치?"

내 몸에서 피가 빠져나간다. 엄마가 말을 하는 동안, 나는 부엌 주위를 둘러본다. 선반 위에는 엄마의 두툼한 의학과 약학 관련 서적들이 줄지어 꽂혀 있다. 전자렌지 옆과 냉장고 위에는 약병들이 빼곡히 놓여 있다.

"그랬더니, 어쩌면 심장도, 뭐더라, 도건인지 도간인지 같은 꽤 힘든 수술을 받아야 할지도 모른다고 하더구나. 이런 상태가 계속된다면 말이야."

나는 싸늘해진 손가락으로 의자 밑을 꽉 잡는다. 그리고 화제를 다시 티나에게로 돌린다.

"오, 줄리, 여기 오기 전까지 그 아이 처지는 정말 상상하기 힘들 만큼 비참했단다. 걔 아빠는 감옥에 있고, 엄마는 마약 중독자야, 게다가 그 애는 어떤 앤가 하면, 처음부터 좀 모자라게 태어난데다, 태아 알코올 증후군 때문에 잘 크지도 않아. 그래도 여기 온 뒤로 정말 좋아졌지. 테스트를 받고 1학년으로 입학하긴 했는데, 아직 갈 길이 멀었지. 그래도 지금은 아주 행복해하고 있어. 내가 네 아버지랑 같이 살 때 우리한테 참 힘든 일이 많았던 거, 나도 잘 알고 있단다. 하지만 지금은 네 아버지랑 이렇게 멀리 떨어져 있잖니. 나도 많이 발전했고. 한번 지켜보렴. 그럼 너도 알게 될 거야."

"예, 엄마, 엄마를 믿어요."

다음 날 아침, 엄마가 밖에서 화단에 물을 주는 동안, 나는 아침으로 소시지를 굽고 스크램블 에그를 만든다. 부엌에는 티나와 나밖에 없고, 소시지는 식탁까지 가기도 전에 없어진다. 내가 프라이팬에서 소시지를 하나씩 집어 접시에 놓자마자, 티나는 꿀꺽꿀꺽 집어삼키기 바쁘다. 나는 티나를 내 쪽으로 끌어당겨서, 소시지 굽는 법을 차근차근 알려준다. "불을 중간 세기로 켜고, 이리저리 뒤집어가며 갈색이 날 때까지 굽는 거야." 나는 티나의 손에 뒤집개를 쥐어주고, 누가 불쑥 들어올 경우를 대비하여 등 뒤에 서서 그 아이의 모습을 가린다. 우리 둘 사이에 찌릿한 전류가 흐른다. 우리는 엄마 몰래 음모를 꾸미고 있는 것이다. 뭔가 나쁜 짓을 하고 있는 것이다. 엄마가 문을 열고 갑자기 들어서자, 우리는 둘 다 소스라치게 놀란다.

"티나, 빌어먹을, 내가 가스렌지 쓰면 안 된다고 얘기했지. 도대체 몇 번 말해야 알아듣겠니? 넌 음식하면 안 돼."

내가 엄마를 가로막는다.

"샌디, 내가 티나한테 소시지 굽는 법을 가르쳐주고 있었어요. 그래야 나중에 배고플 때 혼자서 해먹을 수 있을 거 아니에요? 얘가 키만 삐죽하지 너무 말라서 말이에요. 아침에도 단백질 섭취를 좀 해야 할 것 같아요."

"너 지금 무슨 말이 하고 싶은 거냐, 줄리? 내가 애들을 제대로 먹이지 않는다는 거냐? 얘는 지가 내키면 언제든, 어디서든 먹을 수 있어. 냉장고에 가득 찬 게 모두 먹을 것들이잖아."

티나는 뒤집개를 들고 얼어붙어 있다.

"하지만, 아이들 아침으로 설탕이 잔뜩 든 시리얼만은 부족해요. 먹고 싶을 때마다 조금씩 먹을 수 있게 티나도 소시지 굽는 법 정도는 알아두면 좋죠."

"줄리, 넌 이 일에 상관하지 마. 얘는 자기가 가스레인지를 켜면 안 된다는 걸 알고 있어. 그렇지, 티나, 너도 알고 있지, 맞지? 얘는 좀 모자란 애야. 알아들어? 집을 몽땅 태워먹을지도 모른다구."

모자란다고? 나도 좀 모자라는 아이였다. 나도 지능지수가 약간 떨어지는 그런 아이였다. 집을 태워먹다니, 당신과 아빠가 보험금 타려고 그랬던 것처럼 말이지. 하지만 아무도 그 사실을 모르니까, 그러니 그건 사람들 앞에 내세울 아주 그럴듯한 이유가 되겠군. 예전에 그렇게 집을 잃은 적이 있었다고 말이야, 그러니 다시는 그런 일이 없도록 조심을 해야 한다고 말이지. 그 오랜 시간 고독이 나에게 준 것은 탐지가 불가능한 독가스의 냄새를 맡고 맛을 볼 수 있는 능력, 그것을 추론해낼 수 있는 논리였다.

티나는 더듬더듬 엄마에게 잘못을 빌고, 그곳을 빠져나가려 한다. 엄마에게 대항할 힘이 없는 나는 몸을 뒤로 기울여 자석들이 덕지덕지 붙은 메모판 같은 것에 기대서 있다. 눈앞에 펼쳐지는 광경을 오직 바라보고 있을 수밖에 없다.

  엄마가 부른다. "티나, 이리 와라, 너 오늘 약은 먹은 거냐?" 엄마는 냉장고 위에서 작은 유리병을 내리더니, 손바닥에 알약을 덜어낸다. "여기 있다, 지금 이 자리에서 먹도록 해."

  엄마가 티나의 손바닥에 약을 팽개친다. 그 아이는 눈도 깜빡이지 않고 삼킨다.

  내 위장이 뒤틀린다. 화장실로 달려가서 구토를 한다. 도저히 있을 수 없는 일이야. 또다시 모든 게 시작되다니. 티나는 열한 살, 기 치료를 받을 때 떠올렸던 내 모습과 같은 나이다.

  '그 애한테 뭐라고 할 건가요, 줄리?'

  '아무 말도 안 할 거예요. 그냥 그 애를 거기서 데리고 나올 거예요.'

  "우리, 이거 한 가지만은 분명하게 해두자. 넌 내 집에 들어와서 내가 애들을 기르는 방식에 대해 이러쿵저러쿵 떠들 자격이 없어, 알아들어? 지금 네 꼴 좀 봐라. 네 걱정이나 하고 네 일이나 잘하란 말이야. 저 애를 들쑤셔서 나한테 덤비게 만들 생각일랑은 아예 꿈도 꾸지 않는 게 좋을걸."

그날 하루, 나는 엄마 주위를 맴돌며 바늘방석에 앉은 듯한 시간을 보낸다. 어쨌든 엄마를 진정시키고 나를 믿도록 만들어서, 티나에 대한 모든 자세한 정보를 알아내야 한다. 의사의 이름, 병력, 입양기관의 기록을 추적하는 데 필요한 티나의 원래 성까지. 다른 식구들도 모두 엄마를 진정시켜서 화를 풀게 하려고 애를 쓴다. 모두들 내 계획대로 움직여준다.

에드가 헛간에서 나를 붙잡는다.

"어이, 줄리, 잠깐 얘기 좀 할 수 있을까? 너의 어머니는 저 애들한테 정말 잘해주고 있어. 늘 아이들 먹을 것을 챙기고 새 옷을 사 입히고 한단다. 티나가 공부를 잘 못해서 좀 화를 낼 때도 있지만, 언제나 참 잘 보살펴주고 있어."

엄마가 부엌에서 티나에게 신경질을 내는 소리가 들린다. "가서 얘기하란 말이야, 티나. 저기 가서 똑똑하게 말을 하라구." 티나가 냉장고 앞에 서 있는 내게로 타박타박 걸어온다. "줄리 언니, 난 엄마를 사랑해요. 엄마는 나를 잘 먹여주시고, 정말 잘 보살펴주세요." 내가 그랬듯이, 티나는 자동인형처럼 말을 쏟아놓는다.

내가 소시지 사건을 무마하려고 하면 할수록, 엄마는 더욱 목청을 높인다. 나는 엄마의 가장 곤두선 신경을 건드리고,

가장 중요한 존재가치에 도전을 한 셈이다. 엄마로서의 능력에 말이다. 그리고 엄마가 다른 장신구들을 달아서 덮으려고 애쓰는 비밀을 내가 알고 있음을 노출시킨 것이다.

엄마는 하루 종일 나를 따라다니며 화를 내고 욕을 한다. 그날 밤, 아이들이 모두 잠자리에 든 뒤, 엄마가 다시 나를 몰아세운다.

"이제, 좋아, 여기 앉아서 어디 실컷 얘기 좀 해보자. 에드, 이리와요. 당신도 들어야 해!"

"엄마, 정말 이럴 필요 없다고 생각해요. 이제 그만 화를 푸세요."

"오, 아니, 아니지, 얘기를 안 하겠다고? 이 아가씨야, 이렇게 빠져나가도록 절대 못 놔두지. 어서 그 망할 놈의 엉덩이 좀 붙이고, 성인 대 성인으로 이야기 좀 해보자고. 자, 어디, 대체 뭐가 문제야? 나한테 왜 이러는 건데?"

"샌디, 정말, 난 그렇게 생각하지 않는……."

나는 말꼬리를 흐린다. 생각해보면 이건 내가 오랫동안 기다린 기회가 아닌가? 그 오랜 시간 얼마나 그 얘기를 꺼내고 싶어했던가? 엄마가 내게 한 짓을 속 시원하게 따지고 싶지 않았던가? 숨을 깊이 들이쉬자. 난 할 수 있어.

"좋아요, 엄마, 내가 어린아이였을 때, 음, 그러니까, 내가 어렸을 때 엄마가 내게 한 것과 똑같은 패턴이 티나에게 반복되고 있는 게 보여요."

엄마의 눈이 가늘게 찢어진다.

"내가 한 가지 말해주지, 이 아가씨야, 저 애는 바보야, 쟤는 아무것도 못하는 바보라고. 내가 쟤를 안 받아들였으면, 아무도 안 받아줬을걸. 알아들어? 누가 그 빌어먹을 바보를 받아줬겠어?"

"엄마, 지금 내가 하는 말이 바로 그거예요. 나도 똑같은 말을 들으며 자랐어요! 멍청하다고, 아무것도 못하는 바보라고, 뭔가 잘못돼도 단단히 잘못된 아이라는 말이 평생 나를 따라다녔다구요."

"에드, 무슨 말 좀 해봐. 그냥 거기 앉아서 얘가 이렇게 덤비도록 내버려두기만 할 거야? 남자면 남자답게 나서서 나를 보호해줄 줄 알아야 하는 거 아냐?"

"글쎄, 샌디, 줄리가 당신한테 나쁜 말을 하는 게 아니고 말이야, 그냥 당신이 자기한테 한 일이 자기 생각에는 옳지 않았던 거 같은데, 그걸 다시 티나에게 똑같이 하는 거 아니냐고, 음, 그러니까 그냥 자기 의견을 얘기하는 건데."

"이런, 세상에. 믿을 수가 없군. 그러니까 다 이러려는 거였단 말이지!" 엄마의 목소리가 신경질적으로 높아진다. 어둡고 끔찍한 무언가가 다가오고 있다는 깨달음이 엄마의 얼굴을 뒤덮는다. "난 이제 끝이군." 엄마의 얼굴이 하얗게 질린다. "너, 내 남편을 훔쳐가려고 여기 온 거지! 너하고 저 인간하고 무슨 일이 있는 게 틀림없어, 그렇지?" 엄마는 이제야 알겠다는 듯이 무릎을 탁 친다. "세상에, 맙소사, 널 믿는 게 아니었는데." 나와 에드의 불륜이 머릿속에 번개같이 새겨지는지, 엄마가 비명을 지르기 시작한다. "에드, 그래, 저 애랑 잘살아봐. 둘이 잘먹고 잘살게 난 빠져주지. 내가 죽어주지." 새벽 한 시에 엄마는 온 집 안을 미친 듯이 돌아다니며 팔을 휘젓고 물건을 내동댕이친다. 에드는 그녀를 의자에 앉히고 진정시키려 애쓴다.

"날 그냥 내버려둬." 엄마가 소리를 지른다. "너희 둘은 그냥 도망가. 둘이서 말이야. 난 여기서 죽어버릴 거야!"

이렇게 해서, 엄마가 이겼다. 엄마는 권총이 숨겨진 침실로 뛰어 들어갈 것이다. 그리고 총을 꺼내들 것이고, 에드는 엄마를 구할 것이다. 엄마는 그런 식으로 접착제를 만들어내서 에드와의 사이를 더욱 단단하게 연결할 것이고, 자신의 비밀을 단단히 봉인할 것이다. 그리고 엄마가 진짜로 자살을 하든 안 하든 그 책임을 떠안게 될까봐, 앞으로는 아무도 그 얘기를 꺼내지 못할 것이다. 어느 누구도 다시는 오늘 일을 입에

362

올리지 않을 것이다. 이렇게 해서, 오늘 일은 티나에 관한 것도 아니고, 엄마가 내게 한 짓에 관한 것도 아니게 되어버린다. 이제 오늘 일은 소시지나 가스렌지, 혹은 병과 수술을 찾아 헤매는 아동 학대와는 아무 상관이 없어져 버린다. 이건 오직 엄마의 행복한 결혼생활을 깨뜨리려는 나의 음모로 기억될 것이다.

나는 내 방으로 달려가서, 문고리에 의자를 걸어놓는다. 엄마는 끔찍한 비명을 지르며 트레일러 안을 뛰어다니고, 에드는 권총을 빼앗으려고 안간힘을 쓴다. 나는 공포에 질린 채 문에 기대어 웅크린다. 숨이 가빠온다. 밖으로 나가서 총을 뺏는 것은 내 일이 아니다. 엄마를 살리는 것은 내 책임이 아니다. 오늘 밤, 나는 미처 몰랐던 것을 깨닫는다. 엄마와 나, 우리가 이렇게나 멀리 떨어진, 이렇게나 다른 존재라는 것, 그리고 엄마가 휘두르는 그 총은 결국 엄마가 아닌, 나를 겨냥한 것이었다는 사실을 말이다.

다음 날 아침, 에드는 나를 공항까지 데려다주기로 한다. 나는 멍하니 정신을 놓고 있다. 엄마와 겨우 삼 일을 같이 보냈다. 나는 강아지와 옷과 책을 다시 꾸린다. 선물들은 그대로 남겨둔다. 케이크는 내동댕이쳐져 부엌 안팎의 카펫에 뭉개져 있다. 우리가 차를 타고 집을 나설 때까지, 엄마는 티나와 함께 미니밴에 앉아 있다. 나 같은 가정 파괴범과는 한 지붕 아래에 있기조차 싫은 모양이다. 에드를 멀리서 지켜보며 불륜의 증거를 잡고 싶은 모양이다. 그리고 티나, 그 애는 예전의 내가 그랬던 것처럼 엄마가 의지하는 상담사가 되어 있다.

한 시간 반을 달려가는 동안, 나는 에드가 사실은 엄마의 진짜 남편이 아님을 알게 된다. 엄마는 몇 년 전부터 자기 혼자 반지를 사서 끼고, 에드의 성을 자기 이름에 붙이고 다니기 시작했단다. 반지는 인조 다이아몬드였다. 아이들은 입양된 것이 아니었다. 그들은 에드의 먼 친척 아이들이고, 다른 가족이 데리고 있다가 더 이상 키우기를 거부하자, 엄마가 얼른 나서서 데려왔다는 것이다.

에드가 말한다.

"있잖니, 너의 어머니가 가끔씩 그렇게 나오면, 그냥 비위를 맞춰주면서 진정시키려고 노력하는 수밖에 없어."

'에드, 누구보다 내가 잘 알지요.'

그러나 그는 모른다. 엄마는 에드의 사실상 첫 번째 연인이다. 에드는 평생 몬태나에서 목장을 꾸리며, 심지어 「스위트

하트」지조차 한 번도 본 적 없이 살아왔다. 서른 살이 될 때까지 부모님과 함께 살았고, 그리고 시골 댄스파티에서 엄마를 만났다. 에드와 나는 둘 다 엄마와 함께 보낸 같은 시간들을 공유하고 있다. 그리고 만약 모든 사실을 그대로 눈앞에 갖다 들이밀어도, 에드는 아동 학대 같은 것은 절대 이해조차 못할 것이다.

그는 나를 공항에 내려주었고 우리는 어색한 작별 인사를 한다. 그는 일이 잘 안 돼 미안하다고 말한다. 엄마는 정말 내가 오기를 기다렸단다. 혼자서 말이며 아이들을 돌보기에는 일이 너무나 많았으니까 말이다.

"알아요, 에드, 알아요."

모든 걸 다 쓰고 나서, 나는 잠 속으로 빠져든다. 뼈에서 골수가 뽑혀나가듯, 나를 채운 모든 것들이 빠져나간다. 한 시간을 뒤척이다가, 화살촉에 묻은 기억의 독이 내 혈관 속으로 퍼지면서, 꿈도 없이 깜깜한 잠 속으로 빠져든다.

글을 쓰면서 내가 원한 것은 오로지 병원의 환자가 되어 침대에 눕는 것뿐이다. 아무와도 말하고 싶지 않다. 아무도 보고 싶지 않다. 그러나 혼자이고 싶지도 않다. 약간 떨어진 어디쯤에서 사람들이 바쁘게 자기 일을 하고 있기를, 내가 필요로 할 때를 대비해서 내 곁에서 멀리 떨어지지 않은 상태로 북적대고 있어주기를 원한다. 내 삶에 대해서 쓰는 일은, 마치 목구멍 저 안쪽에서 가느다란 머리카락을 뽑아내는 일과 같았다. 잡아당기고 또 당겨도, 계속 나온다. 너무나 피곤하다. 그래서 쉰다. 어떤 날은 하루 종일 침대를 떠나지 않고 쓰다가 자기를 반복한다. 어느 때는 쓰면서 잠을 자기도 하고, 어느 때는 자면서 쓰기도 한다. 아빠의 머리에 총을 들이미는 이야기를 쓸 때는, 눈을 감고 꿈 없는 진공 상태로 빠져들기도 한다. 그리고 한 시간이 지난 후 빠져나왔을 때, 내 손가락은 열쇠를 만지작거리고 있다. 잠을 잘 때면, 나는 전달 과정에서 아무것도 잊어버리지 않도록 손이나 입을 사용하지 않고, 완벽한 글을 순식간에 써낸다. 내 앞에는 책이 놓여 있다. 내가 전달하고 싶어 하는 그 형태 그대로, 그 느낌 그대로 정확하게 표현된 책이 말이다. 그 아름다움에 나는 얼굴을 붉힌다. 그리고 깨어나면, 말의 홍수가 내 손을 움직이고, 그러고도 가득 차서 꾸역꾸역 쏟아져 나온다.

어떤 밤에는 꿈속에서 티나를 보고 공포에 질려 깨어난다. 가슴속에서 심장이 미친 듯이 펄떡거린다. '내가 여기서 뭐하고 있는 거지? 그 애를 데려와야 하는데. 그냥 여기 가만히 앉아서, 없었던 일이라고, 더 나빠지지는 않을 거라고 방관하고 있을 수 없어. 그 애를 구해내야만 해.'

그러나 내 어머니는 이미 나의 손과 발을 묶어놓았다. 내가 그레이트 폴스 공항에 앉아서 돌아올 비행기를 기다리는 동안, 그녀는 전화번호를 알고 있는 모든 사람에게 전화를 해서 내가 경찰과 문제를 일으켜 체포당했다는 이야기를 퍼뜨렸다. L.A.로 돌아와보니, 내 자동 응답기에는 나를 알지만 엄마를 모르는 사람들로부터 온 전화가 가득했다. 평범한 엄마와 아빠를 갖고 있는 사람들, 자기를 낳아준 엄마가 스스로를 정당화하기 위해 자식을 얼마나 비난할 수 있는지를 도저히 이해하지 못하는 사람들의 전화였다.

만약 내가 몬태나 아동 보호소에 전화를 걸고, 사회복지사가 찾아간다면, 엄마는 내가 한 짓임을 알 것이다. 그리고 처음에는 놀라는 척하다가, 모든 것을 알겠다는 듯 웃으며, 이모든 게 집도 없이 떠도는 내 딸이 꾸민 일이라고 설명할 것이다. 그리고 눈물 몇 방울 떨어뜨리며 정신 병원을 들락날락거리는 큰딸 이야기를 할 것이다. 사회복지사로서는, 그냥 그말을 믿는 것이 장난감과 인형들로 가득 찬 화사한 방에서 미묘한 독가스의 냄새를 맡는 것보다 훨씬 쉬운 일일 것이다.

티나는 모든 질문에 엄마가 원하는 대로 대답을 할 것이다. 안 그러면, 사람들이 너를 데려가서 강간할 것이라고 이미 위협을 해놓았을 테니까. 에드는 그냥 사람 좋고 순진한 농부의 모습 그대로 뻔히 지켜보고만 있을 것이다. 폴은 내 어머니의 다리에 붙어서 "엄마아아" 하고 울어댈 것이다. 그렇게 상황은 종료될 것이며, 엄마는 아이들에 대한 권리를 더 단단하게 보호받을 것이며, 아니면 한 술 더 떠서, 내 능력으로는 도저히 찾을 수 없는 곳으로 이사를 가버릴지도 모른다. 이 일은 정말 제대로 해야만 한다. 나는 이 모든 일의 심장부인 오하이오로 가야만 한다. 나는 '대리인에 의한 뮌하우젠 증후군'을 갖고 있는 내 엄마만큼이나 교묘하게 움직여야만 한다.

대니가 공항으로 나를 마중 나왔다. 우리는 서로의 얼굴을 보며 매우 반가워하지만, 할 이야기는 많지 않다. 대니가 나를 만난 지도 벌써 2년이 흘렀으며, 엄마를 만난 지는 그보다 훨씬 오래되었다. 내가 한때 그랬던 것처럼, 그의 기억은 더 아름답게 채색이 되어 있었다. 지난해 스물네 살이 된 대니는 크리스마스 선물로 다른 건 필요 없고, 엄마의 노래가 담긴 테이프가 갖고 싶다고 했다. 엄마의 노래는 엄마와 함께한 우리 삶에서 그나마 좋았던 몇 안 되는 기억 중 하나이다.

대니는 아직 엄마와 아빠가 필요하다. 그의 영혼은 날카로운 기억의 모서리들을 두꺼운 덮개로 덮어버렸다. 대니의 일

중독증과 엄마가 전화를 걸어온 시점에 맞춰 우연히 발병한 천식은 아픈 과거를 후미진 곳으로 쑤셔넣어 버렸다. 대니는 자동차 경주 선수이면서, 구형 자동차를 복원하는 일도 하고, 전업 엔지니어로도 일한다. 그는 잠깐 스쳐지나가는 일이나 생각을 곧장 미래의 계획으로 만들어버린다. 그렇게 해서, 자기 집과 땅, 존 디어 트렉터, 수리를 기다리는 50대의 빈티지 자동차들을 소유하고 온 시간과 정신을 거기에 쏟으며 산다. 나에게는 대니가 실제보다 훨씬 더 나이가 든 것처럼 느껴진다.

  나는 방황해야 할 끝없는 내부의 통로 외에는 아무것도 가진 것 없는 작가이다. 나는 거의 아무것도 소유하지 못한 채, 그저 내가 만든 빈 공간 안에서 부모 없이 사는 삶에 적응해왔다. 어떤 면에서, 나는 한번도 엄마와 아빠를 가져보지 못했다. 책은 나를 바르게 길렀고, 거울은 진실을 보여주었다. 나를 어두운 동굴 속에 가둔 왜곡된 믿음은 도공의 물레 위에서 다시 빙글빙글 돌아, 이제 하늘을 밝히며 우뚝 솟은 크고 단단한 탑이 되었다. 나는 인생의 많은 우여곡절을 겪었다. 나는 아빠의 관자놀이에 총을 들이대는 것이 어떤 느낌인지를 안다. 다른 사람의 손에 죽을 것이라는 예감이 어떤 것인지도 안다. 내 몸이 묶이고 잘리는 것이 어떤 느낌인지도 알고, 탈출이 어떤 것인지도 안다. 사람들이 씌워놓은 덫에 갇히는 것과 그곳을 빠져나와 진정한 자기 자신이 되는 것이 무엇인지도 안다.

그리고 나는 하나님께로 돌아왔다. 하나님은 어디에나 계시다. 무당벌레 한 마리가 내 손목에 내려앉으면, 나는 하나님을 느낀다. 마치 반짝이는 눈빛을 가진 노인의, 눈물어린 시선을 받는 느낌이다. 이 혼란한 세상에서 오직 나만이 붉게 타오르는 하늘을 온전히 보고 있을 때, 나는 하나님을 느낀다.

나는 드넓은 대양의 한편에 서서, 인생이 주는 모든 진실과 아름다움과 사랑을 넓게 뻗은 두 팔로 받고 있다. 마침내 나는 순수하고 하얀 평화를 찾아냈다.

대니와 나는 넓게 열린 고속도로를 따라, 대니의 체리처럼 붉은 무스탕 컨버터블을 타고 시속 120킬로미터로 미끄러져 나간다. 라디오는 나를 광활한 중서부로 데려가고, 내 남동생과 나는 에디 베더의 〈제러미〉(교실에서 자살한 제러미라는 아이를 통해 가정 내에서의 소외와 청소년 문제를 다룬 노래_역주)를 따라 부른다. 대니가 수동 변속기를 잡는다. 그리고 아빠가 그랬던 것처럼, 가속 페달을 힘차게 밟으며 고속도로를 질주한다. 나는 검은 가죽 좌석에 몸을 기대고 고개를 차창으로 돌린다. 한쪽 눈에서 굵은 눈물방울이 흘러내려 얼굴 위로 번진

다. 오하이오에서 가장 씩씩한 두 아이가 텅 빈 고속도로를
가르며, 아무런 감정 없이 쓰라린 목청으로 소외된 아이에 대
한 노래를 부른다.

　어머니를 고발하기 위해, 그녀의 비밀을 알리기 위해, 그
피부 위로 눌러붙어 딱딱하게 굳어진 가면을 벗기기 위해, 나
는 돌아왔다. 일이 어떤 모양으로 진행되어갈지 알 수 없지
만, 어쨌든 나는 엄마를 멈추어야 한다. 그녀가 거짓 가면을
쓰고, 성을 바꾸고, 온갖 장신구로 치장을 하고, 처음에는 아
주 부드럽게 새로운 아이들을 자기 삶 속으로 꾀어들여, 어린
시절 갖고 놀던 낡은 곰 인형이나 포근한 담요 조각처럼 그들
을 이 의사, 저 의사에게로 끌고 다니는 것을 막아야 한다.
　나는 벽지의 주름을 펴듯, 죄의식의 마지막 거품 한 방울을
완전히 밀어버렸다. 나는 오하이오에서 그녀의 위탁 양육 면
허가 취소되었다는 기록을 찾을 것이다. 그리고 그날 아이들
을 급하게 피신시켰던 사회복지사를 찾을 것이다. 그들이 내
엄마의 사회보장번호(Social Security Number: 미국에서는 주민등
록번호 대신 사회보장제도를 위한 사회보장번호를 발급하는데, 이는 은행
구좌개설, 면허취득, 보험가입, 구직 등 일상생활에서 다양하게 쓰인다_역
주)를 추적하도록 만들 것이다. 나는 내 모습의 복사판과 같은

그 열한 살 소녀를 구해낼 것이다. 이 모든 일을 아주 조심스럽고 은밀하게 해낼 것이다. 왜냐하면 내 어머니가 무슨 짓을 더할지 모르니까. 그녀는 결코 멈추지 않을 테니까.

나는 수화기를 집어들어, 아동 보호 센터로 전화를 한다.

옮기고 나서

신이 모든 이를 곁에서 돌볼 수 없어 어머니라는 존재를 대신 보냈다는 이야기가 있다. 굳이 신이 보내지 않았다 해도, 세상에 대한 가치판단은커녕 자아감마저 희미한 어린 아이에게 어머니는 분명 신과 같은 존재이며 세상 그 자체이다. 그런 어머니가 정신적인 상처로 깊게 병든 사람이라면? 자기 상처가 주는 고통을 지연시키기 위해 끊임없이 딸에게 상처를 내는 사람이라면?

이 책의 저자 줄리 그레고리는 상상하기조차 힘든 이 상황을 태어날 때부터 겪었다. 그러니 몸과 마음을 짓이기는 모든 일들이 그저 숨 쉬는 공기처럼 자연스러울 법도 했을 것이다.

줄리 그레고리는 자기가 속했던 세계를 "텅 비고 고립된 비
눗방울", "스스로를 기만하는 샬레 속에 배양된 은밀한 생태
계"라고 표현했다. 그 왜곡된 세계 속의 절대자는 어머니였다.
그 어머니가 주는 육체적 고통과 정신적 상처는 모두 줄리가
속한 세계의 일부였다. 어머니가 가하는 기묘한 형태의 학대
는 이미 줄리를 둘러싼 일상이었던 것이다. 다른 세계에서 수
십 년을 산 성인도 종종 학대에 길들여지는 경우가 있다고 한
다. 그러니 태어날 때부터 길들여진 학대와 맞선다는 것이 얼
마나 힘든 일이었을까? 더구나 'MBP(대리인에 의한 뮌하우젠 증
후군)'라는, 대부분의 사람들에게는 이해조차 힘든 형태의 학
대 행위를 상대로 말이다.

그러나 줄리는 해냈다. 용감하게 학대의 사슬을 끊고 나왔을
뿐 아니라, 인정받기 힘든 학대 행위의 실체를 밝히고 자신과
같은 피해자를 구하기 위해 애쓰기까지 한다. 그것이 자기를
낳아준 어머니, 자기가 속했던 세계를 완전히 부정해야 하는
일이기에 얼마나 고통스러웠을지 짐작이 간다.

줄리 그레고리의 이야기는 고통과 무기력의 기록이 아니다.
줄리는 부조리에 맞섰으며, 그것이 남긴 상처와 그림자까지 극
복해냈다. 그리고 놀라운 의지와 용기의 기록을 남겼다. 과거
의 상처로 가득한 줄리의 이야기를 한 자씩 옮겨내는 일이 마

음 아프기는 해도 절망스럽지 않았던 것은 바로 그 때문이리
라.

줄리의 용기에 감탄하며, 문득 나도 주위를 둘러본다. 공기
처럼 스며 있는 부조리에 나는 길들여져 있지 않은가. 곁을 둘
러싼 익숙한 악취를 그저 그런 것이려니 체념하며 들이마시고
있지는 않은가 하고…….

2007년 6월 파주 출판도시에서

김희정